W0340666

monika maria weiß
atelier4art@aon.at
5020 salzburg, jakob-auer-str. 6
phone: 0664-9205449

Florian Heine

DAS ERSTE MAL

Wie Neues in die Kunst kam

BUCHER

INHALT

Vorwort 6

1 | EINLEITUNG
VON DER HÖHLENMALEREI BIS ZUM MITTELALTER 8

2 | GIOTTO UND SEINE KUNST
DER ERSTE STAR DER KUNSTGESCHICHTE 12

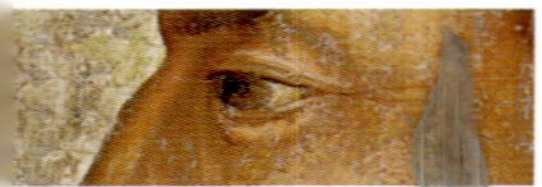

3 | DAS ERSTE AUTONOME PORTRÄT
DIE MALEREI BEKOMMT EIN GESICHT 18

4 | DAS ERSTE NACHTBILD
DIE MACHT DER FINSTERNIS 22

5 | DIE ERSTEN REALISTISCHEN TIERZEICHNUNGEN
DER LÖWE IST LOS 28

6 | DIE ERSTE WINTERLANDSCHAFT
ES WIRD KALT IN DER KUNST 32

7 | HOLZSCHNITT UND KUPFERSTICH
DER BEGINN DER MASSENMEDIEN 36

8 | SONNE UND SCHATTEN
IM REICH DER SCHATTEN 40

9 | DAS ERSTE ZENTRALPERSPEKTIVISCHE BILD
EIN RAUM WIRD WAHR 48

10 | DIE ERSTEN REALISTISCHEN AKTDARSTELLUNGEN
NACKTE TATSACHEN 54

11 | DAS ERSTE SELBSTPORTRÄT
DAS NEUE SELBSTBEWUSSTSEIN 60

12 | DIE ERSTE PORTRÄTHAFTE LANDSCHAFT
BIBLISCHE GESCHICHTEN IN DER NACHBARSCHAFT 66

13 | DAS ERSTE ILLUSIONISTISCHE DECKENGEMÄLDE
DER BLICK IN DEN HIMMEL 70

14 | DAS ERSTE STILLLEBEN
VOM ALLTÄGLICHEN ZUM BESONDEREN 76

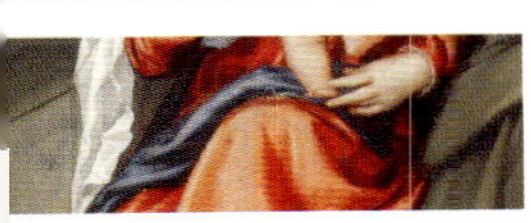

15 | MARIA IST ZUM ERSTEN MAL NICHT MEHR DER MITTELPUNKT
DAS GEWICHT DER FARBE 82

16 | DAS ERSTE REINE LANDSCHAFTSGEMÄLDE
ZURÜCK ZUR NATUR 86

17 | DAS ERSTE BILD EINES TRAUMES
DER BLICK INS UNBEWUSSTE 94

18 | DIE WURZELN DER BAROCKMALEREI
SINNENLUST UND PRACHT 100

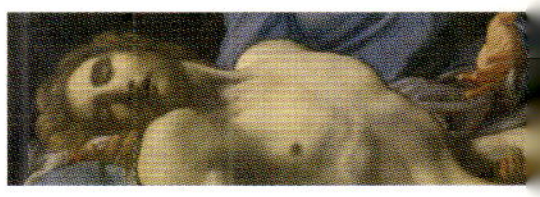

19 | DIE ERSTE DARSTELLUNG DER MILCHSTRASSE
DER WELTRAUM, UNENDLICHE WEITEN ... 106

20 | DIE ERSTE DARSTELLUNG VON GESCHWINDIGKEIT
UND SIE BEWEGT SICH DOCH 110

21 | DIE ERSTE LITHOGRAFIE
BILDER AUS STEIN 114

22 | DIE ERSTE FOTOGRAFIE
DAS AUTOMATISCHE BILD 118

23 | DIE ERSTE IMPRESSIONISTISCHE GEMÄLDE
FLIRRENDE FARBEN 124

24 | DAS ERSTE ABSTRAKTE BILD
GEFÜHLE WERDEN ZU MALEREI 130

25 | DAS ERSTE KUBISTISCHE BILD
REVOLUTION IN WÜRFELFORM 134

26 | DAS ERSTE FUTURISTISCHE GEMÄLDE
DYNAMIK UM JEDEN PREIS 140

27 | MARIA ERHEBT ZUM ERSTEN MAL DIE HAND GEGEN DAS JESUSKIND
GEWALT GEGEN KINDER 146

28 | DAS ERSTE DRIP-PAINTING
... UND ACTION! 150

29 | DAS ERSTE POP-ART-BILD
SCHÖNE BUNTE WARENWELT 154

30 | DAS ERSTE UMGEDREHTE BILD
DIE KUNST STEHT KOPF 158

Literaturverzeichnis 162/163 Bildnachweis 163 Register 164-166 Chronologie der Ersten Male 167 Impressum 168

VORWORT

DAS ERSTE MAL

Das erste Mal« ist keine Kunstgeschichte im herkömmlichen Sinne. Es geht nicht um die Entwicklung von Stilen und ihre Abfolge, die den Malern selbst wohl oft kaum bewusst waren. Vielmehr geht es um die Schritte, die Maler seit dem Ende des Mittelalters in Europa gemacht haben, sich durch genaue Beobachtungen der Natur Fähigkeiten, Möglichkeiten und »Tricks« anzueignen, ihr näher zu kommen, sie zu verstehen und darzustellen. Kunst war und ist stets ein Produkt ihrer Zeit und offensichtlich war nicht immer alles möglich. Kunst entsteht nicht zusammenhangslos im luftleeren Raum. Sie ist auch Ausdruck politischer Macht, von Religion und Weltanschauungen, wissenschaftlicher Errungenschaften und gesellschaftlicher Entwicklungen. Und sie ist vor allem Ausdruck des Künstlers und seines Blickes auf die Welt.

Im Mittelpunkt stehen Werke, in denen zum ersten Mal etwas gewagt wurde, was es so vorher noch nicht gab. Es geht um Bilder, die ein neues Genre begründeten (z.B. Stillleben, Landschaft), und um solche, die einer neuen Richtung ihren Namen gaben – sei es wegen ihres Titels (Impressionismus) oder eines bösen Kritikerwortes, das in der Folge für den Namen Pate stand (Kubismus). Es sind vielleicht nicht immer die besten oder bekanntesten Bilder eines Malers, aber sie stehen am Anfang einer Entwicklung. Es wird beschrieben, wie Themen und gestalterische Probleme behandelt wurden, bis ein Maler es anders machte und wie diese »ersten Male« die weitere Entwicklung beeinflussten. Dadurch spannt sich ein Bogen über die Kunstgeschichte hinweg, in dem viele Aspekte der Malerei verständlich werden.

Warum beginnt dieses Buch erst mit dem 13. Jahrhundert und nicht schon mit der Antike, die ja vieles bereits hervorgebracht hat, was sich die Maler der Neuzeit wieder mühsam erarbeiten mussten?

Die Natur durch die Malerei täuschend echt nachzuahmen war ein großes Ziel der antiken Malerei, und der beste Maler war derjenige, der sich diesem Ziel am weitesten näherte. Heutzutage sind uns die Errungenschaften der antiken Kunst bekannt. Das war nicht immer so. In der Zeit des Mittelalters, also ungefähr vom 4. bis 5. Jahrhundert n. Chr. bis zum Beginn des 14. Jahrhunderts, ging durch die Umwälzungen, die Europa während dieser Zeit erlebte, einiges an Kunst und auch an Wissen zunächst verloren. Zu den Gründen zählen wesentlich das Ende des Römischen Reiches in Westeuropa, die Verbreitung des Christentums und seine Vormachtstellung in der westlichen Welt sowie die Wirren der Völkerwanderung. Erst mit den Entwicklungen in Theologie, Philosophie, in den Naturwissenschaften und in der Gesellschaft selbst, die im 13. Jahrhundert ihren Anfang nahmen, besann man sich wieder auf das große Erbe der Antike, und die Malerei war frei, einen Neuanfang zu wagen.

Ein weiterer Grund für den Beginn um 1300, namentlich mit der Kunst Giottos, ist die geringe Kenntnis über frühere Künstlerpersönlichkeiten. Sie waren meist Mönche oder standen in Diensten eines Herrscherhauses. Die mittelalterlichen Maler waren zu ihrer Zeit nicht allgemein bekannt und ihre Namen haben sich auch in den seltensten Fällen überliefert. Das Werk war wichtig, nicht seine Erschaffer. Die Maler galten als einfache Handwerker, deren Ansehen nicht mehr mit dem der antiken Künstler vergleichbar war. Auch das änderte sich in der Zeit um 1300. Giotto betrat die Bühne der Malerei und wurde ihr erster wirklicher »Star«. Durch seine neuen Ansichten und Ansätze begann er der Malerei eine neue Bedeutung und Richtung zu geben. Man kann Giorgio Vasari, dem »ersten Kunsthistoriker«, zustimmen, wenn er um 1550 die Wiedergeburt der Kunst nach dem Mittelalter dem Werk und Wirken Giottos zuschreibt. Mit Giottos Auftreten wird die Geschichte der Kunst zu einer Geschichte der Künstler.

Die »ersten Male«, um die es in diesem Buch geht, sind ja auch immer Schritte, die einzelne Malerpersönlichkeiten gewagt haben. Natürlich lag vieles in der Luft, und es scheint bisweilen, als sei die Zeit einfach reif gewe-

Giovanni Francesco Caroto (um 1480–1555): *Knabe mit einer Zeichnung,* 1. Hälfte 16. Jhd., Öl auf Holz, 37 x 29 cm, Museo di Castelvecchio, Verona

sen, einen bestimmten Entwicklungsschritt zu vollziehen. Diese Maler zogen aus dem, was sie vorfanden, andere Schlüsse als ihre Kollegen. Es bedurfte beispielsweise der besonderen Beobachtungsgabe eines Velázquez zur Darstellung von Geschwindigkeit, des mathematischen Verstandes eines Brunelleschi oder Masaccios für die Erfindung der Zentralperspektive oder des untrüglichen Gefühls für Farbe eines Tizian.

Nachdem die Malerei bis ins 19. Jahrhundert die Wiedergabe der Natur perfektioniert hatte und ihr mit der Erfindung der Fotografie diese Aufgabe teilweise abgenommen wurde, begannen die Maler, sich über neue Wege und Ausdrucksformen Gedanken zu machen. Diese neue Phase der Malerei, die mit dem Impressionismus ihren Anfang nahm, war wiederum geprägt von Künstlerpersönlichkeiten, die »erste Male« schufen und der Malerei so neue Wege in die Zukunft eröffneten.

Es gibt noch einen ganz einfachen Grund, mit der Malerei um 1300 zu beginnen: Die Tafelmalerei, also Bilder auf Holztafeln oder Leinwänden, die wir heute in den Museen bewundern können, hat sich erst um diese Zeit voll entwickelt, weswegen man in den Museen und Galerien auch kaum Bilder aus der Zeit davor findet. Vorher wurden hauptsächlich die Innenräume der Kirchen, Paläste oder Burgen bemalt. Von diesen Bildern aus der Zeitspanne vom Ende der Antike bis etwa 1300 ist jedoch leider verhältnismäßig wenig erhalten, denn Kirchen wurden oft umgebaut und umgestaltet ebenso wie Burgen und Paläste, die noch dazu öfter zerstört wurden. Die andere wichtige Sparte der Malerei war die Buchillustration, von der nur wenig in Klosterbibliotheken überlebt hat und aus konservatorischen Gründen nur sehr selten ausgestellt wird.

Und noch eines: Es ist möglich, dass das ein oder andere »erste Mal« schon von einem anderen Künstler und zu einem früheren Zeitpunkt verwirklicht wurde. Wenn diese Werke zu ihrer Zeit allerdings nicht bekannt waren, spielen sie in diesem Zusammenhang keine Rolle, weil sie zur Entwicklung der Kunst dann auch nicht beigetragen haben. Es gibt nicht immer ein eindeutiges »erstes Mal«, denn die Geschichte der Malerei ist fließend, und manche Entwicklungen können nicht auf ein Initialbild zurückgeführt werden.

Manche »ersten Male« lassen sich auch nur schwer eingrenzen und definieren, wie etwa die Verwendung des Schlagschattens oder die Einführung des Holzschnitts. Aber »Das erste Mal« soll kein wissenschaftlicher Diskurs sein, sondern neugierig machen und exemplarisch zeigen, wie lange es dauerte, wie viele talentierte, mutige Künstler beteiligt waren und wie viele Grenzen überschritten werden mussten, bis all das geschaffen werden konnte, was uns heute selbstverständlich erscheint. »Das erste Mal« soll vor allem Lust auf Bilder machen – und Lust darauf, genau hinzusehen, denn Sehen ist Wissen.

VON DER HÖHLENMALEREI BIS ZUM MITTELALTER

Das erste Mal hat ein Mensch vor ungefähr 30 000 Jahren zu einem verkohlten Holzscheit oder einer Art Pinsel gegriffen, um etwas zu malen. 1994 entdeckte ein Hobbyforscher im Südosten Frankreichs eine Höhle, die nach ihm benannte *Grotte Chauvet*, deren Wände mit über 400 Tierzeichnungen bedeckt sind. *(Abb. 1)* Vor etwa 30 000 Jahren beginnt die Geschichte der Malerei mit einem Paukenschlag, und nicht, wie man vielleicht vermuten könnte, mit unbeholfenen Kritzeleien. Was der oder die Maler mit den Bildern von Nashörnern, Mammuts, Pferden, Eulen und Bären ausdrücken oder bezwecken wollten, was diese Bilder bedeuten, darüber lässt sich heute nur mehr spekulieren.

Seit dem Beginn der Malerei strebten die Künstler danach, ihre Umwelt bildlich wiederzugeben, und sie versuchten sich möglichst genau an den natürlichen Vorgaben zu orientieren. Mit Malerei wurden die ägyptischen Pharaonen auf ihrem Weg in die Ewigkeit begleitet, die Taten der griechischen Helden gerühmt und dem Reichtum der römischen Patrizier gehuldigt. In der Antike wurden mit und durch Malerei Geschichten erzählt und die Vergangenheit beschworen. Für diese Zwecke versuchten die Maler sich stets am Vorbild der Natur zu orientieren, und derjenige galt als der Beste, der ihr in seinen Bildern am nächsten kam. Auch im Mittelalter war es die Aufgabe der Malerei, Geschichten zu erzählen, und zwar die der Bibel und der christlichen Heiligen.

Nach dem Ende des Römischen Reiches in Westeuropa im Jahre 476 übernahm die christliche Kirche nicht nur die religiöse Führung, sondern behauptete sich auch als weltliche Macht. Die Kirche hatte es geschafft, sich in den Wirren der Völkerwanderung zu etablieren und zu stabilisieren. Seit das Christentum 391 zur alleinigen Staatsreligion im Römischen Reich wurde und damit alle früheren, nunmehr heidnischen Kulte verboten wurden, bestimmte die Kirche, was gemalt wurde und wie dies aussehen sollte.

Im Vergleich zur antiken Malerei wirkt die Malerei des Mittelalters für unseren heutigen Blick oft ungelenk, steif und ein wenig naiv. Tatsächlich ist eine völlig andere Kunst entstanden, die einen ganz anderen Geist atmet. Bei genauerer Betrachtung kann man jedoch erkennen, dass die Kunst des Mittelalters nicht schlechter oder besser ist als zu anderen Zeiten und dass die Künstler keineswegs weniger fähig waren. Aber ein wesentlicher Aspekt hatte sich geändert: Die Auftraggeber und die Aufgaben der Kunst waren andere geworden. Darauf mussten sich die Maler einstellen. Obwohl sich die christliche Kirche in vielem auf die vergangenen Kulte stützte, sie sich einverleibte und teilweise darauf aufbaute, ging sie in der Kunst eigene Wege.

Der Grund dafür ist in der damaligen Theologie zu finden. Sie unterschied klar zwischen dem Diesseits und dem Jenseits, zwischen Geist und Materie. Die antiken Religionen und Kulte waren in der Natur verwurzelt. Im frühen Christentum jedoch wurde der Natur selbst, obwohl sie Gottes Schöpfung war, jede Göttlichkeit abgesprochen. Das diesseitige Leben und die Natur waren unwichtig, ja unwürdig. Was zählte, war das ewige Leben. Dagegen galt die physische Welt nichts und wurde per se als sündig angesehen. Die Natur verstehen oder gar analysieren zu wollen, galt als Missachtung und Bedrohung der Wahrheit, die durch die absolute Autorität der Kirche und der Heiligen Schrift vorgegeben wurde. Das Wort wurde zur Erklärung der Welt dem Bild vorgezogen. Getreue Wiedergabe der Natur in Porträts, Stillleben und anderen Darstellungen, ein vorrangiges Ziel in der antiken Malerei, war nun nicht mehr gefragt. Vielmehr wurde sie zu einem Problem, da viele Menschen in den Kirchen die gemalten Bilder der Heiligen anbeteten. Diesen Bilderkult, der noch aus der Antike stammte, wollte die Kirche verhindern. Nicht die Bilder sollten angebetet und verehrt werden, sondern Gott und die Heiligen. Es gab immer wieder Streit darum, ob Bilder in Kirchen denn überhaupt zulässig sein sollten oder ob man ein Bilderverbot wie im jüdischen und islamischen Glauben verhängen sollte.

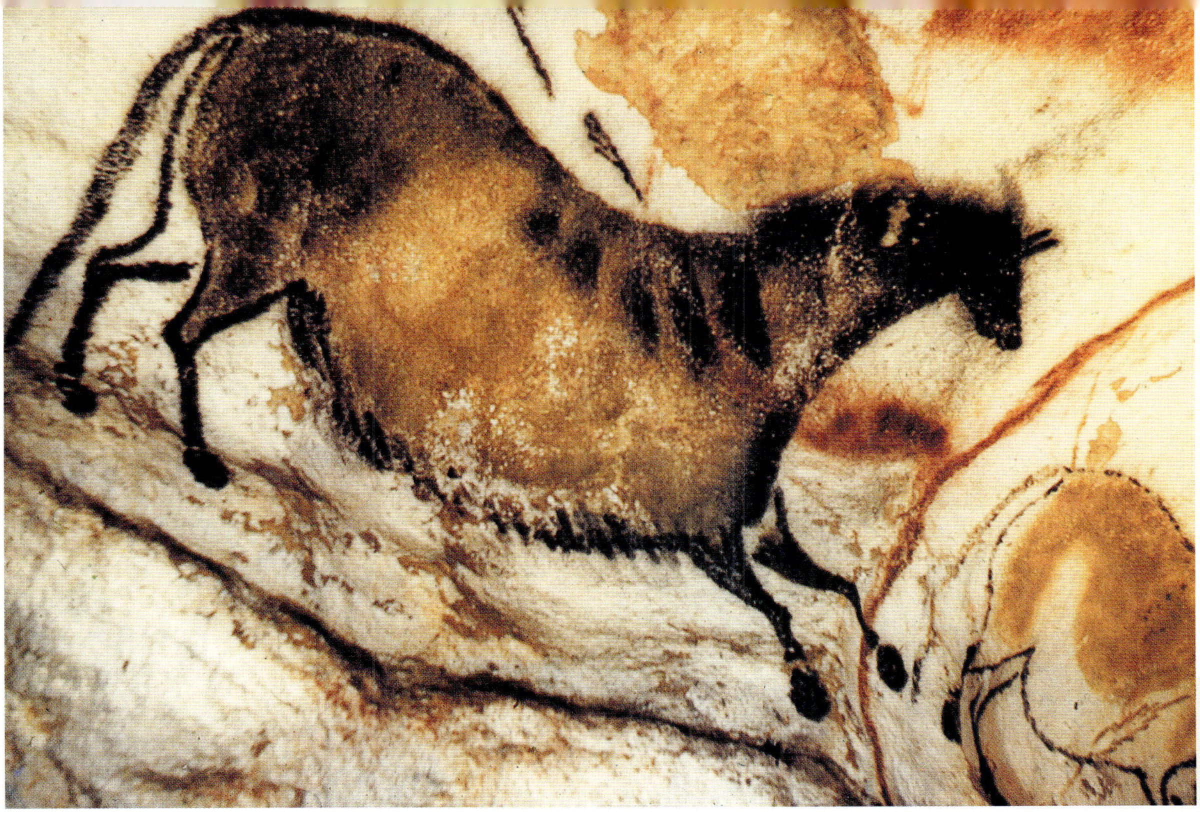

1 | Anonym
Grotte Chauvet
ca. 30 000 v. Chr.

Papst Gregor der Große (590–604) erkannte allerdings, dass Bilder der christlichen Botschaft durchaus auch nützlich sein konnten. Natürlich lehnte auch er die Verehrung der Bilder ab, er war sich jedoch ihrer starken Wirkung bewusst. Sie ermöglichten jenen, die nicht lesen konnten, die Geschichten und Heilsbotschaften der Kirche besser verstehen und nachvollziehen zu können. Er befürwortete sie also in dem Sinne, dass sich die Gläubigen der Heiligen erinnern und den Beispielen, die sie auf den Bildern sahen, folgen sollten. Gregor stellte die Bilder damit der Schrift gleich und machte sie so zur Bibel der Analphabeten.

Dabei war es vor allem wichtig, die Bilder so einfach und klar wie möglich zu gestalten. Sie sollten nicht von ihrem frommen Zweck der Heilsverkündung ablenken. An die Stelle einer möglichst genauen Nachahmung der Natur trat nun eine gänzlich andere Aufgabenstellung und Bildsprache, ja fast eine Bilderschrift. Das ist ein wesentlicher Grund dafür, dass die mittelalterliche Malerei für heutige Betrachter manchmal so unbeholfen, fast so naiv wie Kinderbilder wirkt. Es lag nicht etwa daran, dass die Maler ihre Fähigkeiten verloren hätten, die Natur so zu malen, wie sie ist, sondern sie mussten sich stattdessen mit dem Heiligen und Überirdischen und dessen symbolhafter Ort- und Zeitlosigkeit auseinander setzen. Sie mussten für die abstrakten theologischen Begriffe eine einfache und lehrhafte Bildsprache entwickeln.

Beispielsweise wurden Geschichten der Heiligen nicht in verschiedenen Landschaften dargestellt, sondern bekamen einen goldenen Hintergrund, der das Heilige und Ewige symbolisieren sollte (siehe Seite 66 ff.). Die Malerei wurde flächiger, weil die Illusion räumlicher Tiefe dadurch nicht mehr notwendig war. Heilige wurden größer dargestellt als normale Menschen, damit man gleich sah, wer der Heilige und somit wichtig war (siehe Seite 48 ff.). Alles, was nicht als wichtig für eine Geschichte angesehen wurde, ließ man wegfallen. Ein Baum genügte, um einen ganzen Wald darzustellen, und ein paar Säulen reichten aus, um einen Palast zu symbolisieren. Die Maler verzichteten darauf, Figuren und Gegenständen mittels Licht und Schatten eine eigenständige Körperlichkeit und Präsenz, geschweige denn Individualität, zu verleihen. Sie wurden zu zweidimensionalen Symbolen, die auf einem flächigen Hintergrund angeordnet waren.

Alles Dargestellte reduzierte man damals auf die Erkennbarkeit und Klarheit der Aussage. Trotz dieser scheinbaren Einfachheit kann man erkennen, dass viele dieser Maler wahre Meister waren. Durch die strengen Vorgaben waren sie gezwungen, eine neue, reduzierte Bildsprache zu entwickeln, und das war ihnen durchaus

2 | Berlinghieri, Bonventura: *S. Francesco mit 6 Szenen aus seinem Leben*, 1235, 160 x 123 cm, Tempera auf Holz S. Francesco, Pescia

gelungen, denn durch die Reduktion wurde die Intensität der Bilder gesteigert.

Natürlich ging durch diese Vorgaben und die entsprechende Umsetzung im Laufe der Jahrhunderte auch einiges an künstlerischem Wissen und Handwerkszeug verloren. Die malerischen Tricks und Fähigkeiten, die Natur zu kopieren, wurden einfach nicht mehr gebraucht. Und wenn bestimmte Aufgaben nicht mehr erfüllt werden müssen und bestimmte Techniken lange nicht mehr angewandt werden, stirbt das Wissen langsam aus. Genauso wie es heutigen Künstlern um andere Ausdrucksformen und Herausforderungen geht als etwa im 19. Jahrhundert, waren auch den damaligen Künstlern andere Dinge wichtiger als die genaue Nachbildung der Natur. Ihr Auftrag bestand darin, das in der Bibel dargestellte Heilsgeschehen im Auftrag und nach den Vorstellungen der Kirche in adäquate Bilder umzusetzen.

Das antike Wissen ging aber glücklicherweise nicht ganz verloren. Vieles davon wurde in Klöstern bewahrt. Sie wurden zu den Hütern des antiken Erbes. Zu den religiösen Aufgaben kamen somit die Sammlung, die Erhaltung und das Kopieren antiker Texte und Bilder. Hier wurde die große kulturelle Tradition der Griechen und Römer vor den Wirren der Welt gerettet.

Als Karl der Große im Jahr 800 in Rom zum Kaiser gekrönt wurde, sah er sich in der Nachfolge der römischen Kaiser und nahm Bezug auf die antike Kultur. Karl hielt seine Gelehrten an, alles, was an Wissen um die antike Kunst und Literatur zu finden war, zu erforschen. Mit dieser Rückbesinnung auf die Antike schuf er eine frühe Form der Renaissance, die sogenannte karolingische Renaissance. Sie setzte sich in der Malerei aber nicht durch und so wurde der mittelalterliche flächig »naive« Stil weitergeführt.

Erst im 13. Jahrhundert begann sich das Blatt zu wenden. Die Zeiten änderten sich und damit auch die Kunst. Im 13. Jahrhundert gab es in der Theologie und Philosophie eine neue Strömung, die Scholastik, die von dem großen christlichen Denker Thomas von Aquin (1225–74) ausging. Seine Theorie schuf die wesentliche (theologische) Voraussetzung für die neu zu entdeckende bildliche Darstellung der Natur. Für Thomas von Aquin war die Schöpfung, also die Natur, ein Spiegel der göttlichen Ordnung. Sein Ziel war es, die weltzugewandte griechische Philosophie des Aristoteles mit dem weltabgewandten christlichen Weltbild zu vereinen. Er und sein Lehrer Albertus Magnus waren der Meinung, dass Theologen alles über den Glauben wissen sollten (oder zumindest danach streben sollten), während es die Aufgabe von Wissenschaftlern sei, die Welt zu erklären. Sie forderten eine klare Trennung von Wissenschaft und Glauben. Da sich Gott ihrer Meinung nach überall in der Schöpfung offenbarte, musste das Wissen um Gott, und damit der Glaube, umso größer werden, je mehr der Mensch über die Natur lernte und entdeckte. Um der Angst der Kirche vor eventuell neuen Erkenntnissen von vornherein entgegenzutreten, argumentierten sie: Da alles Gottes Schöpfung ist, ist auch der menschliche Verstand ein Teil davon, und weil das so ist, gibt es nichts, was entdeckt oder gedacht werden könnte, das wider die kirchliche Lehre sein könnte.

Dieser neue Bezug auf die Natur als göttliche Offenbarung wurde durch die großen Ordenstifter der damaligen Zeit, Franz von Assisi (1181/82–1226) und Dominikus (um 1170–1221), zusätzlich bestärkt. Franziskus war bekannt für seine Naturverbundenheit, da auch er in der Natur das Wesen Gottes sah. Dominikus seiner-

seits legte Wert auf die höchste Gelehrsamkeit, die die Menschen im Dienste des Evangeliums erreichen sollten. Die Mönche dieser neuen Orden verließen ihre Klöster, gingen hinaus in die Welt und wollten keine abstrakte Wahrheit verkünden. Vielmehr sahen sie in den Erfahrungen und in den konkreten Fragen über das Wesen der Natur den Weg zu Gott. Für sie war die Religion kein theoretisches Konstrukt, sondern etwas, was man immer und überall spüren und erleben konnte. So schufen die Scholastiker um Thomas von Aquin und die Ordenstifter Franziskus und Dominikus die Grundlage für die neuerliche Orientierung der Malerei an der Natur und am alltäglichen Leben.

Dabei spielte vielleicht auch die Tatsache eine Rolle, dass Franziskus 1228, nur zwei Jahre nach seinem Tod, heilig gesprochen wurde. Er war also kein Heiliger aus einer längst vergangenen Zeit, sondern fast ein Zeitgenosse, über den es viele Augenzeugenberichte gab. Er war kein fernes Wesen, er hatte tatsächlich in Italien gelebt. Wenn man seine Geschichte malte, konnte man in den Bildern Orte zeigen, die tatsächlich existierten, wie den Minervatempel in Assisi *(s. Seite 12 ff., Abb. 5)* oder die Lateransbasilika in Rom. Um die Legenden von diesem »leibhaftigen« Heiligen zu erzählen, musste man sich also wieder die Natur als Vorbild nehmen. Aber diese künstlerische Neuorientierung ließ noch etwas auf sich warten.

1235, nur neun Jahre nach dem Tod des Franziskus, malte Buonaventura Berlinghieri eine Tafel mit der Figur des inzwischen heilig gesprochenen Franz von Assisi mit sechs Szenen aus seinem Leben. *(Abb. 2)* Von einem authentischen Porträt kann hier wohl kaum die Rede sein. Vielmehr zeigt Berlinghieri in der Tradition der Malerei des Mittelalters eine Figur mit den Erkennungsmerkmalen des Heiligen: die einfache Kutte von einem Strick umgürtet, dessen drei Knoten die drei Leitsätze des Franziskanerordens – Armut, Keuschheit, Gehorsam – symbolisieren. Der asketische Kopf mit der Tonsur und die Hände und Füße mit den Wundmalen Christi erscheinen eher ornamental. Die ganze Figur wirkt starr und steif.

Die Franziskaner begannen schon zwei Jahre nach dem Tod des Ordenstifters 1226 mit dem Bau der Hauptkirche in seiner Geburtsstadt Assisi. Die Kirche sollte mit einem aufwendigen Bildprogramm geschmückt werden. Szenen aus dem Leben des Heiligen sollten die Erinnerung an ihn bewahren. Neben Rom wurde Assisi so für kurze Zeit zu einem künstlerischen Zentrum Europas.

Hier trat ein junger Maler auf, der mit seinen Wandgemälden, in denen er Szenen aus Franziskus' Leben gestaltete, den Grundstein zu einer neuen Kunst und einer zu jener Zeit völlig neuartigen Karriere legte: Giotto di Bondone.

Nach der langen Starre, in der die Malerei des Mittelalters zu verharren schien, beginnt die Kunst mit Giotto wieder neu. Mit ihm wird die Geschichte der Kunst zur Geschichte von Künstlern, die durch ihre Persönlichkeiten und ihre Ideen die Kunst prägten und ihre Entwicklung stetig voranbrachten.

DER ERSTE BRILLENTRÄGER

Dominikus gründete verschiedene Konvente in Spanien, Italien und Frankreich. Am wichtigsten waren dabei wohl Paris und Bologna. Der Orden konnte in den gerade entstehenden Universitäten eigene Lehrstühle einrichten und Studien betreiben, wodurch er eine führende Rolle in der mittelalterlichen Wissenschaft einnahm.

*Es überrascht deswegen vielleicht auch nicht, dass der erste Brillenträger, der in der Kunstgeschichte dargestellt wurde, ein Dominikaner-Mönch ist. Tommaso di Modenas Porträt des Kardinal Hugo von Provence befindet sich im Kapitelsaal des Dominikanerklosters S. Nicolo in Treviso und stammt aus dem Jahre **1352**.*

3 | Tommaso di Modena: *Kardinal Hugo von Provence,* 1352, ca. 150 x 85 cm, Fresko, Kapitelsaal, S. Nicolo, Treviso

DER ERSTE STAR DER KUNSTGESCHICHTE

> *Giotto revolutioniert die Malerei und lässt das Mittelalter hinter sich.*

Was war das Besondere an der Kunst Giottos? Was war das revolutionär Neue an seiner Malerei, dass Giorgio Vasari (1511–74), der »Vater der Kunstgeschichte« 1550 in seinem Buch über die größten Künstler Italiens sagte, mit Giotto »ist die Kunst wiedergeboren«?

Für Vasari, der von der Kunst der Antike begeistert war, scheinen das Mittelalter, »jenes plumpe und ungeschickte Zeitalter«, und dessen Kunst ein Gräuel gewesen zu sein. Für ihn war diese Malerei zu flach und ohne Leben. Wenn man das Franziskusbild des Berlinghieri *(s. Seite 10, Abb. 2)* ansieht, kann man vielleicht nachvollziehen, was er meinte. Giotto macht Schluss mit dieser Art der Malerei. Die Grundlage seiner Kunst ist die genaue Beobachtung der Natur und der Menschen, während seine Zeitgenossen noch größtenteils die überlieferten Formen und Formeln des Mittelalters verwenden und variieren. Giotto verlässt sich lieber auf seine Beobachtungsgabe und setzt diese in seinen Bildern um. Er bringt eine Vielzahl an Neuerungen in die Malerei ein – eigentlich macht er alles anders als seine Vorgänger: Er verleiht seinen Figuren eine eigene Körperlichkeit, ein Volumen durch die Verwendung von Licht und Schatten. Er stellt sich vor, wie sich die Szenen, die er darstellen will, tatsächlich abgespielt haben könnten. Seine Figuren sind belebt, ihre Gestik und Mimik zeigen Gefühlsregungen und scheinen auf die Aktionen anderer Figuren zu reagieren. Giottos Figuren agieren nicht mehr vor Goldgrund, sondern vor einer realistischen Kulisse. Er verbindet die religiösen Themen mit alltäglichen Wahrnehmungen und macht sie dadurch verständlich und lebendig. Und er schafft das in sich geschlossene Einzelbild, dessen Teile er rhythmisch auf der Bildfläche verteilt. Dies sind für die damalige Zeit außergewöhnliche

GIOTTO

*Giotto wird **1266** in Colle di Vespignano in der Nähe von Florenz geboren. Als 12-Jähriger wird er angeblich von dem großen Maler Cimabue dabei entdeckt, wie er beim Schafehüten sehr naturalistische Zeichnungen der Tiere mit Kohle auf Steine malt. Cimabue nimmt ihn in die Lehre, wo Giotto ihn einmal der Legende nach mit einer gemalten Fliege auf einem Bild verwirrt, die der Meister zu verscheuchen suchte. Giotto wird nicht nur von seinem Lehrer, sondern auch von der Kunst Roms und den Skulpturen Giovanni Pisanos geprägt.*

*Seine ersten eigenen Arbeiten entstehen ab **1290.** Um **1300** beginnt er mit der Ausmalung der Franziskuskirche in Assisi, womit er berühmt wird. **1304–10** malt er die Scrovegni-Kapelle in Padua aus und wird dadurch zum ersten wirklichen Star der Kunstszene Italiens. Dante preist ihn in seiner »Göttlichen Komödie« als den größten Maler seit der Antike.*

*Seit **1311** lebt er in Florenz, hat aber auch Aufträge aus Assisi, Padua, Rom, Rimini und Neapel, wo er für König Robert von Anjou malt. **1334** wird er zum Dombaumeister von Florenz berufen und entwirft den Campanile. Am 8. Januar **1337** stirbt Giotto in Florenz.*

4 (linke Seite) | Giotto: *Franziskus gibt seine Habe zurück,* um 1300, S. Francesco, Assisi

5 | Giotto:
Ein einfacher Mann verehrt Franziskus,
um 1300, S. Francesco, Assisi

Entwicklungen, die ihn zu dem großen Erneuerer machen, als der er bis heute gilt.

All das wird in San Francesco in Assisi zum ersten Mal sichtbar, als Giotto um 1300 beginnt, die Kirche mit Begebenheiten aus dem Leben des Heiligen Franziskus zu schmücken. In diesem groß angelegten Projekt konnte er seine neuen Ideen umsetzen. Um die Geschichten, die ja vor nicht allzu langer Zeit stattgefunden hatten, möglichst packend zu erzählen, musste er sich von der symbolischen Malerei des Mittelalters abwenden, hin zu einem realistischen Erzählstil. Giotto begann damit, die Wandflächen, die im Mittelalter noch mit großen Bildprogrammen komplett »überzogen« wurden, in einzelne Segmente zu unterteilen. Das gab ihm die Möglichkeit, jedes der so entstandenen Einzelbilder für sich zu komponieren. So schuf er sich einen Rahmen, auf den er die verschiedenen Bildelemente beziehen und sie rhythmisieren konnte. Durch diese neuartige Art der Bildkomposition war Giotto in der Lage, eine Szene dramaturgisch zu erzählen und dabei die wichtigsten Momente subtil hervorzuheben. Seine Bilder haben sozusagen einen Anfang und ein Ende und jedes Element ist für das Gesamte wichtig. Man kann nichts wegnehmen oder hinzufügen, ohne dass das Gesamtbild gestört würde (übrigens grundsätzlich ein gutes Kriterium für die Qualität einer Bildkomposition).

In dem Bild, in dem Franziskus auf seine gesamte Habe verzichtet, sind einige Neuerungen Giottos gut zu erkennen *(Abb. 4):* Als Franziskus sich von seinem Vater und dessen reichem Erbe lossagt, um als Einsiedler nach dem Willen Gottes zu leben, zieht er sich aus und gibt seine edlen Gewänder dem Vater zurück. Von nun an gehen sie getrennte Wege.

Giotto gelingt es, diese Geschichte der Abkehr von Familie und Reichtum sowie den Zorn des Vaters darüber in einem einzigen Bild eindringlich zu schildern. Franziskus hat sich seiner Kleider entledigt, die sein Vater aufgesammelt hat und jetzt im Arm hält. Damit er nicht völlig nackt dasteht, hält der Bischof Franziskus ein Tuch vor seine Blöße. Die Gruppe links hinter dem Vater ist verwirrt und er selbst so wütend, dass ihn ein Freund am Arm zurückhalten muss, damit er seinen Sohn nicht schlägt. Franziskus aber ist von seiner Entscheidung überzeugt und hält seine Hände und seinen Blick betend nach oben, wo sein Gebet von Gott, symbolisiert durch die Hand, erwidert wird.

Um eine Geschichte dramatisch zu erzählen und nicht plakativ belehrend zu wirken, braucht man »lebendige« Figuren. Mit den Mitteln seiner Vorgänger kam Giotto nicht weit, denn deren Figuren waren eher symbol- und formelhaft in die Werke eingefügt. Er verleiht seinen Figuren eine Körperlichkeit und ein eigenes Gewicht, indem er sie mit Licht und Schatten modelliert. Dadurch wirken die Körper plastisch; die Gesichter sind nicht mehr ikonenhaft starr und unbewegt, keine zweidimensionalen Flächen mehr, sondern wirken belebt.

Da Giotto keinen Goldgrund verwendet, sondern seine Figuren vor einen realen Hintergrund stellt, kann er diese Geschichte lebensnaher erzählen, als das bisher möglich war. Zwischen den beiden Gruppen auf dem Bild und ihren Protagonisten, die jeweils vor einem Palast stehen, klafft eine große Lücke. Sie symbolisiert auf ein-

fache, aber umso überzeugendere Weise die eben vollzogene Trennung zwischen Vater und Sohn.

Darüber hinaus stellt Giotto wiedererkennbare Orte dar. In einer Szene sieht man Franziskus vor dem Minerva-Tempel, dessen Fassade heute noch in Assisi zu sehen ist *(Abb. 5)*. Giotto bemüht sich dabei sogar um perspektivisch richtige Räume, was ihm zwar nicht wirklich gelingt, aber dadurch schafft er seinen Figuren eine Bühne, auf und vor der sie agieren können. In mittelalterlichen Darstellungen stehen die Figuren parallel im Bild aufgereiht auf einer Linie. Giottos Figuren drehen sich, werden von vorne, von hinten, vom Betrachter abgewendet und überschnitten gezeigt. Sie erobern sich den Bildraum, den Giotto ihnen bietet.

Im Franziskus-Zyklus versucht Giotto erfolgreich, ein modernes Thema in einer modernen Bildsprache darzustellen. Diese setzt er auch bei dem weitaus traditionelleren Thema des Lebens Mariä und Jesu ein.

Anders als seine Vorgänger, die lediglich die althergebrachten Bildtraditionen kopierten und sie dabei höchstens ein wenig variierten, überlegte sich Giotto hier ebenfalls, wie sich etwas wirklich zugetragen haben könnte. Ein gutes Beispiel ist in der Capella degli Scrovegni, der Arena-Kapelle in Padua, zu finden, die Giotto von 1304 bis 1306 mit 36 Szenen aus dem Leben Mariä und Jesu schmückte. In der *Gefangennahme Christi (Abb. 6)* verrät Judas Jesus an die römischen Soldaten durch den nach ihm benannten, berüchtigten Kuss. Die Soldaten und die Jünger um Christus befinden sich in Aufruhr, nur Jesus steht in gespannter Ruhe vor Judas und fixiert den Verräter mit stechendem Blick.

Die Komposition unterstreicht die Handlung. Der Hohepriester, die Menge und die Jünger sind um die Zweiergruppe angeordnet, die im Zentrum des Bildes steht. Judas umfängt Jesus mit seinem Mantel. Die Speere und Fackeln betonen die Unruhe, die unter den Männern herrscht. Nur in der Mitte kommt das Geschehen zu einer intensiven Ruhe und Spannung, die von dem durchdringenden Blick Jesu ausgeht. Er weiß, dass ihn Judas mit diesem Verrat ans Kreuz bringen wird und blickt ihn in der Gewissheit der Unabwendbarkeit an. Judas wird unter diesem Blick sichtlich nervös und scheint zu hoffen, dass die Gefangennahme bald vorüber sein wird.

6 (oben) | Giotto: *Gefangennahme Jesu*, um 1304, Scrovegni-Kapelle, Padua

7 (links) | Book of Kells: *Gefangennahme Christi*, Ende 8. Jhd., 32,3 x 24,2 cm, Malerei auf Pergament, Trinity College Library, Dublin

Vergleicht man das Bild mit der thematisch gleichen Darstellung aus dem tiefsten Mittelalter (Ende 8. Jahrhundert, *Abb. 7)* erkennt man, wie weit sich Giotto von der Tradition entfernt hat. Das mittelalterliche Bild erfüllt zwar alle damaligen Anforderungen; man erkennt Jesus und, wenn man genau hinsieht, auch den Moment der Gefangennahme. Aber hier sind keine lebendigen Menschen dargestellt. Alles ist grafisch in Linien und Flächen aufgelöst. Man sieht eher ein Ornament als eine hochdramatische Szene aus dem Leben Jesu. Diese Art der Malerei hatte mit Giotto ein Ende.

Giottos Malerei wurde richtungsweisend für die nachfolgenden Malergenerationen und er selbst zum Wegbereiter einer neuen Kunst, die schon damals als modern erkannt wurde. Es ist gut nachvollziehbar, dass eine solch moderne Bildsprache Aufsehen erregte. Seine Ideen setzten sich durch und es gab für seine Kollegen keinen Grund mehr, hinter den neuen Ideen in seinem Werk zurückzubleiben (außer vielleicht die persönlichen Fähigkeiten). Das eigentlich Revolutionäre aber war die Tatsache, dass Giotto das, was er sah, in seiner Malerei umsetzte, und nicht das, was ihm die Tradition vorgab.

8 | Giotto: *Fides*, um 1304, Scrovegni-Kapelle, Padua

GEMALTE SKULPTUREN

Ein weiteres Beispiel für Giottos Fähigkeit, Dinge möglichst realistisch zu malen, findet man in der Scrovegni-Kapelle in Padua. In der Sockelzone sind graue Statuen zu sehen, die verschiedene Tugenden und Laster symbolisieren. Giotto war in seiner Kunst, Figuren durch Licht und Schatten Körperlichkeit zu verleihen, so weit gekommen, dass er als Erster versuchte, Skulpturen mittels Grisaillemalerei (frz. grau) vorzutäuschen. Zum ersten Mal seit der Antike wurde die Illusion räumlicher Tiefe auf einer ebenen Fläche hergestellt.

Damit beginnt in der Kunstgeschichte ein Wettstreit, der »Paragone« (italienisch: Vergleich) genannt wird und sich über die nächsten Jahrhunderte hinziehen sollte: Welche ist die geeignetere Kunst, das Leben darzustellen, die Bildhauerei oder die Malerei? Bildhauer haben einige Vorteile in der Darstellung von Figuren: Sie müssen sich nicht wie die Maler um Verkürzungen oder Körperlichkeit kümmern, denn bei ihnen ist das im dreidimensionalen Werk ohnehin enthalten. Die Maler mussten erst die »Tricks« lernen, wie man dem Betrachter die Illusion von Tiefe und Massigkeit vermittelt, und Giotto war der Erste einer langen Reihe von Künstlern, die sich mit diesem Problem beschäftigt haben.

Seine Karriere war für damalige Begriffe ungewöhnlich. Seine künstlerische Meisterschaft brachte ihm nicht nur eine Vielzahl Aufträge von bedeutenden europäischen Höfen ein, sein Name wurde auch über die Kunstwelt hinaus bekannt. Giottos Zeitgenosse und Freund Dante Alighieri (1265–1321) preist ihn in seiner *Göttlichen Komödie* als den größten Maler seiner Zeit, der seinen Lehrer Cimabue übertroffen habe, und der Dichter Boccaccio (1313–75) schreibt, dass »der Gesichtssinn der Menschen nicht selten irre geleitet ward und für wahr hielt, was nur gemalt war«. Giotto war nicht mehr nur ein malender Handwerker, sondern ein »Stern« (Boccaccio), er gehörte zu den Honoratioren seiner Heimatstadt Florenz und wurde zum Dombaumeister berufen, als er den Campanile schuf. Darüber hinaus war er der erste Maler, der mit einem Staatsbegräbnis geehrt wurde.

Man muss Giottos Kunst im Zusammenhang mit der damaligen Zeit betrachten, dann erkennt man, welch großartigen Schritt er gemacht hat und warum er eine solche Bedeutung für die Kunstgeschichte hat. Zu Recht sah ihn nicht nur Vasari als den eigentlichen Wegbereiter der Renaissance-Malerei an.

9 | Giotto:
Anbetung der Könige, um 1304,
Scrovegni-Kapelle, Padua

DER ERSTE KOMET

Als Giotto noch ein kleiner Junge war, hütete er die Schafe seines Vaters. Er zeichnete sie auf einem Stein so realistisch, dass der Maler Cimabue, der, wie es die Legende will, just in diesem Moment des Weges kam, die naturgetreuen Zeichnungen sah und den Jungen in die Lehre nahm.

Diese Fähigkeit, die Natur genau zu beobachten und in seiner Malerei umzusetzen, nutzte Giotto sein ganzes Leben. Als er ***1301*** *den Halleyschen Kometen über Italien sehen konnte, setzte er auch diese Beobachtung in einem Bild um. In der »Anbetung der Könige« in der Scrovegni-Kapelle in Padua malte er als Erster den Stern von Bethlehem als Kometen mit Schweif, dem die drei Weisen aus dem Morgenland folgen. Heute wird der Stern traditionell als Komet gezeigt, wovon übrigens nichts in der Bibel steht. Giottos Darstellung setzte sich durch und wird bis heute bei so ziemlich allen Krippendarstellungen verwendet.*

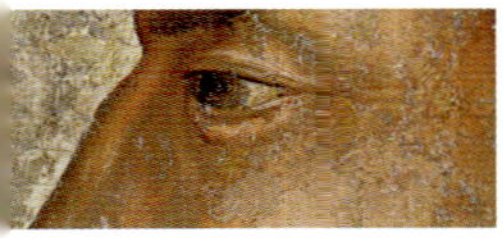

DIE MALEREI BEKOMMT EIN GESICHT

Der eigentliche Ursprung der Malerei war das Porträt. Der römische Historiker Plinius d. Ä. (24–79 n. Chr.) berichtet, dass die Malerei vom griechischen Töpfer Butades in Sikyon erfunden wurde, und zwar für dessen Tochter. Diese hatte einen Geliebten, der die Stadt verlassen musste. Um eine Erinnerung an ihn zu haben, setzte sie ihn auf Anraten ihres Vaters vor eine Laterne und zeichnete das Profil nach, das sein Kopf als Schatten an die Wand warf. Der Vater füllte die Zeichnung mit Ton aus und so hatte die Tochter eine Erinnerung an ihren Geliebten und der Vater nebenbei die Porträtmalerei erfunden – zumindest wenn man Plinius glaubt. *(Abb. 10)*

> ***Das Porträt Johannes des Guten gilt als das erste autonome Porträt der Neuzeit, auf dem eine Person alleine und nur ihrer selbst wegen abgebildet wurde. Ein unbekannter Künstler malte es ungefähr 1350.***

In der Malerei der Antike hatten sich im Lauf der Zeit erstaunliche Techniken entwickelt, diese Aufgabe zu erfüllen. Laut Plinius war es im 8. Jahrhundert v. Chr. noch üblich, die Namen der Porträtierten zu den Bildern zu schreiben – zur Sicherheit.

10 |
David Allan,
Der Ursprung der Malerei (Detail),
1775, 38,7 x 31 cm,
Öl auf Holz,
National Gallery of Scotland, Edinburgh

Diese Methode finden wir im Mittelalter wieder. Erst im 6. und 5. Jahrhundert v. Chr. konnte man darauf verzichten, denn die Maler begannen ihre Technik zu verfeinern. Einen wichtigen Schritt auf diesem Weg vollzog der Athener Maler Eumares, der zum ersten Mal in seinen Bildern Männer und Frauen voneinander unterschied – nicht unerheblich für das Porträt. Kimon aus Kleonei wurde schließlich dadurch berühmt, dass er nicht nur auf- und abwärts blickende Gesichter malen, sondern auch verschiedene Körperglieder durch das Malen von abgewinkelten Gelenken voneinander unterscheiden konnte. Seine bedeutendste und von Plinius geschilderte Fähigkeit war wohl jedoch, dass er Feldherren derart lebensnah malen konnte, dass keine Namensnennung mehr notwendig war.

Es sollte also ein paar Hundert Jahre dauern, bis Maler in der Lage waren, eine wirkliche Ähnlichkeit zwischen Modell und Gemälde zu erreichen. Das war das höchste Lob, das einem Maler über viele Jahrhunderte gemacht werden konnte: dass er fähig war, die Natur möglichst getreu nachzubilden.

Durch die Ausgrabungen in Pompeji und Herculaneum sind uns heute einige Porträts aus der Antike bekannt, wie etwa das Bild einer Schriftstellerin, das sogenannte Bildnis der Sappho. *(Abb. 12)* Natürlich lässt sich nicht sagen, wie ähnlich das Bild dem Vorbild war. Aber es lässt sich zumindest erkennen, dass die damaligen Künstler durchaus in der Lage waren, sehr lebhafte Bilder der Menschen ihrer Zeit zu schaffen.

Die antiken Künstler konzentrierten sich auf das, was sie sahen und erlangten erstaunliche Fertigkeiten in der illusionistischen Nachbildung des Sichtbaren. Das trifft in besonderem Maße auf das Porträt zu, bei dem sie sämtli-

11 |
Anonym: *Jean le Bon,*
König von Frankreich,
um 1350,
59,8 x 44,6 cm,
Tempera auf Leinwand
auf Holz,
Louvre, Paris

12 | Anonym: *Sappho*, weibliches Bildnis, vor 79 n.Chr, Museo Archeologico Nazionale, Neapel

che Äußerlichkeiten mit dem Ziel abbildeten, auf diese Weise Aufschluss über die Charaktereigenschaften der Porträtierten zu erhalten.

Es ist interessant zu wissen, dass der Maler Kimon für die besondere Ähnlichkeit seiner Bilder mit den Porträtierten bekannt war, auch wenn sich diese Ähnlichkeit nicht mehr nachprüfen lässt. Immerhin war erst der Maler Polygnostos ca. 400 v. Chr. dazu in der Lage, den Gesichtsausdruck eines Menschen wiederzugeben. Er war auch der Erste, der Menschen mit offenem Mund zeigte und sogar die Zähne malte. Nebenbei wird er von Plinius auch dafür gelobt, der Erste gewesen zu sein, der Frauen in durchsichtigem Gewand malte.

Je mehr das Christentum auf dem Vormarsch war, desto mehr änderte sich die Einstellung zur Porträtmalerei. So galt die diesseitige Welt dem mittelalterlichen Menschen im Gegensatz zum antiken Weltbild zunehmend als Trugbild und Schein. Das Leben der Menschen wurde als Durchgangsstation zum ewigen Leben betrachtet, die sichtbare Welt der Natur galt als Schleier, der die göttliche und damit einzig wirkliche und ewige Welt verbarg. Folglich stand man auch der Abbildung der Natur skeptisch bis ablehnend gegenüber. Das Wort (Logos) wurde für das Verständnis der Welt wichtiger und das Bild verlor an Bedeutung. Die Sinne, so die damaligen Theologen, fesselten die Menschen an das Diesseits, was sie den Tieren gleichmache. Der Mensch aber habe nach Höherem zu streben und sich die Welt durch das Wort – und in diesem Fall ist das Wort der Bibel gemeint – zu erklären. Nach und nach ging so auch das Wissen um bereits in der Antike bekannte Techniken naturalistischer Darstellung verloren.

Natürlich gilt all das auch für das Porträt, das ja den Einzelnen in seiner sichtbaren Individualität zum Thema hat. Da aber das Individuum nicht mehr wichtig war, hatte auch seine Darstellung keine Bedeutung mehr. Das Porträt zeigte also nicht mehr einen bestimmten Feldherren oder einen bestimmten König, sondern beschränkte sich auf dessen allgemeine Funktion, die mittels leicht verständlicher Zeichen und Symbole, die jeder entschlüsseln konnte, darstellbar war. *(Abb. 13)*

Aus der Vielfalt an Individuen wurden verschiedene »Typen« destilliert, die je nach Bedarf mit entsprechenden Merkmalen und Attributen an die jeweiligen bildlichen Zusammenhänge angepasst wurden. Ein Kaiser oder König war also nicht durch seine Physiognomie, sondern durch seine typischen Attribute wie Krone, Zepter und Reichsapfel als solcher zu erkennen. Ebenso war ein Bischof eben nicht mehr als ein bestimmter Bischof eines Bistums, sondern allgemein als Bischof durch Mitra und Bischofsstab zu identifizieren.

Dabei stand die Darstellung gerade bei Herrschern und Päpsten in festgelegten, überlieferten Traditionen, deren Sinn es war, die Kontinuität in der Nachfolge antiker Herrscher oder, im Falle des Papstes, in der Nachfolge Petri zu demonstrieren. Um etwaige Unsicherheiten bezüglich der tatsächlichen Person auszuschließen, wurde gegebenenfalls der Name dazu geschrieben.

DAS ERSTE PHANTOMBILD

Die Fähigkeit von Malern, Porträts lebensecht zu zeichnen, hatte durchaus auch praktischen Nutzen, was folgende Anekdote über den Maler Correggio ***(um 1489–1534)*** *zeigt: Als dieser mit seinem Vater auf einem Spaziergang überfallen und ausgeraubt wurde, fertigte er der Polizei ein so getreues Porträt des Räubers an, dass dieser bald festgenommen werden konnte. Das war vielleicht die erste Phantomzeichnung, die zur Ergreifung eines Verbrechers führte.*

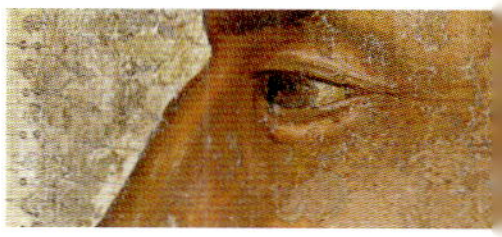

Das erste Porträt, das einen König nicht in seiner Funktion, sondern als individuelle Person zeigt, schuf ein heute unbekannter Künstler um 1350, als er den französischen König Johann den Guten (Jean le Bon) malte. Dieses Bild gilt als das erste autonome Porträt der Neuzeit, auf dem eine Person alleine und nur ihrer selbst wegen abgebildet wurde. Außerdem ist es auch das älteste bekannte Gemälde Frankreichs, das nicht auf einer Wand oder als Miniatur in einer Handschrift erschien, sondern auf eine Holztafel gemalt wurde, was für diese Zeit völlig neu war. Aus diesen beiden Gründen hängt es auch an einem besonderen Platz im Pariser Louvre: Es eröffnet dort die Sammlung der französischen Malerei. *(Abb. 11)*

Wir sehen einen bärtigen Mann Mitte dreißig im Profil vor Goldgrund. Der Maler konzentriert sich ganz auf den Kopf des Königs, der hier ohne die typischen Attribute, wie etwa eine Krone, gezeigt wird. Diese scheint nicht mehr wichtig gewesen zu sein, da das Bild dem Aussehen der Person offensichtlich sehr nahe kam. Die Inschrift, die etwas nachlässig schief gemalt ist, wurde später hinzugefügt und bestätigt noch einmal, dass es sich um den König handelt (»Jehan Roy de France«). Die Profilansicht gibt die typische Pose wieder, die seit den antiken Kaisermünzen Herrschern vorbehalten ist. *(Abb. 14)* Dabei lassen sich, wie wir bei Plinius gesehen haben, wichtige Merkmale der jeweiligen Person zeigen. Die gewellten, rotblonden Haare und der Bart umrahmen das Gesicht, ein angedeutetes Lächeln lässt einen freundlichen, aber ernsten Blick erkennen. Die markante Nase sowie das gesamte Gesicht werden durch Licht und Schatten modelliert, was dem Porträt eine neue Lebendigkeit verleiht. Das deutet darauf hin, dass dem unbekannten französischen Meister die Neuerungen, die am Anfang des 14. Jahrhunderts in Italien durch Giotto entwickelt wurden, wahrscheinlich bekannt gewesen waren. Das wiederum ist nicht allzu erstaunlich, da der päpstliche Hof von 1309 bis 1376 vorübergehend nicht in Rom, sondern in Avignon residierte und damit ein wichtiges Bindeglied zwischen den italienischen und den französischen Künstlern war.

14 | Anonym: *Nero und Agrippina*, Goldmünze, 64/68 n. Chr., British Museum, London

Die Malerei hatte das Individuum wieder entdeckt und sich auch die Fertigkeiten neu angeeignet, die man benötigte, einen Menschen in seiner individuellen Erscheinung zu zeigen. Dazu waren natürlich auch gesellschaftliche Voraussetzungen nötig, die dem einzelnen Menschen über seine Funktion hinaus Individualität und Eigenständigkeit zugestanden.

13 | Anonym: *Kaiser Otto II.*, Registrum Gregorii, um 983, 27 x 19,8 cm, Tempera auf Pergament, Musée Condé, Chantilly

DIE MACHT DER FINSTERNIS

An seinem ersten Arbeitstag schuf Gott Himmel und Erde. Damit er sehen konnte, wie es geworden war, schuf er das Licht und trennte es von der Finsternis und nannte das Licht Tag und die Finsternis Nacht. Für die Malerei schien diese Trennung lange Zeit nicht zu gelten, denn hier herrschte immer Tag, also das Licht, selbst wenn Szenen gezeigt wurden, die sich eigentlich nachts abspielten, wie beispielsweise die Geburt Christi, die Verkündigung an die Hirten oder die Gefangennahme Christi im Garten von Gethsemane.

> *1328 macht Taddeo Gaddi mit der »Verkündigung an die Hirten« den ersten Versuch eines realistischen Nachtbildes.*

Die Nacht galt in früheren Zeiten als Furcht erregend; sie gehörte den dunklen Mächten, den Dieben und Mördern, was im Mittelalter auch theologisch begründet wurde. Der Kirchenvater Augustinus bezeichnete die Nacht als »Mutter der Gottlosen«. Wurde Jesus nicht nachts von Judas verraten und von den Soldaten gefangen genommen? Und wurde es nicht dunkel wie in der Nacht, als Jesus am Kreuz starb? Es gab also neben den realen alltäglichen Gefahren der Nacht auch theologische Vorbehalte gegenüber der dunklen Seite des Tages.

Das Mittelalter hatte mit der naturalistischen Malerei der Antike gebrochen. Die mittelalterlichen Künstler hatten sich auf eine symbolhafte Malerei spezialisiert, die den einfachen Menschen die wichtigsten Botschaften der Bibel in der Art einer leicht verständlichen Bilderschrift näher bringen sollte. Das betraf auch die Darstellung der Nacht. Die Künstler malten sie nicht als dunkle Nacht, wie wir sie kennen, sondern als Allegorie, als Personifikation oder Symbol. Man malte auch keinen blauen Himmel, sondern verwendete Goldgrund, der allen klarmachen sollte, dass es sich um heilige Dinge handelte. Ein solcher Goldgrund schloss Dunkelheit ohnehin aus. Also wurde die Nacht durch einen Mond am Himmel angedeutet oder mittels schlafender Menschen dargestellt, ohne dass man sich der schwierigen Aufgabe stellen musste, die Dunkelheit selbst zu malen. Nachtbilder, wie wir sie heute kennen, also stimmungsvolle Landschaften im Mondlicht oder Bilder einer nächtlichen Stadt, waren in der damaligen Zeit nicht denkbar – und schon gar nicht ohne einen religiösen Inhalt.

In der Bibel gibt es aber viele Geschichten, die sich nachts zugetragen haben und die mit symbolhaften Darstellungen mehr schlecht als recht wiedergegeben werden konnten. Zur überzeugenden Darstellung dieser Geschichten bedurfte es einer naturalistischen Malerei, wie sie im Mittelalter jedoch nicht üblich war. Das änderte sich mit Giotto, der die Malerei erneuerte, indem er von der symbolhaften Bilderschrift zur möglichst naturnahen Gestaltung überging – und so die Welt durch die Malerei neu entdeckte. Aber selbst der große Erneuerer Giotto

TADDEO GADDI

*Gaddi wird um **1290** in Florenz geboren. Er wird Schüler Giottos und für 24 Jahre sein Mitarbeiter. Ab **1328** ist er nachweisbar als selbstständiger Meister in Florenz tätig. Ab **1328** schmückt er die Baroncelli-Kapelle in S. Croce aus. Sein »Tempelgang Mariens« ist wahrscheinlich das meistkopierte Werk des 14. Jahrhunderts. **1342** arbeitet Gaddi am Campo Santo in Pisa und **1355** in Poggibonsi, in der Nähe von Florenz. Danach malt er Fresken im Refektorium von S. Croce in Florenz, wo er **1366** stirbt. Sein Sohn und Schüler Agnolo **(1350–96)** übernimmt seine Werkstatt.*

Abb. 15 (linke Seite) | Taddeo Gaddi: *Verkündigung an die Hirten,* um 1328, Baroncelli-Kapelle, S. Croce, Florenz

16 |
Giotto: *Gefangennahme Jesu,* um 1304, Scrovegni-Kapelle, Padua

schreckte noch davor zurück, seine Darstellung der Gefangennahme Christi in nächtliche Finsternis zu tauchen, wie es der biblische Text eigentlich verlangt. *(Abb. 16)* Ihm genügte es, den Eindruck von Nacht dadurch entstehen zu lassen, dass die Soldaten Fackeln tragen.

Der Erste, der den Schritt in die Nacht wagte, war Giottos langjähriger Schüler und Mitarbeiter Taddeo Gaddi, der 1328 den Auftrag bekam, die Kapelle der Familie Baroncelli in der Kirche S. Croce in Florenz mit Erzählungen aus dem Leben von Maria und Jesus zu schmücken. *(Abb. 15)*

Im 14. Jahrhundert war es in Italien in Mode gekommen, dass sich reiche Familien Kapellen in die Kirchen der Bettelorden der Franziskaner und Dominikaner bauen ließen, um dadurch den Bau solcher Kirchen mit zu finanzieren. Natürlich dienten diese Kapellen auch der Demonstration von Macht, Reichtum und Einfluss der jeweiligen Familien. Man war sehr darauf bedacht, die besten Künstler für diese Ausschmückungen zu engagieren und überbot sich mit den verschiedenen inhaltlichen und künstlerischen Programmen.

Taddeo Gaddi war offensichtlich sehr interessiert an den verschiedenen Effekten, die durch den Wechsel von Hell und Dunkel zustande kamen. Dabei schien ihm das Thema der Verkündigung an die Hirten besonders geeignet, denn es war geradezu prädestiniert für ein erstes Nachtbild: »In jener Gegend lagerten Hirten auf freiem Feld und hielten Nachtwache bei ihrer Herde. Da trat der Engel des Herrn zu ihnen, und der Glanz des Herrn umstrahlte sie.« (Luk. 2, 8-9) Gaddi versuchte, wie er es bei seinem Lehrmeister Giotto gelernt hatte, sich genau vorzustellen, wie sich diese Szene abgespielt haben könnte und vor allem wie er die Nacht darstellen sollte. Und zwar nicht in der Art mittelalterlicher Symbolik, sondern als eine reale Nacht mit den Mitteln der neuen Malerei. Im Gegensatz zu Giotto ist er wirklich bemüht, es Nacht werden zu lassen: Der Himmel ist in dunkles Blau getaucht und die Hirten, ihr Hund und die Schafe schlafen. Da erscheint in hellem Licht ein Engel und beleuchtet die gesamte Szene. Ein Hirte wird aus dem Schlaf gerissen, der Hund blinzelt noch etwas schläfrig auf diese Erscheinung und alle anderen schlafen weiter.

Das Neue an dieser nächtlichen Szene ist der Kontrast zwischen dem Licht des Engels und der Umgebung. Aus heutiger Sicht ist dieser Kontrast nicht sehr groß, aber für damalige Verhältnisse war er ungewohnt und dadurch auch überzeugend. Man erkennt den Kontrast zwischen dem lichtabgewandten Hügel und der Fläche, die vom »Glanz des Herrn« direkt beleuchtet wird. Auch die Bäume sind auf der lichtabgewandten Seite etwas dunkler und zeigen auf ihren Blättern den hellen Widerschein der himmlischen Erscheinung. Und schließlich wurde auch der Himmel, von dem zwar relativ wenig zu sehen ist, in dunklem Blau gemalt.

Aber um ehrlich zu sein: Man muss schon wissen, dass es sich hier um eine nächtliche Szene handelt, denn abgesehen von der Tatsache, dass die Schafe und der eine Hirte tief zu schlafen scheinen, ist es nicht wirklich dunkel. Natürlich wird die Szene vom Glanz des Engels beleuchtet, aber man hat als Betrachter nicht unbedingt den Eindruck, dass es wesentlich dunkler würde, flöge der Engel wieder davon. Zu sehen ist das an den Schafen im Vordergrund, die im Schatten des Felsens eigentlich im Dunkeln liegen müssten und doch von fast taghellem Licht beschienen sind. Betrachtet man die anderen Fresken der Baroncelli-Kapelle, kann man auch feststellen, dass der Himmel zwar in jedem der Bilder ähnlich dunkel erscheint, aber die Szene im Umfeld der Kapelle wesentlich heller ist, als es sich für eine Nachtszene gehört.

Für den heutigen Betrachter wirkt die Szene also nicht so »nächtlich«, wie Gaddi es wohl beabsichtigt hat. Im Vergleich zu Giottos Bild allerdings herrscht bei Gaddi tiefe Nacht. Deshalb kann man die Hirtenszene als den ersten Versuch eines naturalistischen Nachtbilds gelten lassen, in dem schon vieles Ausdruck findet, was spätere Künstler bei ähnlichen Themen aufgriffen, aber wirklich überzeugend ist es nicht. Sieht man sich den nächsten Versuch an, die Finsternis der Nacht – tatsächlich und symbolisch – zu malen, so kann man sich dieser Meinung wahrscheinlich anschließen.

Zwischen 1410 und 1416 waren die drei Brüder Paul, Jan und Herman Limburg aus den Niederlanden mit der Gestaltung eines Gebetsbuches für Laien, das Gebete für die jeweiligen Tageszeiten enthält, beschäftigt, dem berühmten Stundenbuch *Les Très Riches Heures* des Herzogs von Berry.

Mindestens einer der Brüder kannte das Werk von Taddeo Gaddi höchstwahrscheinlich durch eine Italienreise und damit auch das Bild der Verkündigung. Ebenso wie Gaddi nahmen die Brüder Limburg eine Szene aus dem Leben Jesu zum Anlass, ihren Blick auf die Nacht zu demonstrieren. Aber im Gegensatz zu Gaddi wählten sie eine Szene aus der letzten Phase seines Lebens, nämlich seine Gefangennahme: Jesus ist nachts mit den Jüngern im Garten Gethsemane und wird dort von Judas an die Soldaten verraten. Als Jesus den Soldaten sagt, er sei es, den sie suchten, weichen sie zurück und stürzen zu Boden. (Joh. 18, 3-11) Diese Szene stellten die Limburgs mit Bravour dar. *(Abb. 17)*

Im Vergleich zu Gaddis Verkündigung an die Hirten ist es bei ihnen tatsächlich dunkle Nacht. Hier herrscht die Finsternis, die im Lukas-Evangelium erwähnt wird: »Aber es ist eure Stunde, jetzt hat die Finsternis die Macht.« (Luk. 22, 53) Die einzigen Lichtquellen sind zwei Fackeln, eine Laterne und Jesu Gloriole. Anders als bei Gaddis Gemälde würde es einem hier tatsächlich schwarz vor Augen, wenn die Lichter ausgingen und Jesus den Garten verlassen würde. Es blieben nur noch die vielen Sterne und die drei Sternschnuppen, die übrigens ein spätmittelalterliches Symbol für drohendes Unheil darstellen – ansonsten würde einfach Dunkelheit herrschen.

Wie haben sie das geschafft? Die Brüder Limburg scheinen sich an den Spruch gehalten zu haben: »Nachts sind alle Katzen grau«, denn sie tauchen die Szene in ein monochromes Graubraun und lassen außer dem Himmelsblau und dem dunklen Grün der Bäume keine anderen Farben zu. Sämtliche Figuren liegen oder stehen in einheitlicher und fast farbloser Dunkelheit. Sogar der Heiligenschein des Petrus besitzt nur noch einen matten silbernen Schein. Jesus selbst ist die dunkelste Figur des gesamten Bildes, was durch den Kontrast zum hellen Strahl seiner Gloriole noch betont wird. Auch sie ist mit ihrem kreuzförmigen Strahlenkranz ein Hinweis auf sein kommendes Schicksal. Die Szene erhält außerdem nur noch von zwei Fackeln und einer am Boden liegenden Laterne etwas Licht.

Damit nehmen die Limburgs eine Anweisung Leonardo da Vincis um hundert Jahre vorweg, die beschreibt, wie man eine nächtliche Szenerie idealerweise malen soll: »Willst du also eine Historie bei Nacht darstellen, so lässest du da ein großes Feuer sein. Was am nächsten bei diesem Feuer ist, das lässt du in dessen Farben gefärbt sein, denn je näher ein Ding sich bei seinem Gegenüber befindet, desto mehr wird es der Art desselben teilhaftig.«

Die Gebrüder Limburg verwenden zwar kein großes Feuer, aber durch ihre drei kleinen Lichtquellen lassen sie die große Dunkelheit eigentlich erst zu ihrer überzeugenden Wirkung kommen. Sie ist so übermächtig, dass die Laterne und die Fackeln tatsächlich nur ihre allernächste Umgebung beleuchten und die Dunkelheit sonst kaum durchdringen. Damit treffen die Maler zum ersten Mal in der Kunst den Kern des Themas Nacht: Die Finsternis hat die Macht.

17 (rechte Seite) | Gebrüder Limburg: *Gefangennahme Jesu,* vor 1416, Musée Condé, Chantilly

GEBRÜDER LIMBURG

Über die drei Brüder Limburg, Paul, Herman und Jan, weiß man nur sehr wenig. Sie stammen aus Nimwegen in Holland, ihr Vater war Bildschnitzer und ihr Onkel, Jean Malouel, arbeitete als Maler in Frankreich für die Königin Isabella von Bayern und ab ***1397*** *für den Herzog von Burgund in Paris. Dort gehen die noch sehr jungen Brüder Herman und Jan bei einem Goldschmied in die Lehre und kehren* ***1399*** *wieder in die Heimat zurück. Was Paul während dieser Zeit machte, ist unbekannt. Vielleicht unternahm er eine Italienreise, denn manches in den Werken der Brüder deutet auf gute Kenntnisse der italienischen Malerei hin.*

1402 *begeben sich Paul und Jan in die Dienste von Philipp dem Kühnen. Nach dessen Tod* ***1404*** *arbeiten sie in Bourges und Paris für dessen Bruder Jean de Berry, einen außergewöhnlichen Kunstkenner und Sammler, zu dem Paul ein besonderes Verhältnis entwickelt. Der Herzog ernennt ihn sogar zu seinem Kammerdiener. Hier malt Paul die »Belles Heures«, das erste mehrerer Stundenbücher, von denen allerdings nur zwei erhalten sind.* ***1409*** *bekommt Paul von Jean de Berry ein stattliches Haus geschenkt und die Brüder Jan und Herman ziehen nach Paris. Bis zu ihren Tod* ***1416*** *– alle drei sterben während einer Epidemie – arbeiten sie an dem Stundenbuch »Les Très Riches Heures«, das durch seine vielen Neuheiten und die außergewöhnliche Qualität die Buchmalerei lange Zeit bestimmt hat.*

(rechts) Mäzen Jean de Berry bei Tisch

18 | Giovanni de' Grassi: *Löwe,* aus: *Tacuinum dei Disegni,* um 1380, ca. 15 x 18 cm, Feder auf Pergament, Biblioteca Civica, Bergamo

GIOVANNI DE' GRASSI

Von Giovanni de' Grassi weiß man nur wenig. Wann er geboren wurde, ist unbekannt, aber er wird ***1389*** *als Maler der Mailänder Dombauhütte erwähnt. Ab* ***1390*** *ist er Dombaumeister und arbeitet auch als Bildhauer am Dom. Er leitet eine bedeutende Werkstatt und widmet sich unter anderem der Buchmalerei. Aus seiner Werkstatt stammt höchstwahrscheinlich das »Tacuinum Sanitatis in Medicina«, ein damals berühmtes medizinisches Handbuch. Bis zu seinem Tod* ***1398*** *arbeitet er an einem Stundenbuch für den Herzog von Mailand, Visconti.*

DER LÖWE IST LOS

Im 14. Jahrhundert versuchten die Künstler sich die Welt malerisch wieder zu erobern. Giovanni de' Grassi, ein lombardischer Maler, »eroberte« sozusagen die Tierwelt und machte die ersten erhaltenen, naturgetreuen Zeichnungen von Tieren. In seinem *Tacuinum dei Disegni* von 1380 sammelte er viele verschiedene Tierzeichnungen, die er nach genauem Studium dieser Tiere anfertigte. Es gibt allerdings ein paar Ausnahmen, die seiner Fantasie entsprungen sein müssen, wie das in derartigen Sammlungen wohl unvermeidliche Einhorn und die »Ohrenziege«, die hier abgebildet ist. *(Abb. 18)*

> ***Die frühesten heute erhaltenen naturgetreuen Zeichnungen von Tieren entstanden um 1380 und stammen von Giovanni de' Grassi.***

Aus heutiger Sicht ist es ein völlig normaler Vorgang, dass ein Maler, der ein Tier oder eine Pflanze malen will, diese zuvor ganz genau studiert und möglichst genau wiedergibt. Im Mittelalter war das durchaus nicht die Regel. Es war vielmehr die Aufgabe eines Künstlers, sämtliche Bildelemente, die nötig waren, um die Geschichten der Bibel in Bildern zu erzählen, wie Menschen, Landschaften und auch Tiere, möglichst einfach darzustellen. Um etwa einen Wald zu zeigen, genügte es, zwei bis drei Bäume zu malen. Noch um 1400 gab der Maler Cennino Cennini (um 1370–1440) Kollegen in seinem Traktat der Malerei *(Trattato della Pittura)* zur Darstellung eines Gebirges die Anweisung, »ein paar große, raue, unbehauene Steine zu nehmen und sie nach der Natur unter Verwendung von Licht und Schatten zu malen« – fertig war das Gebirge. Cennini kam nicht auf die Idee, sich einfach einen Berg genau anzuschauen und diesen nach der Natur zu malen.

19 | Aus: *De arte venandi cum avibus (Über die Kunst, mit Vögeln zu jagen)*, sog. Manfred-Handschrift (Biblioteca Vaticana, Pal. lat 1071), spätes 13. Jahrhundert

DER KAISER UND DIE VÖGEL

Ein besonderes Beispiel für Naturbeobachtung im ausgehenden Mittelalter bot der Stauferkaiser Friedrich II. ***(1194–1250).*** *Neben vielen Experimenten, die er unter anderem auch an Menschen durchführte und die manchmal tödlich endeten, studierte er Vögel und insbesondere Falken. Seine Passion war die Falknerei und so verfasste er sein berühmtes Buch »De arte venandi cum avibus (Über die Kunst, mit Vögeln zu jagen)«, worin schon viele verschiedene Vogelarten voneinander zu unterscheiden sind. Seine Beobachtungen und Ausführungen zur Falknerei waren so exakt, dass das Buch bis in die Mitte des 20. Jahrhunderts und teilweise auch heute noch Gültigkeit hat.*

Ebenso wurde bei Darstellungen von Tieren vorgegangen. Es kam allein darauf an, die markantesten Merkmale des entsprechenden Tieres zu zeigen, damit den Betrachtern klar war, um was es sich handelte. Zu diesem Zweck gab es in den Malerwerkstätten Musterbücher, nach denen man einen Vogel oder einen Löwen zu »konstruieren« hatte. Musterbücher bestanden aus einer Sammlung von verschiedenen Zeichnungen, die der jeweilige Künstler auf seinen Reisen oder während seines sonstigen Studiums angefertigt und zusammengetragen hatte. Sie dienten als Vorlagen für die Arbeiten in den Künstlerateliers. Heute ist es üblich, dass Künstler in ihren Skizzenbüchern flüchtige Eindrücke einfangen und Kompositionsideen oder schnelle Skizzen von Menschen oder Tieren anfertigen, um sie vielleicht später in einem Bild zu verwenden oder einfach nur um zu üben. Im Gegensatz dazu waren die Zeichnungen in den damaligen Musterbüchern fertige Modelle, auf die die Maler bei den jeweiligen Aufträgen zurückgreifen konnten und sollten. Auch waren die Bücher sehr kostspielig, weil Papier in Europa noch selten war und man auf dem teuren Pergament nicht einfach »drauflos kritzelte«.

Im ausgehenden Mittelalter war es durchaus nicht üblich, dass die Künstler besonders originell sein mussten. Vielmehr war es ihre Aufgabe, die Erwartungen, die ein Auftraggeber an ein bestimmtes Motiv hatte, zu erfüllen. Oft wurden dazu schon bestehende und bewährte Kunstwerke als Vorlage genommen, ohne dass dem Maler dabei Einfallslosigkeit vorgeworfen worden wäre. Also wurden viele solcher »Musterlösungen« für bildliche Probleme gesammelt und in den Musterbüchern zusammengestellt. Die Musterbücher wurden ständig erweitert und bildeten sozusagen die geschäftliche Basis einer großen Künstlerwerkstatt, die auch nach dem Tod des Meisters weitergeführt und an die Schüler weitergegeben wurden.

Eines der bekanntesten Musterbücher des 13. Jahrhunderts ist das des reisenden Baumeisters Villard de Honnecourt, das in den Dreißigerjahren des 13. Jahrhunderts entstand. Hier finden sich Zeichnungen von Architekturdetails, die er auf seinen Reisen zu verschiedenen Bauhütten angefertigt hatte, sowie Darstellungen von Baumaschinen, Rezepturen von Farben und natürlich Zeichnungen von Menschen und Tieren. Das Bild eines Löwen aus Villards Musterbuch zeigt, wie weit Giovanni de' Grassi bei seiner »Eroberung« der Tierwelt gegangen ist. *(Abb. 20)*

20 | Villard de Honnecourt:
***Löwe*, aus: Bauhüttenbuch,**
um 1235, ca. 24 x 16 cm, Feder auf Pergament,
Bibliothèque National, Paris

Villards Zeichnung scheint im ersten Moment wesentlich einfacher und damit auch leichter als Vorlage verwendbar zu sein als Grassis. Das trifft aber nur zum Teil zu. Sie ist auf das Wesentliche konzentriert, was einen Löwen ausmacht: ein starker Körperbau, scharfe Krallen und ein Furcht einflößender Kopf, der von einer mächtigen Mähne umrahmt wird. Will man diese Vorlage in einem Bild oder einer Skulptur an einer Kathedrale umsetzen, hat man ein perfektes Modell, wobei man allerdings nichts weglassen und auch nichts hinzufügen darf, ohne das Vorbild zu zerstören.

Villards Anmerkung, er habe den Löwen nach dem Leben gezeichnet, ist angesichts der Zeichnung zwar überraschend, aber warum sollte man ihm nicht glauben. Er hat ihn bestimmt genau studiert, allerdings steht Villard so sehr in der mittelalterlichen Tradition, Dinge symbolhaft vereinfacht wiederzugeben, dass er hier eher die »Idee« eines Löwen, als einen tatsächlichen Löwen gezeichnet hat – eben nur ein Modell.

21 | Albrecht Dürer: *Flügel einer Blauracke,* 1512, 19,6 x 20 cm, Aquarell und Deckfarben auf Pergament, Albertina, Wien

Auch Grassi hat seinen Löwen sehr genau studiert; er aber geht über die Tradition hinaus und malt nicht das, was er von einem Löwen weiß, sondern das, was er sieht. Er hat ein lebendes Tier lebendig wiedergegeben. Man kann sich vorstellen, dass der Löwe jederzeit aufstehen und sich bewegen und wie er in verschiedenen Posen aussehen könnte. Damit überwindet Grassi in dieser und seinen anderen Tierzeichnungen die mittelalterlichen Konventionen. Seine Zeichnung ist ein Vorschlag, den man variieren kann, weil sie so plastisch und voller Leben ist. Die Genauigkeit lässt dem Künstler sämtliche Freiheiten, die er bei Villard de Honnecourt nicht hatte. Grassis Zeichnungen waren anscheinend sehr bekannt und beliebt und hatten eine große Wirkung, denn man findet viele Tierzeichnungen in Gemälden und Büchern der damaligen Zeit, die seine Arbeiten zum Vorbild genommen haben. Außerdem wurde es in der Malerei jetzt auch allgemein üblich, die Natur genauer zu studieren. In vielen Lehrbüchern der Folgezeit und bis heute gilt das zeichnerische Studium der Natur als ein wichtiger Teil der künstlerischen Ausbildung. Die wohl bekanntesten Beispiele für genaueste Naturbeobachtung in der Nachfolge Grassis dürften die Zeichnungen Albrecht Dürers (1471–1528) sein, die in ihrer Detailbegeisterung weit über ihre Vorgänger hinausgehen und nicht mehr als Vorlagen, sondern als eigenständige Kunstwerke gesehen werden. *(Abb. 21)*

22 | Meister Wenzlaus: *Winter*, 1404–07, ca. 305 x 180 cm, Fresko, Adlerturm, Trient

MEISTER WENZLAUS

Über Meister Wenzlaus weiß man so gut wie nichts. Er war der Hofmaler des Bischofs von Trient, Georg von Liechtenstein, mit dem er wohl ***1390*** *aus dessen böhmischer Heimat gekommen ist. Zwischen* ***1404*** *und* ***1407*** *malt er die ersten monumentalen Monatsdarstellungen im Schloss des Bischofs, darunter die erste Winterlandschaft. Wenzlaus ist im Bruderschaftsbuch von St. Christoph am Arlberg eingetragen. Sein Todesjahr ist wahrscheinlich* ***1410.***

ES WIRD KALT IN DER KUNST

> ***Zwischen 1404 und 1407 stellt Meister Wenzlaus das erste Mal eine winterlich verschneite Landschaft dar.***

Zur Wiederentdeckung der Welt durch die Malerei gehören auch die unterschiedlichen Jahreszeiten. In der frühen Malerei wurde nicht zwischen Frühling, Sommer, Herbst und Winter unterschieden, genauso wenig wie zwischen Tag und Nacht. Es war einfach hell und eine wie auch immer beschaffene Landschaft war in den Bildern zu erkennen. Die Maler machten sich offensichtlich keine Gedanken, um welche Jahreszeit es sich handeln könnte, vielleicht weil der Unterschied zwischen den Jahreszeiten im Süden weniger deutlich empfunden wurde oder einfach weil blühende Landschaften als schöner empfunden wurden.

Folglich war auch der Winter für die Künstler bislang kein Thema, abgesehen von einer Darstellung im Rathaus von Siena, die Ambrogio Lorenzetti (um 1290–1348) zwischen 1337 und 1339 gemalt hat. *(Abb. 23)* Hier werden verschiedene Jahreszeiten durch Männer mit den entsprechenden typischen Attributen symbolisiert. Als »Winter« ist ein Herr mit einer Mütze und einem dicken Mantel zu sehen, der in einem Schneegestöber steht. In seiner Hand hält er offensichtlich einen Schneeball. Er hält ihn locker, weiß vielleicht noch nicht, was er damit anfangen soll – es ist schließlich das erste Mal, dass so etwas in der Malerei geschieht. Gut sechzig Jahre später wusste ein anderer Maler, was er mit einer solchen Vorlage anfangen sollte ... Bis dahin aber spielte der Winter als Jahreszeit keine Rolle in der Malerei, außer in einem medizinischen Handbuch, das um 1380 entstand. In diesem Handbuch namens *Tacuinum Sanitatis in Medicina* werden die Auswirkungen von Speisen, Getränken, Gewürzen und des Klimas auf den Menschen untersucht und Empfehlungen ausgesprochen. In diesem medizinischen Hausbuch, das sehr wahrscheinlich aus der Werkstatt des Giovanni de' Grassi stammt, findet sich immerhin eine frühe Darstellung eines Gebirges, das von Schnee bedeckt ist. Mit einer genauen Landschaftsdarstellung hat dieses Bild wenig zu tun. *(Abb. 24)* Bezeichnend ist allerdings, dass diese Darstellung im Norden Italiens, in der Lombardei, entstand. Hier ist der Unterschied zwischen den Jahreszeiten naturgemäß wesentlich deutlicher zu spüren und zu sehen und damit auch präsenter für die Künstler als weiter im Süden.

Als Georg von Liechtenstein 1390 Bischof von Trient wurde, brachte er Meister Wenzlaus mit, einen Künstler aus seiner böhmischen Heimat, der ihm zwischen 1407 und 1410 einen Saal im sogenannten Adlerturm seines Schlosses in Trient mit Darstellungen der verschiedenen Monate ausmalte. Meister Wenzlaus schuf dabei nicht nur die frühesten »monumentalen« Monatsdarstellungen, die sonst nur in der Buchmalerei zu finden waren. Mit ihm wurde es in der Malerei auch zum ersten Mal richtig Winter. *(Abb. 22)*

Vor dem Bischofsschloss liegt eine schneebedeckte Landschaft, die sich fast über die gesamte Bildfläche bis hinauf zu den verschneiten Bergen erstreckt. Vor dem Bischofsschloss, das Meister Wenzlaus in einer für diese

23 | Ambrogio Lorenzetti: *Winter*, 1337–39, Sala dei Novi, Palazzo Publico, Siena

Zeit ungewöhnlichen Genauigkeit wiedergibt, vergnügen sich der Bischof und seine feine Gesellschaft bei der ersten Schneeballschlacht der Kunstgeschichte. (Es hat also über sechzig Jahre gedauert, bis aus einem Schneeball eine Schneeballschlacht wurde.) In typisch spätmittelalterlicher Manier ist der Horizont sehr weit nach oben gerückt, damit der Maler eine möglichst große Bühne zur Verfügung hat. Bestimmt wird diese Fläche von dem schon erwähnten Schloss, in dessen Garten und auf dessen Dächern erstaunlicherweise kein Schnee liegt, obwohl die Landschaft rundum tief verschneit ist. Im Vordergrund ist die fröhliche Gesellschaft zu sehen, die sich die Zeit vertreibt, während im Hintergrund ein paar Jäger offenbar erfolgreich ihrer Arbeit nachgehen.

Meister Wenzlaus scheinen die Neuerungen des Giovanni de' Grassi aus Mailand bekannt gewesen zu sein, denn auch er schildert die Einzelheiten mit einer Genauigkeit, der mit hoher Wahrscheinlichkeit Vorstudien vorausgegangen sind. Die Burg, die Personen und ihre Gewänder und die Tiere wurden sehr präzise und lebendig gemalt. Die Größenverhältnisse sind allerdings noch etwas verschoben, denn entweder sind die Jäger und der Kräuterspezialist im Garten Riesen, oder die Burg ist nur ein Gartenhäuschen. Der einheitliche Bildraum, in dem die verschiedenen Bildkomponenten in einem richtigen Verhältnis zueinander stehen, wird erst zwanzig Jahre später in Florenz entwickelt. Daher wirkt die Darstellung im Ganzen noch flach und etwas unbeholfen. Aber es wurde ein Anfang gemacht. Die Natur war auf dem Vormarsch in der Kunst. Die Künstler eroberten sich Schritt für Schritt die Welt mit all ihren Erscheinungsformen. Hier wurde es kalt – der Winter war in die Malerei eingezogen, und zwar in seiner sympathischen, heiteren Form.

24 | Anonym: *Schnee und Eis,* aus: *Tacuinum Sanitatis in Medicina,* Ende 14. Jhd., ca. 33 x 23 cm, Pergament, Österreichische Nationalbibliothek, Wien

25 | Gebrüder Limburg: *Februar,* aus: *Les Trés Riches Heures* des Duc de Berry, vor 1416, 29 x 21 cm, Malerei auf Pergament, Musée Condé, Chantilly

Kurz darauf, zwischen 1410 und 1416, malten die Gebrüder Limburg auch eine Winterlandschaft in einem Jahreszeitenzyklus. *(Abb. 25)* Das Bild stammt aus dem berühmten Buch *Les Très Riches Heures* des Herzogs von Berry, eines Onkels des Königs von Frankreich und einer der reichsten Männer und größten Kunstmäzene des Landes. In diesem privaten Gebetbuch werden neben den täglichen Gebeten die verschiedenen Jahreszeiten und die dazugehörigen Arbeiten der Bauern dargestellt. Aber diesmal hat der Winter einen ganz anderen Charakter als bei Meister Wenzlaus. Es ist nicht die romantische Zeit neckischer Schneeballschlachten, sondern es ist grimmig kalt, die Menschen frieren ebenso wie das Vieh, das sich möglichst eng im Stall zusammendrängt.

Anders als bei dem italienischen Bild sehen wir hier tatsächlich auch die Kälte des Winters. Man erkennt den Atemhauch der Figur rechts, die vor Kälte zitternd den Weg in die Stube sucht, und den Rauch, der aus dem Kamin steigt. Eine Dame und ein Bauernpaar sitzen vor dem Kamin und wärmen sich auf. Die zwei Personen im hinteren Teil der Stube haben sich die Kleider hochgezogen, um möglichst viel Wärme aufzunehmen. Diese Freizügigkeit führte übrigens zu einem Problem, als dieses Bild einmal im *Life Magazine* in den USA veröffentlicht werden sollte: Es musste vorher »bereinigt« werden, da die Personen hinten im Raum keine Unterwäsche tragen und das dem amerikanischen Publikum nicht zuzumuten war.

In diesen beiden Bildern werden zwei Variationen angelegt, wie der Winter in den folgenden Jahrhunderten dargestellt wird: freundlich oder grimmig. Die freundliche Variante findet man oft in der holländischen und flämischen Malerei, wo Winterbilder sich sehr häufig mit den Freuden der Jahreszeit wie Schlittschuhfahren und anderen Winterspielen beschäftigen, wie etwa bei Esaias van de Veldes (um 1591–1630) *Eisbelustigung auf dem Wallgraben. (Abb. 26)* Ein beeindruckendes Beispiel für die Härten des Winters ist dagegen der *Schneesturm* von Francisco Goya (1746–1828), in dem man geradezu spürt, wie der eiskalte Wind den Jägern ins Gesicht schneidet. *(Abb. 27)* Die Kälte des Winters mag in den südlicheren Ländern bedrohlicher gewirkt haben, weil sie nicht in jährlicher Regelmäßigkeit hereinbrach und die Menschen unvorbereiteter getroffen hat.

26 | Esaias van de Velde: *Eisbelustigung auf dem Wallgraben,* 1618, 29,8 x 50,4 cm, Öl auf Eichenholz, Alte Pinakothek, München

Abb. 27 | Francisco Goya:
Schneesturm, 1786, 275 x 293 cm, Öl auf Leinwand, Prado, Madrid

DER BEGINN DER MASSENMEDIEN

Am Ende des 14. Jahrhunderts wurde eine Kunsttechnik wiederentdeckt, die eigentlich schon seit der Antike als Zeugdruck zum Bedrucken von Stoffen bekannt war – der Holzschnitt.

> ***Der Holzschnitt wurde um 1400 für die Kunst entdeckt, der Kupferstich trat sechzig Jahre später seinen Siegeszug an.***

Der Holzschnitt ist ein sogenanntes Hochdruckverfahren. Dabei wird eine Zeichnung auf eine Holzplatte, den Stock, übertragen, und alles, was nicht gedruckt werden, also im Druck weiß bleiben soll, muss weggeschnitten oder weggeschnitzt werden. Übrig bleiben die Linien, die die Zeichnung wiedergeben. Sie werden mit einer Druckfarbe eingefärbt und durch den Druck auf Papier übertragen. Die Zeichnung muss spiegelverkehrt in den Holzstock geschnitten werden, damit der Druck ein seitenrichtiges Bild ergibt. Es ist das gleiche Prinzip, das auch bei Stempeln angewendet wird.

Eine wichtige Voraussetzung war Papier, ohne dessen massenhafte Einführung künstlerische Drucktechniken wie Holzschnitt und Kupferstich nicht denkbar gewesen wären. Zwar gab es Papier schon ab 105 n. Chr., allerdings nur in China. Erst im 12. Jahrhundert kam es über den Orient und Nordafrika nach Europa und begann dort seinen anfangs eher langsamen Siegeszug. Noch 1231 erließ Kaiser Friedrich II. ein Verbot, notarielle Urkunden und andere wichtige Dokumente auf Papier zu schreiben, da es weniger haltbar war als das teure Pergament, das aus Tierhäuten hergestellt wurde. Mitte des 13. Jahrhunderts wurde in Italien mit der Papiererzeugung begonnen; die ersten Papiermühlen werden 1276 in Fabriano in der Provinz Ancona bezeugt. Zu dieser Zeit wurde Papier auch am deutschen Handelshaus in Venedig, dem Fondaco dei Tedeschi, in dem später auch Albrecht Dürer wohnte, gehandelt. 1390 nahm der Nürnberger Ulman Stromer die erste Papiermühle Deutschlands in Betrieb.

Wie so oft in der Kunstgeschichte gibt es auch für die Entwicklung des Holzschnittes einen religiösen Hintergrund. Den Gläubigen genügten die Altarbilder, die sie in den Kirchen sahen, nicht mehr. Die Frömmigkeit der Bevölkerung nahm zu und damit auch der Wunsch nach Bildern. Den Menschen wurde es zunehmend wichtig, Bilder ihrer Heiligen für die private Andacht selbst zu besitzen, und so begannen Kirchen und Klöster um 1400 damit, Heiligenbilder mittels Holzschnitt zu drucken und zu verkaufen. Das Volk glaubte an die Kraft der Heiligen, die durch die Bilder wirken sollte. Auf einem frühen Holzschnitt von 1423, der den Heiligen Christopherus, den Schutzpatron der Fuhrleute und der Kinder, zeigt, steht der entsprechende Hinweis, dass niemand sterben werde, der sich an diesem Tag das Bild des Heiligen angesehen habe. Auch heute noch findet man Christopherus-Darstellungen in vielen Autos als Plaketten an den Armaturenbrettern und Rückspiegeln.

Der Holzschnitt breitete sich in Windeseile aus und die Papierproduktion stieg an. Bei einem solchen »Massenprodukt« lässt sich naturgemäß nicht mehr klären, welcher Holzschnitt tatsächlich der erste war; einer der ältesten datierbaren Holzschnitte zeigt den Heiligen Leonhard und ist um 1400 entstanden. *(Abb. 28)* Die frühen Holzschnitte basierten oft auf einfachen Zeichnungen, die entweder einfarbig gedruckt und verbreitet

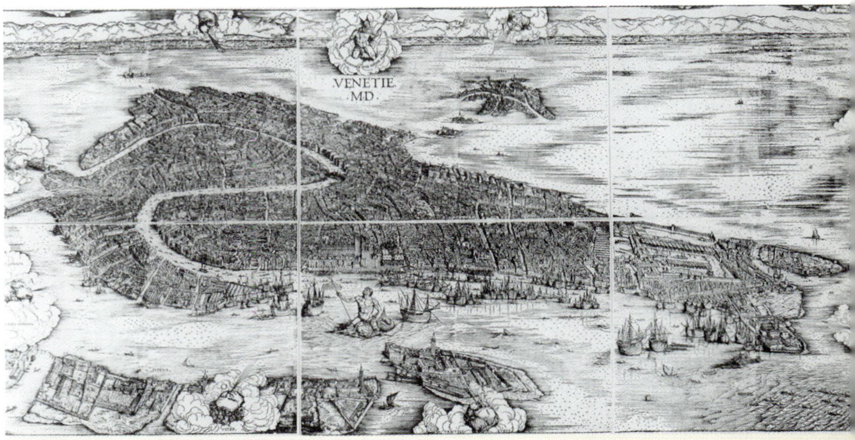

28 (linke Seite) | Anonym: *Hl. Leonhard,* um 1400, 26,7 x 19,5 cm, Holzschnitt koloriert, Universitätsbibliothek, Graz

29 | Jacopo de' Barbari: *Ansicht von Venedig,* 1500, 135 x 282 cm, Holzschnitt, Museo Correr, Venedig

30 | Albrecht Dürer: *Die vier apokalyptischen Reiter,* 1498, 39 x 28 cm Holzschnitt

wurden, oder sie wurden, was sehr häufig vorkam, koloriert, um dem gesteigerten Wunsch nach Realitätstreue Rechnung zu tragen. Die Kolorierungen wurden mit der Zeit weniger, da sich die Künstler immer besser darauf verstanden, mittels Schraffuren malerische Effekte zu erzeugen, die eine Kolorierung unnötig machten. Als Johannes Gensfleisch, besser bekannt unter dem Namen Johannes Gutenberg, 1445 den Buchdruck mit beweglichen Lettern erfand, stieg auch die Nachfrage nach Holzschnitten. Da sie mit der Buchproduktion die Hochdrucktechnik gemeinsam hatten, waren sie für Illustrationen besonders geeignet.

Der Holzschnitt wurde bald von einer neuen Drucktechnik abgelöst, dem Kupferstich. Zuvor aber erfuhr der Holzschnitt vor allem durch zwei Künstler eine Blütezeit. Der eine war Jacopo de' Barbari, der 1500 eine aus sechs Druckstöcken bestehende Ansicht seiner Heimatstadt Venedig schnitt, auf der man jedes einzelne Gebäude erkennen kann und mit deren Hilfe man sich noch heute bei einer Stadtbesichtigung orientieren könnte, wenn sie nicht mit fast drei Metern Breite dafür zu unhandlich wäre. *(Abb. 29)* Der andere war Albrecht Dürer (1471–1528), der die anfangs etwas grobe Technik des Holzschnitts zu solcher Feinheit entwickelte, wie sie nach ihm kaum mehr erreicht wurde. Sein Buch der Apokalypse, das er 1498 veröffentlichte, enthält nicht nur die schönsten und bedeutendsten Holzschnitte, sondern war auch das erste Buch, das ein Künstler selbst, quasi im Eigenverlag, produzierte, verlegte und verkaufte. Es wurde übrigens ein internationaler Bestseller. *(Abb. 30)*

Danach nahm die Bedeutung des Holzschnitts ab, bis er in der Romantik und danach im 20. Jahrhundert vom Expressionismus wieder entdeckt und zu neuem Ruhm gebracht wurde. Die Künstler des letzteren waren von der großen Ausdruckskraft, die man durch die kräftigen Linien und Flächen erzeugen konnte, fasziniert. *(Abb.31)*

Als für die Entwicklung der Kunst weitaus wichtiger erwies sich dennoch der Kupferstich, das erste von vielen verschiedenen Tiefdruckverfahren: Die zu druckende Zeichnung wird in eine Kupferplatte eingeritzt; die Flächen, die im Druck weiß bleiben sollen, werden also nicht bearbeitet. Der Vorteil dabei ist, dass die Zeichnung sehr viel feiner angelegt werden kann, weil der Künstler die Linien der Zeichnung einschneidet und nicht die Zwischenräume abtragen muss. Auf die so gestochene, also bearbeitete Platte wird die Druckfarbe aufgetragen, die sich in den Rillen festsetzt. Die überschüssige Farbe auf den frei gebliebenen Flächen wird abgewischt und die Platte kann gedruckt werden. Dabei wird die Druckerschwärze auf das angefeuchtete Papier gedruckt und die blank gewischten Stellen bleiben weiß. Weil der Kupferstich also wesentlich feiner ist als der Holzschnitt, kann der Künstler zeichnerische Mittel wie Schraffuren zur Hell-Dunkel-Modellierung und zur Wiedergabe des Stofflichen wesentlich subtiler einsetzen.

31 | Karl Schmidt-Rottluff: *Frau mit aufgelöstem Haar,* 1913, 36 x 30 cm, Holzschnitt, Brücke-Museum, Berlin

Seinen Ursprung hat der Kupferstich in der Goldschmiedetechnik und im Handwerk der Rüstungsmacher. Die ersten Kupferstiche hatten alles andere als religiöse Aufgaben, sondern dienten dem Vergnügen: Es waren Spielkarten! Sie stammten von einem unbekannten Künstler im südwestdeutschen Raum, den man »Meister der Spielkarten« nannte und der um 1440 tätig war. *(Abb. 32)* Die ab 1440 in Umlauf gekommenen Spielkarten boten dem Künstler einen großen künstlerischen Freiraum, da er sich nicht an religiöse Vorgaben halten musste. Selbstverständlich wurde der Kupferstich aber auch für die üblichen religiösen Zwecke verwendet.

Weil der Kupferstich auf Grund der härteren Beschaffenheit des Bildträgers wesentlich mehr Abzüge von einer Druckplatte gestattete als der Holzschnitt, konnten Kunstwerke in beträchtlicher Zahl reproduziert und wesentlich mehr Menschen zugänglich gemacht werden. Daraus entwickelten sich völlig neue Erwerbsmöglichkeiten. Der erste Kupferstecher, der dies entdeckte, war der italienische Meister Marcantonio Raimondi (um 1475–1534), der ab 1505 mit der Reproduktion und Verbreitung von Gemälden verschiedener Maler, vor allem Raffaels, begann. Viele Gemälde, wie beispielsweise Adam Elsheimers *Flucht nach Ägypten* (s. Seite 107), gelangten gerade durch derartige Reproduktionen zu hoher Bekanntheit und Wirkung, weil sie auf diesem Weg in ganz Europa verbreitet werden konnten.

Zugleich bot der Kupferstich den Künstlern selbst eine zusätzliche Einkommensquelle, denn sie konnten ihre grafischen Werke damit auf Messen und über Kunsthändler auch international verkaufen. Dabei spielten die Signaturen eine große Rolle und wurden zu einer Art Markenzeichen, die den Wert der Blätter durchaus steigern konnten. Die Initialen »ES« waren die erste Signatur, die um 1460 auf grafischen Blättern zu finden ist. Da man nicht genau weiß, um welchen Künstler es sich dabei handelt, führte man den Hilfsnamen »Meister ES« (tätig von 1457–67) ein. Martin Schongauer (um 1450–91), der erste international bekannte Meister dieses Faches, signierte ab ca. 1470 alle seine Stiche. Er und der Italiener Andrea Mantegna (1431–1506) waren die großen Vorbilder des jungen Albrecht Dürer, dessen Signatur AD wohl die berühmteste gewesen sein dürfte und es heute noch ist. Und genau diese Signatur führte zum ersten Urheberrechtsprozess der Kunstgeschichte. Denn Dürers Blätter waren wegen ihrer hohen künstlerischen und handwerklichen Qualität auch in Italien äußerst begehrt. Das wusste auch der schon erwähnte Marcantonio Raimondi, der Dürers Stiche in Venedig sah und begeistert kaufte. Er kopierte sie und war in der Nachahmung der Stiche Dürers so perfekt, dass seine Blätter von den Originalen kaum mehr zu unterscheiden waren. Um einen höheren Preis zu erzielen, fügte er auch noch Dürers bekannte Signatur ein. Als Dürer davon erfuhr, reiste er nach Venedig, um bei dem dortigen Gericht dagegen zu protestieren. Raimondi durfte Dürers Stiche aber weiterhin kopieren und vertreiben, es wurde ihm lediglich untersagt, Dürers Namen und Signatur in die Stiche einzufügen. Laut Giorgio Vasari, dem großen italienischen Kunsthistoriker, der diese Geschichte überlieferte, erfuhr Dürer in Flandern von den Fälschungen Raimondis. Das macht deutlich, wie weit verbreitet die Kupferstiche waren und welch wichtigen Stellenwert sie im künstlerischen Austausch zwischen Ländern und Künstlern hatten. Nebenbei erlangten die Künstler dadurch selbst hohes internationales Ansehen.

Neben religiösen Blättern und Spielkarten wurde gegen Ende des 15. Jahrhunderts auch das Porträt zum Thema der grafischen Künste. Der Holländer Israhel van Meckenem (um 1460–1503) schuf um 1490 das erste Doppelporträt, das es in dieser Technik gab. Es zeigt ihn selbst zusammen mit seiner Frau. Damit dokumentierte van Meckenem die gestiegene Anerkennung, die die grafischen Künste und ihre Meister im Laufe der Jahre erfahren hatten.

32 | Meister der Spielkarten: *Wilden Dame*, um 1430/40, 13,5 x 8,8 cm, Kupferstich, Bibliothèque National, Paris

IM REICH DER SCHATTEN

Manchmal fällt uns die Abwesenheit von etwas erst auf, wenn es irgendwann doch da ist. Erst dann merken wir, dass es vorher nicht da war, und auf einmal erscheint uns diese Abwesenheit als störend oder gar als falsch. Ein gutes Beispiel hierfür sind der Schatten und die Sonne in der Malerei.

Der Schlagschatten wird zeitgleich um 1425 in Italien und den Niederlanden für die Malerei entdeckt. Die Sonne im Bild scheint das erste Mal um 1420 in Robert Campins »Geburt Christi«.

Grundsätzlich unterscheidet man zwischen zwei Arten von Schatten, dem Binnen- oder Eigenschatten und dem Schlagschatten. Der Binnenschatten ist der Schatten, der sich auf Körpern und Gegenständen selbst abzeichnet. Ihn kennen wir schon lange in der Malerei, denn er taucht mit Ausnahme der alten ägyptischen Malerei und der griechischen Vasenmalerei seit der Antike immer wieder auf. Er dient der Modellierung und der Steigerung der Plastizität von Körpern, da er ihnen Tiefe und Räumlichkeit verleiht. Im Mittelalter, als die Malerei einfacher und unter byzantinischem Einfluss zunehmend flächiger wurde, verwendeten die Künstler ihn immer seltener. Mit dem wachsenden Wunsch nach Naturähnlichkeit wurde er dann im 13. und 14. Jahrhundert wieder hervorgeholt und hat die Malerei bis zur abstrakten Kunst eigentlich nicht mehr verlassen.

Der Schatten, der uns interessiert, ist aber der andere, der Schlagschatten. Darunter versteht man den Schatten, der auf der lichtabgewandten Seite eines Körpers auf den Boden oder die sonstige Umgebung fällt. Je nachdem, wie das Licht auf einen Körper fällt, wirft dieser Körper auch seinen Schatten. Auch er wurde in der Kunst der Antike verwendet, dann aber wieder vergessen. Die Aufgaben des Schlagschattens und die Möglichkeiten, die er den Malern an die Hand gibt, sind dermaßen vielfältig, dass seine jahrhundertelange Abwesenheit verwundert.

Von der Erneuerung der Malerei zu Beginn des 14. Jahrhunderts, also um die Zeit Giottos, bis zur Wiederentdeckung des Schlagschattens hat es über hundert Jahre gedauert; die Gründe dafür sind unklar. Eine These besagt, dass man ohnehin »nur« Geschichten von Heiligen malte, die einer jenseitigen, transzendenten Welt angehören und damit auch nicht den optischen Gesetzen unserer Welt unterliegen. Mit dem wachsenden Bedürfnis der nachmittelalterlichen Kunst nach Realitätsnähe und den neuen theologischen und wissenschaftlichen Ansichten dieser Zeit ging man dazu über, die Heiligen mehr und mehr der diesseitigen Welt zuzuordnen, was vielleicht auch mit dem Auftreten von Franz von Assisi zu tun hatte, der ja erst 1226 gestorben und schon zwei Jahre danach heilig gesprochen wurde. Wenn die Heiligen also unserer diesseitigen Welt angehören, unterliegen sie natürlich auch den optischen Gesetzen dieser Welt und werfen somit Schatten. Denn was Schatten wirft, muss real sein und umgekehrt. Diese Erkenntnis hat sich in den Zentren der europäischen Kunst, speziell in Italien und in den Niederlanden, ziemlich zeitgleich durchgesetzt. Man kann folglich kaum sagen, wer nun der Erste war, der den Schlagschatten für die Malerei wieder entdeckt hat, denn von einer Erfindung wie bei der Perspektive kann man ja hier nicht sprechen.

Beginnen wir in Florenz, weil die Aufgabe des Schlagschattens hier eine ganz fundamentale ist. Der junge Künstler Masaccio (s. Seite 48) malte die berühmte Brancacci-Kapelle der Kirche S. Maria del Carmine von 1423 bis 1428 gemeinsam mit seinem zwanzig Jahre älteren Kollegen Masolino (um 1383–1447) mit verschiedenen Szenen aus dem Leben des Apostels Petrus aus. Als

33 (linke Seite) | Masaccio: *Die Schattenheilung*, um 1425, ca. 240 x 180 cm, Fresko, S. Maria del Carmine, Florenz

Beispiel soll hier die Geschichte der Schattenheilung gezeigt werden (Apo. 5, 12-16), die ohne die Einführung des Schlagschattens gar nicht bildnerisch hätte erzählt werden können. *(Abb. 33)*

In dieser Geschichte heilt Petrus die Leidenden alleine dadurch, dass sein Schatten sie berührt. Petrus schreitet mit seinen Begleitern in Richtung des Betrachters eine Häuserzeile entlang. Vor den Häusern sehen wir vier Männer, von denen die hinteren beiden stehen, einer gerade im Aufstehen begriffen ist und der vorderste auf seinen verkrüppelten Beinen auf dem Boden kauert. Auf den ersten Blick scheint diese Aufreihung etwas verwirrend, aber Masaccio bringt hier den zeitlichen Ablauf der Geschichte in einem einzigen Bild unter: Während also Petrus an den schon stehenden, durch seinen Schatten Geheilten vorbeigegangen ist, trifft dieser den knienden Kranken, der sich gerade von seiner Krankheit erlöst erhebt. Der Verkrüppelte im Vordergrund wartet noch darauf, dass ihn der Schatten des Apostels trifft und ihn so heilen möge.

Natürlich kann diese Geschichte nur mit der Darstellung des Schattens erzählt werden, aber der Schatten hat nicht nur eine zentrale inhaltliche, sondern auch eine simple bildnerische Funktion. So zeigt der Schatten ganz genau den Ort an, an dem die Figur des Petrus gerade steht. Genau dort, wo der Schatten beginnt, steht die Figur mit dem Fuß fest auf dem Boden, und das ist neu in der Malerei. Sieht man sich nämlich frühere Bilder aus dem Mittelalter oder auch von Giotto an, so kann man feststellen, dass die früheren Figuren dort gleichsam zu schweben scheinen. Natürlich sind wir durch unsere Sehgewohnheiten derart geschult, dass wir wissen, wo eine Figur im Raum steht. Doch macht man einmal das Experiment, nur die Füße und Beine der Figuren zu betrachten und den Rest abzudecken, so scheinen die Figuren zu schweben. Das wird auch dadurch verstärkt, dass in den frühen Bildern die Figuren auf den Zehenspitzen zu stehen scheinen. Sie haben noch nicht die Bodenhaftung, die spätere Figuren durch die Einführung des Schlagschattens erhalten. Der Schlagschatten nagelt diese quasi auf dem Boden fest. Besonders treffend hat dies der Zeichner Robert Gernhardt (1937–2006) in seiner Zeichnung »Die Schattenwerfer«

Abb. 34 |
Robert Gernhardt: *Die Schattenwerfer*, vor 1981

demonstriert *(Abb. 34)*: Ohne Schatten scheint das Schwein zu schweben, es lässt sich nicht genau klären, wie weit es von den »Schattenwerfern« entfernt ist. Ist der Schatten hinzugefügt, steht es, und es gibt keinen Zweifel mehr über seinen Standort.

Neu dabei ist auch, dass diese Schatten nur aufgrund einer gerichteten Lichtquelle entstehen können – durch die Sonne. Selbstverständlich gab es Licht in der Malerei vor Masaccio, aber eben nicht gerichtet und bildbestimmend. Es war einfach hell und woher die Sonne schien, ließ sich nie genau feststellen. Bei Masaccios Schattenheilung lässt sich dagegen sagen, dass die Sonne von rechts oben scheinen muss. Sie ist zwar nicht im Bild sichtbar, übt aber trotzdem eine wichtige Funktion aus.

ROBERT CAMPIN

*Campin wird um **1375** in Tournai im heutigen Belgien geboren. Höchstwahrscheinlich ist er mit dem »Meister von Flémalle« identisch. Ab **1406** wird Campin immer wieder in Tournai urkundlich erwähnt, wo er **1422** heiratet. **1428** wird er wegen unordentlichen Lebenswandels, Ehebruchs und falschen Eides zu einer Geldstrafe und einer Pilgerreise in die Provence verurteilt.*

*Campin unterhält einen umfangreichen Werkstattbetrieb, in dem u.a. Rogier van der Weyden in die Lehre geht. Campin, der Meister von Flémalle, gilt mit Jan van Eyck als der Begründer der altniederländischen Malerei. Er stirbt **1444** in Tournai.*

35 | Robert Campin: *Mérode-Altar,* um 1420, 64,1 x 63,2 cm, Öl auf Holz, Metropolitan Museum of Art, New York

Zur noch realistischeren Darstellung trägt auch der »Trick« bei, das Licht auf den Fresken aus der Richtung des wirklichen Kapellenfensters kommen zu lassen.

Diese grundlegenden Funktionen des Schattens und des Lichts haben sehr große Auswirkungen auf die Malerei. Sie erhöhen die Glaubwürdigkeit und den Realismus einer Darstellung. Wie wir noch sehen werden, gilt das im Besonderen im Bereich der Stillleben und der Trompe d'œils. Denn nur, wenn ein Gegenstand einen Schatten wirft, kann man sich von seiner Darstellung täuschen lassen. Allerdings war Masaccio daran offensichtlich nicht besonders interessiert. In anderen Fresken der Brancacci-Kapelle, in denen Bäume und Häuser zu sehen sind, haben diese keine Schatten; er verwendet sie nur für Menschen. Ihm liegt nur an der naturalistisch statuarischen Darstellung seiner Figuren im Raum. Vielleicht rührt dies von seiner engen Verbindung zu seinem Freund Donatello (um 1386–1466) her, dem es als Bildhauer mehr um die menschliche Figur als um die Dinge ging.

Nicht nur in Italien, auch in den Niederlanden, deren Maler für ihre außerordentliche Beobachtungsgabe berühmt waren, wurde der Schlagschatten entdeckt. Und im Gegensatz zu Masaccio wandten sie ihn bei allem an, was einen Schatten werfen kann, also auch bei Gegenständen. Ein erster großer Meister des Schattens war Robert Campin (auch Meister von Flémalle genannt). *(Abb. 35)* Zwar hatte Campin noch nicht die Möglichkeiten der Zentralperspektive, was man deutlich an dem gleichsam hochgeklappten Tisch sehen kann, aber er beobachtete wirklich genau. Ein Detail aus diesem Altarbild von 1420, nämlich der Wasserkessel, verdeutlicht die komplexe Verwendung des Schattens. Der Kessel hängt an der hinteren Wand über einer Waschnische und wirft zwei Schatten, was zunächst etwas seltsam erscheint. Dann bemerkt man, dass er auch durch zwei Fenster beleuchtet wird, die in einem gewissen Abstand in die Wand eingelassen sind. Ebenso beleuchten sie die gesamte Nische, was in der Laibung zu einem schmalen, dunkleren und einem breiten, helleren Schattenstreifen führt. Die Plastizität, die Campin durch diese Behandlung von Licht und Schatten erreichte, war für diese Zeit völlig neu. Man meint die Dinge greifen zu können.

Aber das ist noch nicht alles, was man mit Schlagschatten durch gerichtetes Licht in der Malerei anfangen kann. Ein paar Jahre vor dem *Mérode-Altar* malte Campin eine Darstellung der Geburt Christi, ein besonders schönes und interessantes Gemälde, in dem es viel zu entdecken gibt. *(Abb. 36)* In der Tiefe des Bildes sehen wir eine Landschaft, die von den ersten Sonnenstrahlen des Tages erleuchtet wird. Das hat natürlich auch eine religiöse Bedeutung, denn mit Jesus kommt laut der Bibel das Licht in die Welt; das neue Zeitalter, das damit beginnt, wird durch den anbrechenden Tag symbolisiert. Zugleich ist hier eine wunderbare Morgenstimmung zu sehen. Zum ersten Mal in der Kunst geht die Sonne über den Hügeln auf und taucht die Landschaft in ihr weiches, warmes Licht. Sie lässt die Bäume und die Menschen lange Schatten werfen und zeichnet sogar das Profil der Böschung auf den Weg. Eine solche Stimmung kann nur hervorgerufen werden, wenn man die Möglichkeiten, die Sonne und Schatten bieten, erkannt hat und entsprechend einsetzt. Der Schatten verstärkt dabei die Wirkung des Lichts.

Die Maler haben recht schnell begriffen, wie viele neue Möglichkeiten ihnen nun offen stehen. Robert Campin nutzt in seinem Altarbild die Morgensonne und die dazugehörigen langen Schatten nur für die Landschaft im Hintergrund, während die eigentliche Geschichte, die Anbetung des Neugeborenen, von einer anderen, unbekannten Lichtquelle frontal beleuchtet erscheint. Es bleibt unklar, woher dieses unbekannte Licht kommt, das sogar eigene Schatten produziert, das aber nicht die Sonne sein kann.

Wesentlich konsequenter geht der so genannte René-Meister vor, der 1465 einen Ritterroman des Königs René von Anjou illustrierte. *(Abb. 37)* Er zeigt die Sonne zum ersten Mal als einzige Lichtquelle in einem Bild. Wie so häufig werden im kleinen Format der Buchmalerei Dinge ausprobiert, die dann später in der Tafelmalerei angewendet werden. Vielleicht ist ihm dabei auch die literarische Vorlage hilfreich gewesen, denn es handelt sich um einen damals berühmten Ritterroman, die Abenteuer des Ritters Cuer, den König René von Anjou wahrscheinlich selbst

36 | Robert Campin: *Geburt Christi,* um 1420, 85,7 x 72 cm, Öl auf Eichenholz, Musée des Beaux-Arts, Dijon

37 | Réne-Meister: ***Ritter Cuer,*** um 1465, ca. 15 x 20 cm Pergament, Österreichische Nationalbibliothek, Wien

geschrieben hat. Dem René-Meister waren die neuen künstlerischen Möglichkeiten, die in Florenz und den Niederlanden entdeckt worden waren, wohl bekannt, und er nutzte und erweiterte sie für seine Zwecke. Wir sehen, wie Ritter Cuer versucht, die Inschrift auf einem Schicksalsbrunnen im Licht der aufgehenden Sonne zu entziffern und zu entschlüsseln. Wie schon bei den Nachtdarstellungen schläft auch hier der Begleiter noch, was die frühmorgendliche Stunde unterstreicht. Die Sonne geht über der Szene auf und bestimmt von dem Moment an das Bild. Anders als bei Campin kommt keine zusätzliche Lichtquelle von vorne zu Hilfe, die den Kontrast der Morgensonne und ihrer Schatten mildern könnte. Vielmehr werden die langen Schatten sogar von den Bildgrenzen überschnitten. Das Gegenlicht, das durch die aufgehende Sonne entsteht, ist der eigentliche »Akteur« dieser Szene, und ihm gilt das wahre Interesse des Malers. Durch die verschiedenen Überschneidungen an den Bildrändern, wie der schlafende Ritter, die Bäume und die Schatten, fühlt der Betrachter sich dem Geschehen ganz nah und wird förmlich in das Bild hineingezogen. Man spürt das Gegenlicht und merkt, wie sehr das Licht und die Stimmung die Aufmerksamkeit des Künstlers erregt haben müssen.

Leonardo da Vinci (1452–1519) allerdings hat sich in seinem Traktat über die Malerei gegen die Verwendung starker Schatten und harten Lichts ausgesprochen: »Licht, das von Schatten mit allzu großer Deutlichkeit geschnitten wird, gilt bei Malern für höchst tadelnswert.« Dieses Traktat wurde jedoch erst 1651 veröffentlicht. So haben die meisten Maler davon unbeeindruckt die Möglichkeiten von Licht und Schatten immer weiter verfeinert und entwickelt.

Einer der wichtigsten Meister war Michelangelo Merisi, besser bekannt als Caravaggio (1571–1610), von dem im 18. Kapitel die Rede sein wird. Im 19. Jahrhundert

bedienen sich die Künstler ganz selbstverständlich der Errungenschaften, die vorige Generationen ihnen mit auf den Weg gegeben haben. Besonders radikal setzt der Franzose Jean-Leon Gérôme (1824–1904) den Schatten in seinem Kreuzigungsgemälde von 1867, *Golgatha: Consummatum est!*, ein. *(Abb. 39)* Golgatha ist der Hügel, auf dem Jesus und die beiden Verbrecher gekreuzigt wurden, »consummatum est« sind die ins Lateinische übersetzten letzten Worte Jesu während der Kreuzigung: »Es ist vollbracht.« Genau das hat Gérôme in seinem Gemälde gezeigt: Es ist vorbei, es bleiben nur die drei Kreuze mit ihren Opfern. Aber Gérôme stellt einen leeren Ort dar, er zeigt uns weder die beleuchteten Kreuze noch die Lichtquelle, sondern nur die Schatten. Das Volk kehrt wieder in die Stadt Jerusalem zurück, und es bleiben nur noch die Schatten der Gekreuzigten, die mit der untergehenden Sonne auch verschwinden werden. Mit den Mitteln des Schattens und des Lichts ist so ein symbolkräftiges Bild der Vergänglichkeit entstanden.

38 | Caravaggio:
Die Berufung des Matthäus,
um 1598, 328 x 348 cm,
Öl auf Leinwand,
S. Luigi dei Francesi, Rom

39 | Jean-Leon Gérôme:
Golgatha, Consummatum est!,
1867, 63,5 x 98 cm,
Öl auf Leinwand, Musée d'Orsay

EIN RAUM WIRD WAHR

Ein Grundproblem der Malerei besteht darin, dass die Welt dreidimensional ist, Papier, Leinwände und Wandflächen jedoch nur zweidimensional, also flach sind. Die Tiefe des Raumes und Gegenstände glaubwürdig und nachvollziehbar auf eine flache Ebene zu bannen, ist eine zentrale Herausforderung der Malerei. Ein ebenso schwieriges Problem waren die richtigen Größenverhältnisse und Entfernungen im Bild. Die wichtigste Entdeckung zur Lösung dieser Probleme ist die Zentralperspektive. Sie ist eine der bedeutendsten Erfindungen in der Malerei überhaupt und bestimmt diese bis ins 20. Jahrhundert und teilweise auch heute noch. Wie so viele Erfindungen und Entdeckungen in der Geschichte der Malerei ist sie inzwischen so selbstverständlich, dass man fast annehmen könnte, es hätte sie immer schon gegeben. So ist es aber nicht.

Die »Hl. Trinität« von Masaccio von 1427/28 ist das erste zentralperspektivische Bild der Kunstgeschichte.

Was genau ist die Zentralperspektive? Blickt man mit einem Auge von einem fixierten Punkt aus durch eine Glasscheibe, so kommt jeder Punkt des Raumes oder Gegenstandes, den man abbilden will, auf einer bestimmten Stelle der Scheibe zu liegen. Verbindet man diese Punkte mit Linien, erhält man ein zentralperspektivisches Bild. Dabei sind die der Scheibe parallelen Linien des Raumes auch auf der Scheibe parallel. Die in die Tiefe laufenden parallelen Linien erscheinen verkürzt auf der Scheibe und schneiden sich alle in einem bestimmten Punkt auf der Bildfläche, dem sogenannten Fluchtpunkt. Dabei ist zu beobachten, dass die Größe der Gegenstände proportional zur Entfernung kontinuierlich abnimmt. Leon Battista Alberti (1404–72), ein bedeutender italienischer Kunsttheoretiker und Architekt des 15. Jahrhunderts, hat diesen Effekt in seinem Buch *De Re Pictura (Über die Malkunst)* 1435 als einen Blick durch ein Fenster beschrieben, mit dem ein bestimmter Raumausschnitt erfasst wird. Diesen Effekt kann man auch beobachten, wenn man eine lange Straße hinunterblickt und die sie säumenden Häuser am Horizont zusammenzulaufen scheinen. Vielleicht ist es deswegen kein Zufall, dass die Zentralperspektive in einer Stadt wie Florenz entwickelt wurde, deren Straßenzüge viele lange Geraden aufweisen. In einem verwinkelten Dorf oder gar auf dem Land sind derartige Beobachtungen schwieriger zu machen.

Hat ein Künstler dieses Prinzip verinnerlicht, kann er alle Gegenstände und Räume in ihren Größenverhältnissen und Fluchten genau nachbilden. Zu diesem Zweck wurde schon im 16. Jahrhundert die Camera obscura ent-

MASACCIO

*Am 21. Dezember **1401** wird Tommaso di Ser Giovanni Cassai in S. Giovanni Valdarno in der Nähe von Arezzo geboren. Er wird sich später Masaccio nennen. Ab **1417** hält sich Masaccio in Florenz auf; man geht davon aus, dass er bei Masolino in die Lehre geht. Er ist mit dem Architekten Filippo Brunelleschi und dem Bildhauer Donatello befreundet. Die drei gelten als Väter der Renaissance. **1422** wird Masaccio Mitglied der Zunft »Medici e Speciali«. Um **1423** beginnt seine langjährige Zusammenarbeit mit Masolino in der Brancacci-Kapelle in S. Maria del Carmine, die allerdings erst **1485** von Filippo Lippi fertiggestellt wird.*

*Mit seinen Fresken in der Brancacci-Kapelle und dem Trinitätsfresko gilt er als Wiederentdecker der Kunst Giottos und Erneuerer der Malerei. **1427** geht er nach Rom, um einen Altar für S. Maria Maggiore zu malen, und stirbt dort am 20. Dezember **1428** unter unbekannten Umständen.*

40 (rechte Seite) | Masaccio: *Hl. Dreifaltigkeit,* 1427/28, 667 x 317 cm, Fresko, S. Maria Novella, Florenz

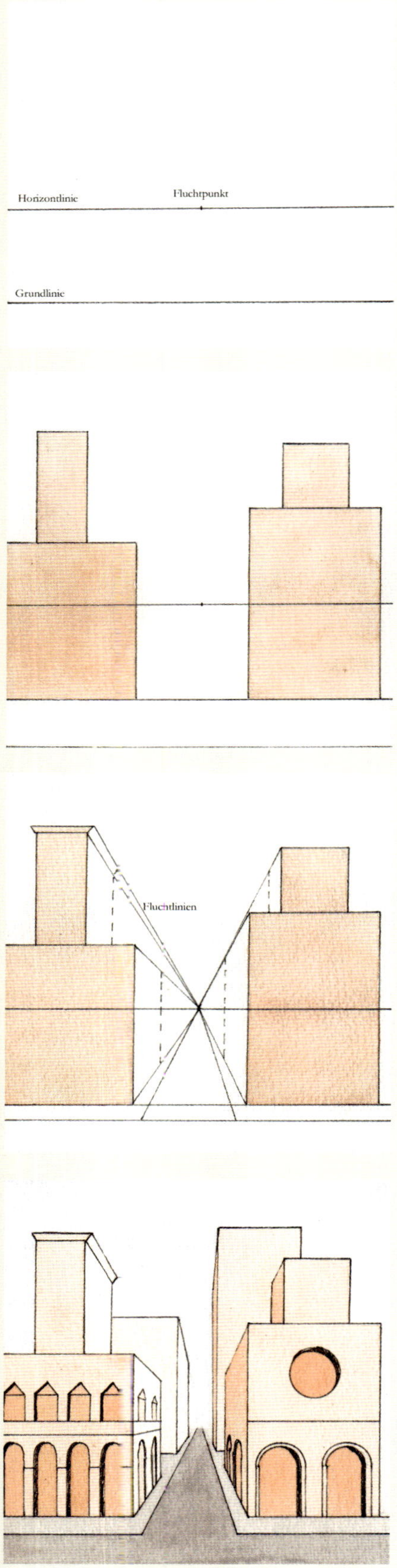

41 | Florian Heine: *Konstruktion eines zentral-perspektivischen Bildraums*

wickelt, ein Zeichengerät, das auf dem Prinzip des Blicks aus dem Fenster basiert. Alberti erwähnt es das erste Mal in seinem Buch über die Malerei. Dabei handelt es sich um einen Kasten, an dessen Frontseite ein Objektiv eingebaut ist, das das Licht über einen Spiegel auf eine Glasplatte projiziert. Man legt ein Stück Papier darauf und erhält durch einfaches Abzeichnen ein perspektivisch richtiges Bild. Diese Methode machten sich viele Maler, etwa Canaletto (1720–80) in Venedig und Jan Vermeer in Delft (1632–76) zunutze, um eine fast fotografisch naturgetreue Abbildung einer Stadtansicht oder einer Interieurszene zu erhalten. Nicht umsonst basieren auf diesem Prinzip alle uns heute bekannten Fotoapparate. So weit sind wir aber noch nicht (s. Seite 118 ff).

Zu Beginn des 15. Jahrhunderts war es für die Künstler viel wichtiger, Räume genau zu konstruieren, indem man den Fluchtpunkt und den Augenpunkt (die Horizontlinie), also die Höhe, aus der man auf den Raum sieht, festlegt. *(Abb. 41)* Zeichnet man von diesem Punkt aus die Fluchtlinien als Hilfslinien ein, kann man sämtliche Gegenstände oder Menschen in ihrer Größe und ihrer Position im Raum und damit in der Zeichnung genau festlegen. Genau dieses Prinzip verwenden Architekten bei ihren Zeichnungen von Hausansichten. Wählt man den Augenpunkt sehr tief, würde man also quasi vom Boden aus in den Raum blicken, spricht man von der so genannten Froschperspektive. Entscheidet man sich für einen Standpunkt weit oberhalb eines Gegenstandes, erhält man entsprechend die Vogelperspektive. Mit diesen geometrisch-malerischen Mitteln haben die Künstler nun die Möglichkeit, die Realität täuschend echt nachzuahmen und die Betrachter dabei nicht selten zu überraschen und zu verblüffen.

Das erste kleine Bild, bei dem die zentralperspektivische Konstruktion angewandt wurde, stammte wahrscheinlich von Filippo Brunelleschi (1377–1446), jenem Architekten, der nicht nur der eigentliche Erfinder der Zentralperspektive und Initiator der Renaissancearchitektur war, sondern auch die Kuppel des Florentiner Domes konstruierte. Es zeigte eine Ansicht des Florentiner Baptisteriums; leider ist es verschollen. Das erste große zentralperspektivische Gemälde stammt von Brunelleschis Freund Tommaso di Giovanni di Simone Guidi, genannt Masaccio. Es ist das Trinitätsfresko, das heute noch in der Kirche Santa Maria Novella in Florenz zu sehen ist. *(Abb. 40)*

Wir blicken scheinbar in einen von Säulen eingerahmten Kapellenraum, der von einer Kassettendecke überwölbt ist. Im Zentrum dieses vermeintlichen Kapellenraumes ist der gekreuzigte Christus zu sehen, hinter dem Gottvater auf einem altarähnlichen Aufsatz steht und das Kreuz mit beiden Händen hält. Zwischen Gottvater und

DAS ERSTE SKELETT

Unterhalb der von Masaccio gemalten Kapelle ist ein von vier kleinen Säulen eingerahmter Sarkophag zu erkennen, auf dem ein Skelett aufgebahrt ist. Die Inschrift lautet übersetzt: »Ich war, was du bist. Was ich bin, wirst du sein.« Interessanterweise handelt es sich bei diesem Skelett um das erste anatomisch korrekt gemalte Skelett in der Kunst, lange vor den anatomischen Zeichnungen Leonardo da Vincis.

Jesus kann man eine weiße Taube erkennen. Dieses Dreigespann, Gottvater, Jesus und die Taube, die den Heiligen Geist symbolisiert, bildet die Heilige Dreifaltigkeit, die Trinität, die diesem Altargemälde seinen Namen gab. Neben dem Kreuz steht der Jünger Johannes, der betend auf die ihm gegenüber stehende Maria blickt, die mit einer schlichten Handbewegung auf den Gekreuzigten verweist. Vor diesem Raum knien eine Frau und ein Mann, die Stifter, die dieses Fresko in Auftrag gegeben und bezahlt haben.

Masaccio konstruierte mittels der Fluchtlinien der Zentralperspektive einen täuschend echten Raum und überraschte die Florentiner mit seinem Gemälde sicher sehr. Noch heute ist das Liniennetz, das Masaccio bei seiner Konstruktion half und hier zum ersten Mal nachweisbar ist, teilweise zu erkennen. Als die Florentiner dieses Bild in der Kirche zum ersten Mal zu Gesicht bekamen, muss es sie sehr erstaunt haben, dass offenbar eine neue Kapelle an die Kirche angebaut wurde. Denn in Masaccios Bild öffnet sich dem Betrachter anscheinend tatsächlich ein Kapellenraum, noch dazu war auch die Architektur völlig neu. Es ist wahrscheinlich, dass Masaccios Freund Brunelleschi die Vorlage für diese Architektur geliefert hat. Nachdem die Menschen eine solch exakte Illusion von Architektur nicht gewohnt waren, muss die Überraschung umso größer gewesen sein. Heute sind wir mit derartigen Darstellungen, Zeichnungen und Gemälden vertraut; wir kennen die kühnen Deckenmalereien in römischen oder bayerischen Barockkirchen (s. Seite 70 ff.) und die verblüffenden Konstruktionen des Holländers M.C. Escher (1898 bis 1972), die alle auf dem Prinzip von Brunelleschi und Masaccio basieren. *(Abb. 42)* Sie sind immer noch verwirrend, aber wir lassen uns nicht wirklich täuschen. Anfang des 15. Jahrhunderts war das noch anders.

42 | M.C. Escher: *Oben und Unten,* 1947, 50,5 x 20,5 cm, Lithografie

Betrachtet man die Fresken Giottos oder andere Gemälde dieser Zeit, auf denen Architektur in Verbindung mit Menschen dargestellt wird, kann man den Unterschied und die Leistung von Masaccio (und seinem Freund Brunelleschi) leicht feststellen. Für sich wirken die Bauwerke oftmals ganz stimmig, aber sie stehen in keinem richtigen Verhältnis zu den gezeigten Menschen. Sie sind nur Hinweise auf den Handlungsort, sei es ein Palast oder eine Kirche, in der sich die jeweilige Geschichte abspielt. Würde man versuchen derartige Gebäude nachzukonstruieren, käme man schnell zu dem Ergebnis, dass sie viel zu klein für die Menschen wären. Außerdem spielt sich das gesamte Geschehen mehr oder weniger nur auf einer

Linie vor den gezeigten Gebäuden ab, und es gibt kaum ein erklärbares räumliches Hintereinander.

Durch die Anwendung der Zentralperspektive gelingt es Masaccio, derartige »Fehler« zu korrigieren. Seine Figuren agieren nicht mehr auf einer Linie, sondern in einem Raum, der die »richtige« Größe hat; umgekehrt haben auch die Figuren nun die richtige Größe für die Räumlichkeit und stehen untereinander im richtigen Verhältnis. Das alles war neu. Denn früher war es eben nicht üblich, gewöhnliche Menschen genauso groß zu zeigen wie die Heiligen. Das ermöglichte jetzt die Perspektive (und natürlich auch das Menschenbild, das in dieser Zeit neu definiert wurde). In der mittelalterlichen Malerei gab es noch die so genannte Bedeutungsperspektive, nach der die bedeutenden Personen im Bild groß, die unbedeutenden, also alle, die nicht heilig waren, deutlich kleiner gemalt wurden. *(Abb. 43)* Dadurch steht Masaccios Malerei auch für ein ganz neues Menschenbild im Verhältnis zu den Heiligen. In Verbindung mit der völlig neuen Art der Architekturmalerei gelingt Masaccio ein Realismus, der der damaligen Bevölkerung die Darstellung »wie echt« erscheinen lassen musste.

Das Bild wird zu einer Art Fenster, durch das man in einen Raum schauen kann. Anders als in den mittelalterlichen Gemälden kann man bei diesem Fresko genau feststellen, wie groß der Raum ist, wo im Raum die Personen stehen und wie weit sie voneinander entfernt sind. In der Kirche ist vor diesem Gemälde eine Markierung in den Boden eingelassen, die den optimalen Betrachterstandpunkt angibt, von dem aus die Illusion perfekt wirkt. Früher gab es eigentlich keinen Unterschied zwischen vorne und hinten. Die Bilder standen allein für sich, der Standort des Betrachters war unwesentlich. Masaccio stellt diesen Bezug her, indem er dem Betrachter

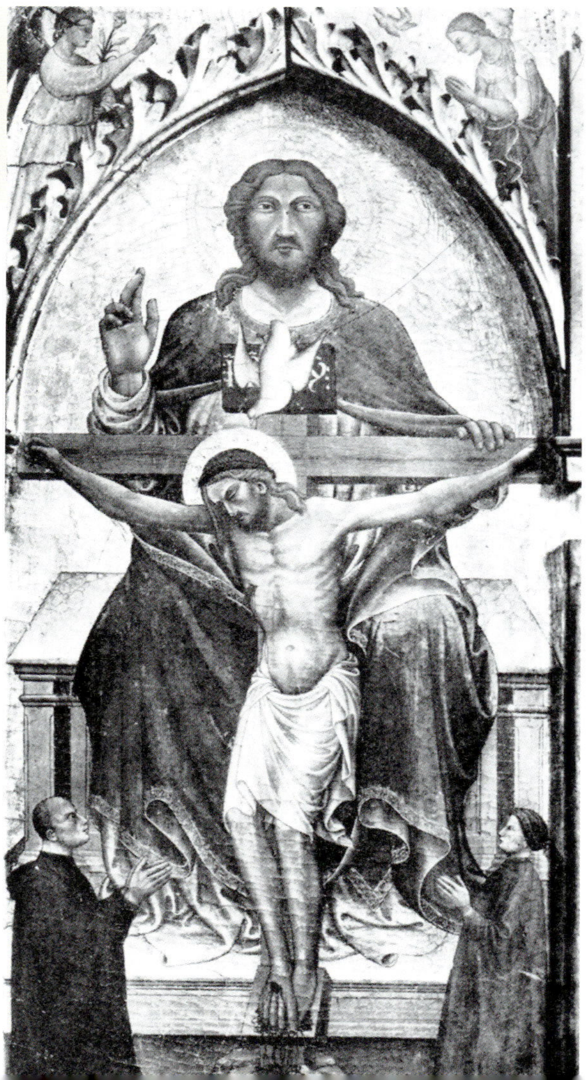

43 | Mariotto di Nardo: *Gnadenstuhl*, um 1350, Impruneta

44 | Paolo Uccello: *John Hawkwood (Giovanni Acuto),* 1436, 820 x 515 cm, Fresko, S. Maria del Fiore, Florenz

einen Punkt zuweist, von dem aus die Perspektive in seinem Bild genau funktioniert. Durch die einfache Geste Marias, die auf den Gekreuzigten zeigt, wird der Betrachter zusätzlich ins Bild hineingezogen.

In der niederländischen Malerei, die auf ihre Weise genauso fortschrittlich war wie die florentinische Malerei, kam man mit anderen Mitteln auf ähnliche Lösungen, allerdings waren diese nicht mathematisch exakt wie diejenigen von Masaccio. Die Niederländer waren dafür berühmt, jedes noch so kleine Detail in ihren Bildern wiederzugeben. Sie beobachteten genauestens, was sie sahen, und übertrugen es in ihre Bilder, so natürlich auch die Räume. Das Ergebnis bestand aber eher in einer Aneinanderreihung vieler Einzelheiten; die innere Geschlossenheit, die die konstruierten Räume der Italiener aufwiesen, hatten die nördlichen Maler mit ihrer Methode noch nicht erreicht.

Natürlich waren auch die italienischen Meister nicht auf Anhieb perfekt im Umgang mit der Perspektive, aber sie bemühten sich darum. So sind von dem venezianischen Maler Jacopo Bellini Skizzenbücher überliefert, in denen er sich ausgiebig mit verschiedenen Raumkonstruktionen beschäftigt hat. Ein anderer Maler aus Florenz, Paolo Uccello (um 1400–75), war geradezu in einem »Perspektiven-Rausch«. Es wird berichtet, dass er kaum mehr etwas aß, da er so mit der Beherrschung der Perspektive beschäftigt war. Aber auch ihm unterliefen »Fehler«, deren bekanntester wohl im Florentiner Dom zu sehen ist. *(Abb. 44)*

Uccello sollte 1436 ein Reiterstandbild des englischen Söldnerführers John Hawkwood malen, den man für verschiedene Schlachten anheuerte, wenn es brenzlig wurde. Aus diesem Grund nannten ihn die Italiener Giovanni Acuto. Ein echtes Standbild war zu teuer, also engagierte man Paolo Uccello, der mithilfe der Zentralperspektive ein Reiterstandbild auf einem Sockel an eine Wand des Doms malte. Der Sockel ist in Untersicht gezeigt, was man an den Kanten des Sockels gut erkennen kann, denn sie fallen stark nach hinten ab, was durchaus den Regeln der Perspektive entspricht. Allerdings muss sich Uccello gedacht haben, dass es wohl seltsam anmuten würde, wenn er auch Ross und Reiter in dieser Untersicht malen würde. Also entschloss er sich, die Perspektive zu wechseln und den Reiter in direkter Draufsicht zu malen, also von der Höhe des Betrachters aus. Und das war Uccellos Denkfehler: Wenn das Pferd so auf dem Sockel steht, dürfte man die vom Betrachter entfernteren Hufe gar nicht mehr sehen, weil sie vom Sockel überschnitten worden wären. Also schummelte Uccello ein wenig und beachtete die Flucht des Sockels nicht, vielleicht in der Hoffnung, es würde nicht auffallen. Es fiel jedoch auf. Zwanzig Jahre später, im Jahr 1456, bekam Andrea Castagno (1423–57) ebenfalls einen Auftrag für ein Reiterstandbild, das er genau neben Uccellos Bild malen sollte. Er hatte natürlich dasselbe Problem, löste es aber dadurch, dass er das Pferd einfach die hinteren Beine heben ließ und so das Problem der überschnittenen Beine löste. *(Abb. 45)* Trotzdem waren beide Maler in die »Falle« der Perspektive getappt. Denn auch Castagnos Reiter müsste bei konsequenter Anwendung der Zentralperspektive auf einem solchen Sockel eigentlich nach hinten kippen.

Man sieht also, dass die Zentralperspektive durchaus einige knifflige Probleme parat hält, denen sich die Maler im Laufe der Zeit erst bewusst wurden. Um keine Gemälde zu erhalten, die wegen der allzu konsequenten Einhaltung der Perspektive starr oder gar komisch wirken könnten, gingen sie in der Folgezeit mit der perspektivischen Darstellung durchaus etwas lockerer um.

45 | Andrea Castagno: *Nicolo da Tolentino*, 1456, 833 x 512 cm, Fresko, S. Maria del Fiore, Florenz

45 | Jan van Eyck:
Adam und Eva,
Genter Altar, 1432,
je 204 x 33 cm,
Öl auf Holz,
St. Bavo, Gent

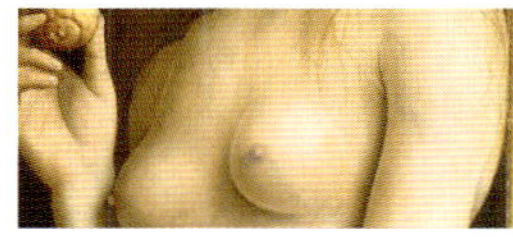

NACKTE TATSACHEN

Aktdarstellungen, also Bilder vom nackten oder fast nackten menschlichen Körper, gab es schon in der Antike. Der Akt wurde geradezu eine beherrschende Aufgabe der antiken Kunst; vor allem Bildwerke, die Athleten zeigen, bedienten sich des Aktes. Doch ging es keineswegs immer um die Gestaltung idealer Schönheit, die sehr lange Zeit für die europäische Kunst Gültigkeit besaß. Auch sinnliche und erotische Darstellungen spielten eine Rolle. Das Treiben der Götter, allen voran Zeus, das sich großer Beliebtheit in der antiken Literatur erfreute, etwa in den Metamorphosen des Ovid, lieferte genug Stoff auch für die Bildenden Künste. Die der diesseitigen Welt zugewandte Antike hatte also offenbar keine Berührungsängste mit der Nacktheit.

> *1425 zeichnet Pisanello die ersten Akte der Neuzeit nach einem lebenden Modell; um 1430 schuf Jan van Eyck die ersten lebensgroßen Aktgemälde, »Adam und Eva« am Genter Altar.*

Diese Auffassung sollte sich mit dem Aufkommen des Christentums gründlich ändern. In der Bibel wird die Nacktheit von Anfang an als verwerflich geschildert. Denn nachdem Adam und Eva im Paradies vom Baum der Erkenntnis genascht haben, erkennen sie, dass sie nackt sind, was sie bisher nicht gestört hat. Sie erkennen Gut und Böse, und »nackt« gehört offensichtlich zum Bösen, denn sie schämen sich nun ihrer Nacktheit und bedecken sich. Zur Strafe für ihren Ungehorsam werden sie aus dem Paradies vertrieben. Fortan war die Nacktheit – insbesondere die der Frauen – negativ besetzt und galt als sündhaft.

Diese verkrampfte Haltung des Christentums gegenüber den »nackten Tatsachen« hatte direkten Einfluss auf die Kunst. Nackte Menschen wurden nur noch »im Notfall« gezeigt, also wenn es das Thema unbedingt verlangte; hier sind besonders der schon erwähnte Sündenfall und das Jüngste Gericht zu nennen. Die Nacktheit wurde zu einem Attribut und war nicht selbst der Zweck der Darstellung, wie es in der Antike der Fall war. Themen außerhalb des biblischen Zusammenhangs, die mit nackten Menschen zu tun hatten, waren ohnehin weitestgehend tabu.

Da man im Mittelalter die sichtbare, körperhafte Welt grundsätzlich mit großer Skepsis betrachtete, wurde auch der menschliche Körper gering geschätzt. Die Maler stellten ihn deshalb, wie auch die übrige Wirklichkeit, nur symbolhaft und schematisch dar. *(Abb. 46)*

Erst als sich das Bild des Menschen im 13. und 14. Jahrhundert gewandelt und in der Wissenschaft wie in der Kunst auch Fuß gefasst hatte, begann die »Körperarbeit«. Dabei fiel der Wissenschaft eine wichtige Rolle zu, da man anfing, sich mit dem Aufbau und den Funktionen des menschlichen Körpers zu beschäftigen. So fanden ab 1306 an der Universität in Bologna erste öffentliche Leichensektionen statt, in deren Folge das erste Anatomiebuch der Geschichte entstand. Auch die Künstler begannen sich intensiv mit dem menschlichen Körper und den Möglichkeiten seiner Darstellung ohne Gewänder auseinander zu setzen. Der große Theoretiker Leon Battista Alberti

46 | Anonym: *Sündenfall* aus dem *Gebetbuch der Hildegard von Bingen*, 935, Bayerische Staatsbibliothek, München

47 | Antonio Pisanello: *Aktstudien,* um 1425, 22,2 x 16,6 cm, Feder, Tinte auf Pergament, Museum Boymans – van Beuningen, Rotterdam

PISANELLO

1395 *wird Pisanello, eigentlich Antonio di Puccio Pisano, in Pisa geboren. Er wächst in Verona auf und ist Gehilfe des Gentile da Fabriano bei dessen Gemälden im Dogenpalast von Venedig. Er übernimmt da Fabrianos höfischen Stil.*

Ab ***1425*** *macht sich Pisanello selbstständig und wird zu einem der erfolgreichsten Maler seiner Zeit. Kein anderer Maler wird von den Humanisten der Ära so hochgelobt. Er erhält Aufträge aus Mantua, Ferrara und Mailand.* ***1448– 49*** *arbeitet er am Königshof in Neapel. Leider sind die meisten dieser Werke zerstört, weswegen er lange Zeit in Vergessenheit gerät. Neben seinen sonstigen Arbeiten war er ein berühmter Porträtist und der bedeutendste Medailleur seit der Antike. Er war ein unermüdlicher Zeichner in der Nachfolge von Giovanni de' Grassi. Von ihm sind mehr Zeichnungen erhalten als von irgendeinem anderen Zeitgenossen. Sie bieten einen guten Einblick in seine Arbeitsweise. Pisanello starb* ***1455*** *in Rom.*

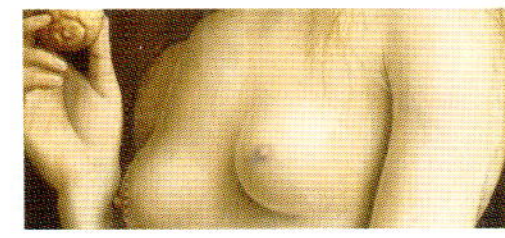

forderte in seinem 1435 erschienenen Buch *Über die Malerei,* nackte Menschen zu zeichnen, denn nur über das Verständnis des nackten Körpers könne der bekleidete »richtig« gemalt werden.

Die ersten Zeichnungen, die offensichtlich nach einem lebenden nackten Modell gezeichnet wurden, entstanden um 1425 und stammen von einem der erfolgreichsten Maler seiner Zeit, Antonio di Puccio Pisano, genannt Pisanello. *(Abb. 47)* Die Tatsache, dass es sich um ein weibliches Modell handelte, ist erwähnenswert. Denn es war durchaus nicht üblich, weibliche Modelle für weibliche Figuren einzusetzen; vielmehr wurden männliche Modelle verwendet, denen die weiblichen Attribute beigegeben wurden. An der Pariser Akademie konnten die angehenden Künstler offiziell sogar erst ab 1759 weibliche Modelle studieren. Pisanello war ein Meister der Zeichnung, der viele Eindrücke in seinen Skizzenbüchern sammelte. Es ist nicht unwahrscheinlich, dass er als Norditaliener auch das *Tacuinum dei Disegni* des Giovanni de' Grassi kannte (s. Seite 28 ff.). Auf der hier gezeigten Seite beschäftigt er sich mit einer weiblichen Gestalt, die er in verschiedenen Posen wiedergibt. Die beiden Rückenansichten auf der linken Seite zeigen in leichter Linienführung das Spiel der Muskeln bei den verschiedenen Bewegungen, betont durch Licht und Schatten. Die Haare sind wohl der besseren Sicht auf den Hals wegen hochgesteckt. Pisanello versucht die Bewegungen der Dame möglichst genau festzuhalten. Er scheint die Figur zu studieren, wie man es von Anatomiekursen heutiger Kunstakademien kennt. Auf der rechten Seite hat sich das Modell nun zu ihm umgedreht und versucht seine Haarpracht im Zaum zu halten. Pisanello entwickelt die Figur ganz aus der Linie. Mit zarten Strichen hebt er die Rundungen hervor, die durch starke Umrisslinien begrenzt sind.

Eine der ersten realistischen Aktdarstellungen Italiens im großen Format zeigt die Vertreibung Adams und Evas aus dem Paradies. Dieses Fresko, das etwa zeitgleich mit Pisanellos Zeichnung entstand, befindet sich in der Brancacci-Kapelle in Florenz und stammt von Masaccio (s. Seite 40 ff.). *(Abb. 48)* Die Aktdarstellungen Pisanellos und Masaccios hatten das Ziel, ihren statuarischen Figuren Lebendigkeit, die vom tektonischen Aufbau des Körpers bestimmt ist, einzuhauchen. Die italienischen Künstler verbanden ihr neues Verhältnis zur Wirklichkeit mit den antiken Vorbildern, die sie ja vor Augen hatten. Dabei strebten sie jedoch eher nach einem beispielhaften Idealbild des Menschen. Masaccios Adam und Eva wirken weniger wegen ihrer Körper als vielmehr ihres Ausdrucks wegen realistisch. Sie wurden gerade aus dem Paradies vertrieben und erkennen in diesem Moment, was das für sie bedeutet, und sind entsetzt und verzweifelt. Das Besondere dabei: Man kann die Verzweiflung zweier Menschen sehen und nachempfinden, auch ohne ihre Geschichte zu kennen, was für die Gefühlsregungen anderer gemalter Figuren dieser oder früherer Zeit keineswegs gilt.

Etwa zur gleichen Zeit entstand in den Niederlanden der berühmte Genter Altar der Brüder Hubert und Jan van Eyck, den der Jüngere von beiden, Jan, im Jahre 1432 fertigstellte; sein Bruder Hubert starb 1426 (s. Seite 60 ff.). *(Abb. 45)* Auf dem Genter Altar befinden sich die ersten lebensgroßen Akte der Neuzeit, die nach der Natur gemalt wurden. Auch sie zeigen das erste Menschenpaar, wobei Eva noch eher den konventionellen Darstellungen entspricht. Jan van Eycks bewundernswerte Fähigkeit der exakten Beobachtung und Wiedergabe der Wirklichkeit findet hier besonders in der Figur des Adam zu einem Höhepunkt. Nie zuvor hat ein Maler einen nackten Menschen ähnlich genau wiedergegeben. Im Gegensatz zu Masaccio strebt van Eyck nicht nach einem Idealbild, sondern bildet mittels seiner akkuraten Beobachtungsgabe einen individuellen Menschen ab.

Dabei kam ihm die Technik der Ölmalerei zugute, die für die Tafelmalerei neu entdeckt wurde und die Jan van Eyck in besonderem Maße zu nutzen wusste. Denn im Gegensatz zur deckenden Tempera-Malerei, die man bisher und vor allem in Italien verwendete, wurden die Ölfarben »lasierend«, das heißt in mehreren Schichten aufgetragen. Dadurch konnten die unteren Schichten durchscheinen und erzeugten eine bisher ungekannte Tiefe und Brillanz der Farbe sowie eine große Leuchtkraft der Bilder.

Man kann diesen Effekt besonders gut beobachten, wenn man in einem Museum ganz nah an ein auf diese Weise gemaltes Bild herangeht: Man sieht oft ein wirklich dreidimensional aufgebautes Bild, in dem man die verschiedenen Schichten gut erkennen kann.

48 | Masaccio:
Vertreibung aus dem Paradies, um 1425,
S. Maria del Carmine, Brancacci-Kapelle, Florenz

Van Eyck geht in seiner naturalistischen Darstellung sehr weit. Er stellt eigentlich Adam dar, offensichtlich kurz nachdem dieser erkannt hat, dass er nackt ist. Der unheimlich genaue, ja fast penible Künstler Jan van Eyck aber malt einen Menschen seiner Zeit – und zwar genau die Person, die vor ihm im Atelier steht. Denn van Eyck geht in seiner Detailgenauigkeit so weit, dass er »Adams« Kopf und seine Hände dunkler wiedergibt als den restlichen Körper. Hätte er tatsächlich »Adam« gemalt, müsste dieser dann nicht eine durchgehend gleichmäßige Hautfarbe besitzen? Er war ja wohl bis zu dem Moment, als er sein Feigenblatt anlegen musste, mit dem ganzen Körper der Sonne ausgesetzt. Die Person, die Jan van Eyck malt, besitzt aber hellere und dunklere Hautpartien am Oberkörper und an den Armen, ganz so wie jemand, der normale Kleidung trägt und dessen Haut darunter natürlich blass bleibt, während unbedeckte Körperteile gebräunt werden. Van Eycks Akte waren so berühmt, dass der gesamte Altar lange Zeit als »Adam-und-Eva-Altar« bezeichnet wurde. 1781 wurden allerdings die Tafeln mit den Aktdarstellungen von Adam und Eva entfernt, weil sie in ihrem Naturalismus Kaiser Joseph II. als zu anstößig erschienen. Sie tauchten erst 1861 wieder auf.

Albrecht Dürer war bei seinem Besuch in Gent 1521 besonders von der Eva begeistert. Er selbst hatte 1507 die ersten lebensgroßen Akte der deutschen Kunst gemalt *(Abb. 49)* und dafür auch Adam und Eva als Thema gewählt. Aber wie anders stellt er sie dar! Wenn nicht die Attribute Schlange, Apfel und Baum der Erkenntnis im Bild wären, würde man wohl kaum auf Adam und Eva, sondern eher auf ein junges verliebtes Paar tippen. Offensichtlich hat Dürer sie noch in einem Moment vor dem Sündenfall gemalt, denn die Schlange reicht Eva erst den Apfel und vor allem wirken die beiden nicht, als ob sie sich wegen ihrer Nacktheit schämten, ganz im Gegenteil. Obwohl sie auf getrennten Tafeln gemalt sind, scheinen sie durch ihre Körperhaltung und ihre Blicke über die Bildgrenzen hinaus verbunden; ihre Hände berühren sich fast und es besteht eine geradezu erotisch knisternde Beziehung zwischen ihnen …

Nach der Wiederentdeckung des menschlichen Körpers durch die Malerei nahm die Zahl der Aktdarstellungen enorm zu. Einerseits wurde versucht, den Propor-

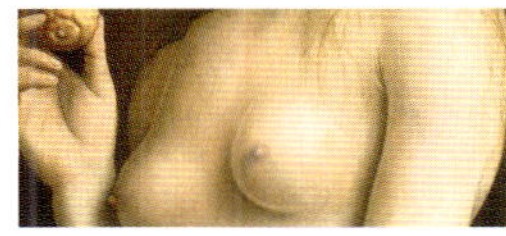

tionen des menschlichen Körpers auf die Spur zu kommen. Andererseits bekam das Thema Erotik durch die Rezeption der antiken Schriftsteller und Bildhauer neuen Aufschwung und die Darstellung der antiken Göttin Venus beispielsweise war dazu bestens geeignet. Im katholischen Spanien dauerte es etwas länger, denn obwohl es am spanischen Hof einige mythologische Gemälde mit nackten Figuren gab, waren die religiösen Bedenken und die Angst vor der Inquisition groß, sodass nur ein hoher Beamter am Hof, in diesem Fall der Sohn des Ministerpräsidenten und spätere Vizekönig von Neapel, das erste Aktgemälde Spaniens um 1650 in Auftrag geben konnte: die Venus von Diego Velázquez.

49 | Albrecht Dürer: *Adam und Eva*, 1507, je 209 x 81cm, Öl auf Holz, Prado, Madrid

DER HOSENMALER

Im 16. Jahrhundert hatten die kirchlichen Würdenträger noch reichlich Probleme mit der Nacktheit. Als Michelangelo ***1541*** *sein monumentales Jüngstes Gericht (14,6 x 13,4 m, mehr als 290 Figuren) an der Altarfront der Sixtinischen Kapelle in Rom endlich der Öffentlichkeit zugänglich machte, waren einige Mitglieder des Klerus entsetzt: Alle Figuren waren splitternackt. Aber nicht nur der Klerus, auch der Schriftsteller Pietro Aretino, der* ***1525*** *noch pornografische Sonette verfasste (»sonetti lussoriosi«), war fassungslos, denn er sah Dinge, »vor denen man selbst im Bordell vor Scham die Augen abwendet«. Man überlegte, ob man das ganze frevelhafte Fresko deswegen wieder abschlagen sollte. Dazu kam es glücklicherweise nicht. Aber Papst Paul IV. beauftragte den Maler Daniele da Volterra* ***(1509–66),*** *einen ehemaligen Schüler Michelangelos, die Blößen der Figuren mit gemalten Tüchern und Kleidungsstücken zu bedecken. Volterra ging aufgrund dieser Arbeit unter den Namen »der Hosenmaler« (Braghettone) nicht besonders schmeichelhaft in die Kunstgeschichte ein. Bei der großen Restaurierung* ***1986–1994*** *wurden übrigens nicht alle Übermalungen entfernt – aus technischen und historischen Gründen.*

IOHES·DE·EYCK·ME·FECIT·ANO·MCCCC·33·21·OCTOBRI

DAS NEUE SELBSTBEWUSSTSEIN

> *Jan van Eyck malt 1433 das erste bekannte Selbstporträt, das ausschließlich den Künstler zeigt.*

Im Mittelalter gab es Kunst in unserem Sinne nicht und damit auch keine Künstler. Damals waren Architekten, Bildhauer und Maler einfache Handwerker wie Tischler und Steinmetze. Die Künste in der Tradition der Antike waren eher eine Sache des Wissens und der Wissenschaft wie Grammatik, Rhetorik, Dialektik und Poetik sowie Astronomie, Musik und Geometrie. Daher stammt der Spruch »Kunst kommt von Können«, denn Können bezeichnete das im antiken Sinne geistige Wissen, das den freien Bürger vom Sklaven unterschied. Erst im Lauf der Zeit verstand man darunter das Können im Sinne einer durch Talent und Übung erworbenen Geschicklichkeit und Fertigkeit.

Die mittelalterlichen Maler standen hinter ihren Werken zurück und sind heute meist unbekannt. Die großen Mosaikbildwerke der frühchristlichen Kunst wurden von heute ebenso unbekannten Meistern geschaffen wie die Buchmalereien, die hauptsächlich in Klöstern von Mönchen gestaltet wurden. Die von ihnen geschaffenen Werke waren wichtig, die jeweiligen Künstler fungierten nur als ausführendes Organ. Mit dem Aufkommen neuer Orden wie den Franziskanern, der zunehmenden Macht der Bürgerschaft in den Städten am Anfang des 14. Jahrhunderts und der damit einhergehenden Bautätigkeit änderte sich die Auftragslage und damit auch langsam die Stellung der Künstler. Sie wurden durch ihre Arbeiten zu bedeutenden Persönlichkeiten, die wie Staatsmänner und Philosophen zum Ruhm der jeweiligen Stadt beitrugen. Vor allem Giotto wurde so zum ersten »Star« der Malerei. Dante verewigte ihn als den größten Maler seiner Generation sogar in der *Göttlichen Komödie.* Dies hatte Folgen sowohl für die Wertschätzung der Künstler in der Gesellschaft als auch für deren Selbstbewusstsein. Es gibt Hinweise auf Selbstporträts von Giotto, die jedoch, sollten sie tatsächlich existiert haben, heute leider verschollen sind. Gerade in Florenz und in Italien generell genossen die Künstler höheres Ansehen als im Norden. Bezeichnend hierfür ist eine Aussage Albrecht Dürers, der vor seiner Rückkehr von Venedig nach Nürnberg im Jahre 1506 an einen Freund schrieb: »O, wie wird mich nach der Sonne frieren, hier bin ich ein Herr, daheim ein Schmarotzer.«

Aber auch die Maler außerhalb Italiens traten aus dem Schatten des Handwerks heraus und beanspruchten und genossen ihre neue gesellschaftliche Stellung. Sie begannen ihre Werke zu signieren und dadurch einen Anspruch auf ihre geistige und künstlerische Leistung zu erheben.

Der Niederländer Jan van Eyck war zu dieser Zeit schon einen Schritt weiter; er malte 1433 das erste bekannte Selbstporträt, mit dem er seiner besonderen gesellschaftlichen Stellung Ausdruck verleihen wollte. *(Abb. 50)* Er war zum Stadtmaler Brügges und zum Kammerherrn des burgundischen Herzogs Philipp des Guten berufen worden, als der er unter anderem geheime diplomatische Missionen zu erfüllen hatte, die ihn bis nach Portugal führten. 1432 stellte er den von seinem Bruder Hubert begonnenen *Genter Altar* fertig, ein Wunderwerk der damaligen Kunst, er kaufte sich ein Haus und heiratete im Jahr darauf seine Frau Margareta. Offensichtlich war er auf dem Gipfel seines privaten und beruflichen Erfolges. An diesem Punkt wollte er sich als wohlhabenden Bürger seiner Stadt zeigen, der es sich leisten kann, ein Porträt vom besten Maler anfertigen zu lassen. Wie es sich traf, war er das selbst: Er fertigte sein eigenes Porträt ohne Auftrag und ohne Bezahlung an. Um das zusätzlich zu verdeutlichen, schrieb er auf den Originalrahmen oben in griechischen Buchstaben den niederländischen Satz: »Wie ich kann«; unten steht in lateinischer Schrift und Sprache: »Jan van Eyck hat mich gemacht 1433, 21. Oktober.«

Uns sitzt ein Mann mittleren Alters gegenüber, der uns mit prüfendem Blick zu mustern scheint. Wir sehen ihn in einer Dreiviertel-Ansicht, was für Porträts ziemlich neu war. Bisher wurde, vor allem in Italien, die Profilansicht verwendet, die an die antike Tradition der Porträt-Münzen

50 (linke Seite) |
Jan van Eyck: *Mann mit rotem Turban*, Selbstporträt, 1433, 33 x 26 cm, Öl auf Eichenholz, National Gallery, London

JAN VAN EYCK

*Jan van Eyck ist mit Robert Campin der Begründer der altniederländischen Malerei und hatte enormen Einfluss auf die Kunst in ganz Europa. Er wird um **1390** in Maaseyck, nahe Maastricht, geboren. Über seine Ausbildung ist nichts bekannt; wahrscheinlich arbeitet er zunächst als Buchmaler. Um **1415** ist er am »Turiner-Stundenbuch« des Herzogs von Berry beteiligt. Von **1422–24** ist er Hofmaler Johanns von Bayern (Graf von Holland). Nach dessen Tod tritt van Eyck **1425** in die Dienste Philipp des Guten, Herzog von Burgund.*

*Zwischen **1427** und **1429** unternimmt er Reisen nach Spanien und Portugal. Dabei führt er Verhandlungen über den Ehevertrag zwischen Philipp und Prinzessin Isabel, der Tochter des Königs von Portugal in Lissabon, und porträtiert diese auch. Sein Aufenthalt hat großen Einfluss auf die spanische und portugiesische Malerei.*

*Nach seiner Rückkehr kauft er sich ein Haus in Brügge. **1432** stellt er den von seinem Bruder Hubert begonnenen »Genter Altar« fertig und heiratet. Nach seinem Selbstporträt von **1432** tritt er immer wieder in seinen Bildern auf (»Arnolfini-Hochzeit«, **1434,** National Gallery, London; »Madonna des Kanzlers Rolin«, **1436,** Louvre, Paris). **1436** ist er noch einmal für Philipp in geheimer Mission unterwegs. Jan van Eyck stirbt **1441** und wird am 9. Juli in Brügge begraben.*

erinnern sollte. Die Dreiviertel-Ansicht bietet dagegen entscheidende Vorteile, da durch die Wendung des Kopfes und damit des Blickes ein Kontakt zwischen Dargestelltem und Betrachter erreicht wird, der beim Profil ausbleiben muss. Die Drehung führt zu einer stärkeren Präsenz, die durch den Blick weiter gesteigert wird. Nicht zuletzt sieht man auch einfach mehr vom Gesicht.

Es sind keine Hände zu sehen; das Gesicht, der intensive Blick und der auffallende Turban des Mannes beherrschen das Bild und ziehen unsere ganze Aufmerksamkeit auf sich.

Van Eyck blickt nicht den Betrachter an, sondern sich selbst im Spiegel. Technisch resultiert die Dreiviertel-Ansicht also aus der Tatsache, dass der Maler sich beim Akt des Malens im Spiegel betrachtet. Sein Blick ist auf sich konzentriert und doch gleichzeitig auf uns gerichtet. Durch die minutiös ausgearbeiteten Details wie Bartstoppeln und kleinste Fältchen tritt uns eine unverwechselbare Persönlichkeit in diesem kleinen Porträt gegenüber (Man muss bedenken, dass das Gesicht tatsächlich nur etwa acht Zentimenter hoch ist!). Es scheint, als wolle van Eyck durch die genaue Beobachtung und Wiedergabe der Oberfläche in die Tiefe seiner Person vordringen, ähnlich wie er bei seinem *Adam* durch die penible Darstellung der Hautoberfläche das Spiel der Muskeln darunter verdeutlicht (s. Seite 54 ff.).

Van Eyck demonstriert hier nicht nur seine Stellung als bedeutender Bürger seiner Stadt, sondern auch seinen hohen Anspruch und sein großes Können in der Malerei. Nachdem er mit seinem Selbstporträt diesen Anspruch formuliert hat, tritt er in weiteren Gemälden sehr viel dezenter auf. Mit seinem auffallenden turbanähnlichen Kopfschmuck, einem Chaperon, schuf er sich eine Art Markenzeichen, an dem er in seinen folgenden Bildern immer wieder zu identifizieren und so als Schöpfer der Werke erkennbar ist. Dabei geht er allerdings, seinem hohen künstlerischen Anspruch entsprechend, sehr subtil vor. Man sieht ihn im Hintergrund, unauffällig in einem Spiegel, oder man erkennt seine Silhouette mitsamt dem Chaperon auf einem Schild.

Diese besondere Art der Signatur, sich selbst in das Bild zu malen, wurde auch in Italien praktiziert, allerdings weit weniger subtil, als es Jan van Eyck tat. Typisch dafür ist der Blick aus der Menge direkt zum Betrachter. In den vielen Gemälden, Altären und Fresken des 15. Jahrhunderts kann man davon ausgehen, dass derjenige, der meist als Einziger aus dem Bild heraus Blickkontakt zum Betrachter aufnimmt, der Maler ist. Um jeden Zweifel zu beseitigen, hatten manche Künstler besondere Ideen, sich zu präsentieren. Benozzo Gozzoli (1420–1498) etwa verwendete eine ziemlich auffällige »Signatur« in seinem *Zug der Heiligen Drei Könige* von 1459. *(Abb. 51)* Auf der

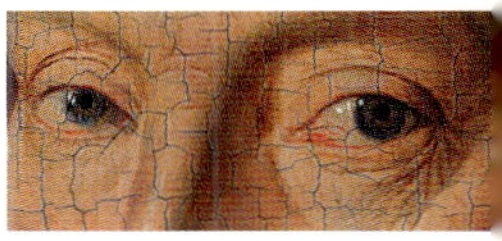

linken Seite des Altarbildes finden wir das Selbstporträt Benozzos in der Menge; um ganz sicher zu gehen, dass er auch als der Schöpfer dieses Werkes erkannt wurde, blickte er den Betrachter nicht nur direkt an, sondern setzte sich eine Mütze mit dem Schriftzug »OPUS BENOTII« (Benozzos Werk) auf. Albrecht Dürer hält in manchen seiner Gemälde einen Zettel oder eine Tafel in den Händen, auf der sein Name zu lesen ist, und steht damit in der Menge oder etwas abseits.

Bald darauf ging es bei den Selbstbildnissen noch um andere Dinge. Künstler waren allmählich gesellschaftlich genauso akzeptiert wie andere wichtige Persönlichkeiten, genossen durch ihre besonderen Fähigkeiten oftmals sogar ein höheres Ansehen. Der Architekt und Kunsttheoretiker Leon Battista Alberti gestand den Malern sogar eine gewisse Gott-Ähnlichkeit zu, da auch sie mit ihren Werken schöpferisch tätig seien. Das scheint Albrecht Dürer ziemlich wörtlich genommen zu haben,

51 | Benozzo Gozzoli: *Der Zug der Hl. Drei Könige,* 1459, Palazzo Medici, Florenz

53 | Parmigianino: *Selbstporträt im Konvexspiegel,* 1523/24, 24,4 cm Durchmesser, Öl auf Holzkalotte, Kunsthistorisches Museum, Wien

denn er präsentiert sich in seinem Selbstporträt von 1500 in einer Pose, die bis dahin eigentlich Christusdarstellungen vorbehalten war. *(Abb. 52)* Dem Selbstbildnis wurden also in kurzer Zeit ganz verschiedene Funktionen zugewiesen und neue Ausdrucksmöglichkeiten erschlossen.

Wie etwa 1523, als eine andere Art des Selbstporträts entstand. *(Abb. 53)* Francesco Mazzola, genannt Parmigianino (1503–40), wollte als zwanzigjähriger von seiner Heimatstadt Parma, wo er als Maler schon einige Erfolge erzielt hatte, in das Zentrum der damaligen Kunstwelt, nach Rom, ziehen, um dort seine Karriere weiter zu verfolgen. Seine Onkel rieten ihm, vorher noch ein paar Bilder zu malen und mitzunehmen, um möglichen Auftraggebern Proben seiner Kunst zeigen zu können. Also malte er drei »Bewerbungsbilder«, unter denen sich auch ein außergewöhnliches Selbstporträt befand. Der junge Maler wollte etwas Besonderes schaffen und zeigte sich nicht wie in einem gewöhnlichen Spiegel, sondern in einem Konvex-Spiegel. Zu diesem Zweck ließ er sich eine Holzkugel mit einem Durchmesser von etwa 24 Zentimetern anfertigen, halbierte sie und malte auf die eine Halbkugel sein Porträt. Man sieht einen jungen Mann, dessen Porträtähnlichkeit übrigens verblüffend gewesen sein muss, in einem Raum sitzen, in dem sich die Balken an der Decke biegen und sich die Wände und Fenster krümmen. Die Lichteffekte im Hintergrund scheinen nicht auf der Kalotte, sondern im tatsächlichen Raum stattzufinden. Die zarte Hand ist auffallend groß dargestellt, was den Effekt des vorgetäuschten Konvexspiegels noch frappierender erscheinen lässt. Alles ist aufgrund des scheinbaren, konvexen Spiegels verzerrt, nur das Gesicht im Zentrum der Kalotte und damit im Zentrum des Spiegels ist unverzerrt. Man sieht sich dem lässigen Blick eines jungen Künstlers gegenüber, der sich seiner Fähigkeiten durchaus bewusst zu sein scheint. Parmigianino geht es nicht darum, sich als ehrbaren Bürger darzustellen; er will verblüffen, er will zeigen, zu welch überraschenden Lösungen er imstande ist – kurz: was für ein guter Maler er ist. Als er nach Rom kam, gelang

52 | Albrecht Dürer: *Selbstporträt,* 1500, 67 x 49 cm, Öl auf Lindenholz, Alte Pinakothek, München

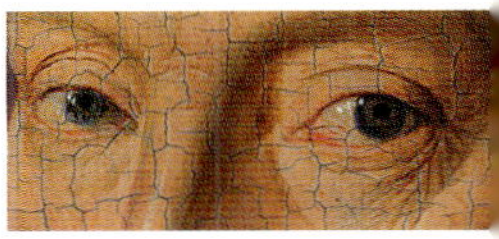

es ihm, dieses Werk Papst Clemens VII. zu zeigen. Begeistert erteilte der Papst ihm gleich ein paar Aufträge. Dass das Selbstporträt ganz unterschiedliche Aufgaben haben kann, sieht man im Werk von Rembrandt Hermansz van Rijn. In kaum einem Werk eines anderen Künstlers (moderne einmal ausgenommen) spielt das Selbstporträt eine ähnlich wichtige Rolle. Rembrandt nutzte es zu ganz verschiedenen Zwecken. Natürlich ging es auch ihm darum, seine gesellschaftliche Stellung als vornehmer Bürger zu demonstrieren, der seinen wohlhabenden Auftraggebern durchaus ebenbürtig ist. Er zeigt sich schon in jungen Jahren als Künstler, der sich des Wertes seiner über das Handwerk hinausgehenden Kunst bewusst ist. Eine weitere Aufgabe bestand darin, verschiedene Techniken und neue Arten der Lichtführung ebenso zu studieren wie diverse Haltungen und Mimiken. *(Abb. 54)* In seinen Bibeldarstellungen inszeniert Rembrandt kleine Szenen, in denen er in verschiedenen Kostümen mit unterschiedlichsten Requisiten als sein eigenes Modell auftritt. Und wie es scheint, verwendet er das Selbstporträt auch als Mittel zur Selbstbefragung und -erkenntnis. So wie er uns selbstbewusst und voller Stolz in seinen frühen Bildern gegenübertritt, so verzweifelt und resigniert erscheint er in seinen späten Werken, nachdem ihn der Erfolg verlassen hatte und er schwere Schicksalsschläge wie den Tod seiner Frau und seines Sohnes hinnehmen musste. *(Abb. 55)* In Verbindung mit dem Wissen, das wir über seine Lebensumstände haben, ergibt sich eine Bildbiografie, eine Art visuelles Tagebuch, das sein inneres Leben widerzuspiegeln scheint. Diese schonungslose Auseinandersetzung mit der eigenen Gefühlswelt findet man erst wieder im 19. Jahrhundert in den Selbstporträts Francisco de Goyas und Vincent van Goghs (1853–90).

55 | Rembrandt: *Letztes Selbstporträt,* 1669, 59 x 51 cm, Öl auf Leinwand, Mauritius-Haus, Den Haag

54 | Rembrandt: *Selbstporträt,* 1630, 5,1 x 4,5 cm, Radierung, Staatl. Graphische Sammlung, München

56 |
Konrad Witz: *Der wunderbare Fischzug,* 1444, 132 x 154 cm, Öl auf Holz, Musée d'Art, Genf

BIBLISCHE GESCHICHTEN IN DER NACHBARSCHAFT

In der mittelalterlichen Malerei kam Landschaft, wie wir sie kennen, nicht vor. Als Hintergrund für die Darstellung religiöser Geschichten verwendeten die Maler den Goldgrund, der zugleich die »Heiligkeit« der Szene signalisierte. Das änderte sich mit der neuen Naturnähe in der Malerei, die von Künstlern wie Giotto und seinen Nachfolgern befördert wurde. Die Maler begannen den Goldgrund durch realistische Hintergründe zu ersetzen, wobei »realistisch« nicht allzu wörtlich genommen werden darf. Denn mit Realismus im Sinne einer Naturähnlichkeit hatten die frühen Landschaften nichts zu tun. Der Grund dafür liegt nicht nur an den Malern, sondern auch an ihren Auftraggebern. In den Verträgen wurde neben der Bezahlung und dem Liefertermin genau festgelegt, wie viele Personen auf dem Gemälde zu sehen, welche Farben verwendet werden sollten und wie der Rahmen beschaffen und verziert sein musste. Bei den Landschaften des Hintergrundes blieben die Auftraggeber jedoch erstaunlich vage. Die Maler wurden zwar aufgefordert, in die freien Flächen der Bilder Landschaft und Himmel zu malen, es spielte jedoch offensichtlich keine große Rolle, um welche Landschaft es sich dabei handelte. Es wurde höchstens festgelegt, was der Auftraggeber daran sehen wollte. So verlangte beispielsweise ein Vertrag von 1485 zwischen dem Maler Ghirlandaio und Giovanni Tornabuoni für Fresken im Chor von S. Maria Novella in Florenz folgende Bildelemente: »Figuren, Gebäude, Kastelle, Städte, Berge, Hügel, Ebenen, Felsen, Gewänder, Tiere, Vögel und Vieh aller Art.« Diese Zusammenstellung erinnert ein wenig an die Landschaften von Modelleisenbahnbauern.

> *1444 stellt Konrad Witz auf dem Gemälde »Der wunderbare Fischzug« die erste naturgetreue Landschaft dar.*

Eine wiedererkennbare Landschaft war als Hintergrund also nicht gefragt. Die Geschichten der Heiligen spielten sich meist ohnehin in Ländern ab, die damals die allerwenigsten aus eigener Anschauung kannten und von denen sich jeder nur eine fantasievolle Vorstellung machte. Also folgte man der Tradition und den Wünschen der Auftraggeber.

KONRAD WITZ

*Konrad Witz wird um **1400** in Rottweil am Neckar geboren. Über seine Ausbildung weiß man wenig, vielleicht war er auf Wanderschaft in den Niederlanden. Am 21. Juni **1434** wird er in die Malerzunft Basels aufgenommen und erwirbt **1435** das dortige Bürgerrecht. Er malt den Heilspiegel-Altar, auf dem niederländische Einflüsse zu erkennen sind. **1443** ruft ihn Kardinal François de Mies nach Genf, wo Witz den aus mehreren Teilen bestehenden Petrus-Altar mit dem berühmten »wunderbaren Fischzug« malt. **1445** malt er »Christus am Kreuz« (Gemälde Galerie, Berlin).*

*Konrad Witz ist ein experimentierfreudiger und aufgeschlossener Maler, der den niederländischen Realismus am Oberrhein einführt. Die Anregungen hat er wahrscheinlich durch seine Wanderzeit und durch die Nähe Genfs zu Burgund erhalten, wo diese Malerei gepflegt wurde. Witz stirbt **1445** oder **1446.** Er war anscheinend sehr erfolgreich in seinem Beruf, denn er hinterlässt seiner Tochter ein beträchtliches Vermögen. Seine Frau führt die Werkstatt bis zu ihrem Tod **1448** weiter.*

Der Schweizer Maler Konrad Witz scheint das anders gesehen zu haben. Er war als Künstler offensichtlich sehr an neuen Entwicklungen interessiert. Schon bald nachdem in Italien und den Niederlanden mit Perspektive und Schlagschatten gearbeitet wurde, verwendete auch er diese Neuerungen in seinen Gemälden. Teilweise wirken seine Arbeiten vielleicht noch etwas unbeholfen und mit ein paar »Fehlern« behaftet. Doch warum sollte es ihm auch anders ergehen als seinem großen Kollegen Paolo Uccello?

1431 fand in Basel, der Heimatstadt von Konrad Witz, ein von Papst Eugen IV. einberufenes Konzil statt. Dieses Konzil brachte der Stadt einen großen wirtschaftlichen Aufschwung und den Künstlern wichtige Einflüsse aus anderen Teilen Europas wie den Niederlanden, Frankreich und Italien. Witz wurde vom Bischof von Genf beauftragt, den Altar für dessen Kathedrale St. Pierre zu malen. Er ging also nach Genf und malte dort von 1442 bis 1444 den aus mehreren Tafeln bestehenden Petrus-Altar.

Der Mittelteil des Altars erzählt die Geschichte der Erscheinung des auferstandenen Jesus, wie sie im Johannes-Evangelium, Kapitel 21, beschrieben wird: Petrus fährt mit Thomas und den anderen Jüngern zum Fischen hinaus auf den See Genezareth. Sie arbeiten die ganze Nacht, fangen aber nichts. Als sie am Morgen wieder ans Ufer zurückwollen, sehen sie dort Jesus: Er sagt ihnen, sie sollen das Netz auf der rechten Seite des Bootes auswerfen, woraufhin sie so viele Fische fangen, dass sie Mühe haben, das Netz wieder einzuholen. Einer von ihnen erkennt Jesus und sagt: »Es ist der Herr!« Das Johannes-Evangelium berichtet weiter: »Als Simon Petrus hörte, dass es der Herr sei, gürtete er sich das Obergewand um, weil er nackt war, und sprang in den See.«

Früher hätte man üblicherweise eine bläulich-grüne Fläche mit ein paar Wellenlinien gemalt, die den See symbolisieren sollten. Die Landschaft wäre, wenn sie denn überhaupt gezeigt worden wäre, eine Fantasielandschaft

gewesen, so wie sich der Künstler eben das Heilige Land vorstellte. Somit wäre für alle damaligen Betrachter klar gewesen, dass es sich um den See Genezareth im Heiligen Land handeln musste. *(Abb. 57)* Konrad Witz aber malt keine symbolische Landschaft, sondern genau die Landschaft, die die Leute täglich vor Augen hatten, nämlich den Genfer See mit seinen Pfahlbauten, den Mont Salève, den Bergrücken der Voirons und im Hintergrund das schneebedeckte Massiv des Montblanc. Er zeigt die Umgebung in ihrer Unverwechselbarkeit und schafft damit das erste »naturgetreue« Porträt einer Landschaft als Hintergrund einer biblischen Geschichte.

Darüber hinaus zeigt Witz die Apostel nicht als die altehrwürdigen Herren, wie man sie aus anderen Gemälden kennt, sondern als ganz normale Menschen – allerdings mit Heiligenschein. Diese Menschen, quasi aus der Nachbarschaft, erschrecken sich, sie sind erstaunt über das, was gerade passiert, und sie kämpfen mit aller Kraft gegen das Kentern des Bootes an. Man kann daran erkennen, dass Witz die Entwicklungen, die in Florenz vonstatten gingen, bekannt waren. Denn dort hatte ja schon Masaccio mit »echten« Menschen sein Publikum überrascht.

Konrad Witz fasst nicht nur auf sehr anschauliche Weise die biblische Geschichte zusammen, sondern schafft eine ganz neue Beziehung zwischen dem Evangelium und den Menschen, die dieses Altarbild in ihrer Kirche sehen. Es war schließlich die Aufgabe der Malerei, den Gläubigen, die seinerzeit oft nicht lesen und schreiben konnten, die Botschaften des Evangeliums näher zu bringen. Witz geht dabei einen Schritt weiter. Er erzählt nicht nur von dem Wunder, das sich laut Evangelium in einem fernen Land ereignet hat, sondern bettet die biblische Geschichte in eine Situation ein, die seinem Publikum aus dem eigenen täglichen Leben vertraut war. Auf diese Weise macht er den Betrachtern des Altars klar, dass dieses und damit auch alle anderen Wunder der Bibel nicht nur im fernen Heiligen Land, sondern ebenso in ihrer direkten Umgebung stattfinden können. Die Überraschung der Menschen, die diesen Altar 1444 zum ersten Mal sahen, muss sehr groß gewesen sein.

Die Wirkung dieses Altarbildes war immens. Hatten die Künstler vor Konrad Witz noch versucht sich vorzustellen, wie biblische Landschaften ausgesehen haben mögen, konnten die Geschichten der Bibel jetzt eigentlich überall stattfinden: in römischen Schenken wie bei Caravaggio, der ebenfalls die Apostel als einfache Menschen aus dem Volk zeigt (s. Seite 100 ff.; *Abb. 38, S.47,* Caravaggio: *Die Berufung des Matthäus* auf den niederländischen Poldern, wie bei Pieter Brueghel, oder in den Alpen, wie man es von vielen Weihnachtspostkarten kennt. Wieder war eine Grenze überschritten, und ein Maler hatte durch seine Erfindungsgabe und seinen Mut, etwas Neues zu wagen, die Kunst einen Schritt weitergebracht und die engen Grenzen, die ihr gesetzt waren, ein wenig verschoben.

57 |
Anonym: *Illustration zum Matthäus-Evangelium,*
Codex Aureus Epternacensis, um 1030,
ca. 10 x 30 cm, Farben auf Pergament,
Germanisches Nationalmuseum, Nürnberg

ANDREA MANTEGNA

Mantegna wird ***1431*** *in der Nähe von Padua geboren und geht bereits* ***1441*** *bei dem Antiken-Verehrer Squarcione in die Lehre.* ***1448–59*** *beteiligt er sich an der Ausmalung der Ovetari-Kapelle in Padua und stellt nach* ***1453*** *seinen Jacobs-Zyklus fertig. Dieser gilt als erstes reifes Renaissancewerk in Oberitalien.* ***1453*** *heiratet Mantegna Nicosia Bellini, die Tochter von Jacopo Bellini und Schwester von Gentile und Giovanni Bellini.*

1456–59 *malt er den Hochaltar von San Zeno in Verona, der heute im Louvre zu finden ist.* ***1460*** *wird er Hofmaler der Gonzaga in Mantua. Er dient dabei unter drei Gonzaga-Herrschern und behält diese Stellung bis zu seinem Lebensende.*

1466–68 *unternimmt er Reisen nach Florenz. Um* ***1480*** *malt er den »Toten Christus«, dessen extreme Perspektivansicht eine Meisterleistung ist und auf die Menschen geradezu verstörend wirkt (Brera, Mailand).* ***1488–90*** *geht er nach Rom. Im Vatikan malt er Fresken, die jedoch leider zerstört sind. Ab* ***1490*** *beschäftigt er sich mit Kupferstichen, die er auch im Norden Europas vertreibt und damit u.a. Dürer beeinflusst. Mantegna stirbt am 13. September* ***1506*** *in Mantua.*

DER BLICK IN DEN HIMMEL

Die Decke der Sixtinischen Kapelle in Rom und die des Treppenhauses der Residenz in Würzburg sind wohl die berühmtesten und populärsten Beispiele der illusionistischen Deckenmalerei, die mit einer kleinen Öffnung in der Decke des herzoglichen Palastes in Mantua ihren Anfang nahm. Diese Öffnung war das Herzstück des ersten illusionistischen Deckengemäldes.

Andrea Mantegna malt zwischen 1461 und 1474 in der Camera degli Sposi im Herzogpalast in Mantua das erste illusionistische Deckengemälde.

Decken in Kirchen und Palästen wurden malerisch lange Zeit etwas stiefmütterlich behandelt. Die Kirchenwände wurden mit schönen, wichtigen und interessanten Bildern und Bildprogrammen geschmückt, während an die Decken meist nur das blaue Firmament mit ein paar Sternen gemalt wurde, wie man es in der Arena-Kapelle in Padua sehen kann. *(Abb. 59)* Im Spätmittelalter begann man, flache Holzdecken mit Bildprogrammen zu gestalten, die allerdings keinen Bezug zum Raum und seiner Architektur hatten. Es sind leider nur wenige erhalten, wie die von S. Michael in Hildesheim aus dem 13. Jahrhundert. *(Abb. 60)* In der Renaissance wollte man einen Bezug zur Architektur der Antike herstellen und so kamen Kassettendecken nach dem Vorbild des Pantheon in Rom als oberer Raumabschluss in Mode. Die Erfindung der Zentralperspektive hatte nicht nur die Malerei allgemein verändert, sondern beeinflusste auch die Deckengestaltung grundlegend. Und sie beeinflusste die Wahrnehmung der Betrachter sowie die Möglichkeit der Künstler, damit zu spielen.

Andrea Mantegna hatte, bevor er 1460 Hofmaler des Herzogs Ludovico Gonzaga wurde, in Padua Kontakt zu florentinischen Künstlern wie Donatello und Paolo Uccello, einem Meister der Perspektive. Mantegna war ein großer Bewunderer der antiken Kunst und begeistert von der Zentralperspektive, zudem war er der Schwiegersohn des venezianischen Malers Jacopo Bellini, einem Vorreiter der Zentralperspektive in Venedig. Als Hofmaler hatte Mantegna die Aufgabe, sich um die künstlerischen Belange und die repräsentative Darstellung der herzoglichen Familie zu kümmern. Er war sozusagen für das »Image« des Hofes zuständig.

Von 1461 bis 1474 gestaltete Andrea Mantegna die *Camera degli Sposi (Zimmer der Eheleute)* im herzoglichen Palast. *(Abb. 58)* Dabei handelte es sich nicht, wie der Name vermuten lassen könnte, um das eheliche Schlafzimmer, sondern um einen repräsentativen Empfangsraum für offizielle Anlässe. Für ein Kastell dieser Zeit war dieser Raum ungewöhnlich luxuriös, was dem Ansehen der Gonzaga nur zuträglich war. Der gesamte, nahezu quadratische Raum ist von gemalten Arkaden

58 (linke Seite und rechts Bild) | Andrea Mantegna: *Rotunde, Camera degli Sposi,* 1474, Raum ca. 8 x 8 m, Höhe ca. 7 m, Camera degli Sposi, Palazzo Ducale, Mantua

59 | Giotto: *Scrovegni-Kapelle, Decke,* 1304, Scrovegni-Kapelle, Padua

umgeben, die sich zur Landschaft hin zu öffnen scheinen. In diesen Arkaden ist die Familie des Herzogs dargestellt. Die gesamte bildliche Ausstattung des Raumes dient der allegorischen Verherrlichung der Familie Gonzaga und ihrer Regentschaft.

Die gemalten Arkaden gehen in Bögen über, die die gesamte Decke überziehen und sie wie eine reich stuckierte Kassettendecke erscheinen lassen. Im Zentrum der Decke des verhältnismäßig kleinen Raumes erscheint die erwähnte Öffnung wie im Pantheon in Rom, die den Blick in den Himmel freigibt. Aber sie ist, im Gegensatz zum Loch im Pantheon, nur gemalt. Nicht nur die Öffnung in der Decke, sondern auch die Stuck-Kassettendecke ist ein Meisterwerk der illusionistischen Malerei. Man muss wirklich sehr genau hinsehen, um das zu erkennen. Durch die grau-weiße Farbe, Grisaille genannt, und die Licht- und Schatteneffekte entsteht der Eindruck, dass es sich um eine echte Stuckdecke handelt, zumal sie sich in einer Raumhöhe von knapp sieben Metern befindet, was die Illusion noch verstärkt. Dadurch wirkt der Raum höher, als er wirklich ist, und die Illusion wird umso glaubhafter, weil die Malerei in nicht mehr greifbaren Abstand gerückt ist.

In der Mitte scheint sich das Gewölbe zu öffnen und man blickt in einen strahlend blauen Himmel, der von ein paar Schäfchenwolken durchzogen wird. Die Öffnung ist, wohl der Sicherheit halber, mit einer steinernen Balustrade umstellt, was den Eindruck erweckt, dass sich über die-

60 | Anonym: *Holzdecke,* 12. Jhd., St. Michael, Hildesheim

sem Raum eine Art Dachterrasse befinden müsste. Auf dieser Balustrade und darum herum spielt sich so einiges ab. Man kann neun kleine Engel (und die Hand eines zehnten), so genannte Putten, erkennen, die darauf herumturnen. Sie sind in extremer Untersicht gemalt. Man sieht sogar die kleinen Speckröllchen, die die extreme Perspektive betonen. Um die Illusion einer offenen Decke zu steigern, steht, etwas wackelig, ein großer Topf mit einem Orangenbäumchen zu einem Teil auf der Balustrade, zum anderen Teil nur auf einem über die Brüstung gelegten Holzstock, sodass man seinen Boden sehen kann. Gegenüber spaziert ein Pfau auf dem Zaun, der einerseits die Freuden im diesseitigen Leben symbolisiert, aber auch als Symbol vor selbstgefälliger Eitelkeit warnen soll. Außerdem blicken fünf junge Damen in den Raum hinab, bei denen es sich vielleicht um Bedienstete des Hauses handelt, die das Treiben im Raum beobachten.

Die Stimmung, die an den Wänden eher ernst und getragen wirkt, lockert sich auf der »Dachterrasse«. Die Putti, die an dem steinernen Zaun herumklettern, nehmen den Herrscheranspruch durch die Umdeutung der klassischen Herrscherinsignien ein wenig aufs Korn: So hält sich einer einen Lorbeerkranz über den Kopf, ein anderer hat einen Apfel in der Hand, der einen Reichsapfel symbolisieren soll, und der dritte trägt statt eines Zepters ein kleines Holzstöckchen. Die Damen scheinen sich über die Gesellschaft unten im Raum zu amüsieren. Dieser lockere Umgang mit den Mächtigen spiegelt das gute Ansehen, das die Regentschaft der Gonzaga offensichtlich hatte, wider.

Steht man in diesem Raum unter der Deckenöffnung, ist die Wirkung tatsächlich verblüffend; verblüffender noch als bei Masaccios Trinitätsfresko in Florenz, denn durch die enorme Raumhöhe ist die Illusion noch wirkungsvoller. Mantegna hatte sich die zentralperspektivischen Grundlagen der Florentiner zu eigen gemacht und daraus etwas völlig Neues geschaffen. Trotz allem funktioniert seine Illusion nur von einem bestimmten Punkt aus, auf den hin die perspektivische Untersicht berechnet ist.

61 | Andrea Pozzo: *Der Triumph des Hl. Ignatius*, 1691–94, S. Ignazio, Rom

Die wohl bekannteste Deckenmalerei befindet sich in der Sixtinischen Kapelle in Rom und entstand zwischen 1508 und 1512. Sie ist freilich nicht nur wegen der vielen Geschichten berühmt geworden, die sich um Michelangelos Werk ranken, sondern natürlich vor allem wegen der außergewöhnlichen künstlerischen Leistung. Michelangelo (1475–1564) gliedert die gesamte Decke in verschiedene Abteilungen, in denen er in einzelnen Episoden die Entstehung der Welt und die Geschichte der Men-

schen bis zur Landung der Arche Noah schildert. Wie Mantegna geht Michelangelo auch nicht auf die tatsächliche Architektur des Raumes ein, sondern verpasst der Decke ein eigenes Ordnungssystem. Aber im Gegensatz zu Mantegna öffnet er nicht den Blick in den Himmel, sondern entwickelt ein eigenständiges Bildprogramm, wie es schon an den bemalten Holzdecken des späten Mittelalters, zum Beispiel in Hildesheim, zu sehen war.

Einer der wichtigsten Nachfolger Mantegnas ist Antonio Allegri, genannt Correggio (um 1489–1534). Auch er gibt den Blick in den Himmel bei seiner von 1526 bis 1530 gemalten Himmelfahrt Marias im Dom zu Parma frei, aber auf eine ganz andere Art als Mantegna. *(Abb. 62)* Correggio zeigt fast keine Architektur mehr, sondern einen sich ins Unendliche öffnenden Himmel, in den eine Schar Engel Maria trägt. Nur am unteren Rand der Fensterzone der Vierung malt Correggio eine Art Balustrade, über die hinweg Engel und Heilige ihrerseits die Betrachter unten in der Kirche beobachten können.

Die illusionistische Deckenmalerei fand zur Zeit des Barock ihren Höhepunkt. Auch hier wurden Decken mit erstaunlichen Werken optisch in die Ewigkeit ausgedehnt. Eines der berühmtesten Deckengemälde wurde von 1691 bis 1694 in der Kirche S. Ignazio in Rom von Andrea Pozzo (1642–1709) geschaffen. *(Abb. 61)* Dargestellt werden die Missionserfolge des 1534 gegründeten Jesuitenordens. Auch Pozzo öffnet für uns den Himmel auf eine andere und erneut überraschende Weise. Bei Correggio hört die Architektur einfach auf und die große Weite des Himmels ist zu sehen. Bei Pozzo endet sie nicht am Beginn der tatsächlichen Deckenkonstruktion, sondern wird konsequent weitergeführt, indem die reale Kirchenarchitektur in kühner perspektivischer Verkürzung malerisch fortgesetzt wird. Sie schießt geradezu in die Höhe und suggeriert einen fast unvorstellbar hohen Raum, der sich letztlich doch zum Himmel hin öffnet.

Diese verblüffende Illusion funktioniert, wie bei Mantegna, nur von einem genau dafür berechneten Standort aus, der im Kirchenboden markiert ist. Wechselt man den Standort, löst sich die Illusion auf. Da aber Betrachter auch in Kirchen herumzugehen pflegen, entwickelten die Deckenmaler einen neuen Trick: Sie bezogen die Motive nicht genau auf einen zentralen Punkt, sondern auf verschiedene Fluchtpunkte. Damit erhielten sie zwar keine exakt richtige Perspektive, aber eine funktionierende illusionistische Wirkung des gesamten Deckengemäldes, das von keinem Standpunkt aus völlig richtig ist, aber von überall aus überzeugt.

Einer der größten Meister der illusionistischen Deckenmalerei ist der Venezianer Giovanni Battista Tiepolo (1696 bis 1770), der von 1750 bis 1753 das Treppenhaus und den Kaisersaal der Würzburger Residenz ausmalte. Im Kaisersaal geht die Illusion sogar in Realität über. Er platziert gemalte Figuren und Tücher so an der Kante zur echten Architektur, dass sie darüber nicht nur hinauszuragen scheinen, sondern es tatsächlich tun, da es sich um Stuckarbeiten handelt. *(Abb. 63)* In Palästen und Kirchen entdeckt man also viel Spannendes, blickt man nur nach oben.

63 | Giovanni Battista Tiepolo: *Kaisersaal*, Deckenfresko, 1751, Residenz, Würzburg

62 (linke Seite) |
Correggio: *Kuppel*, 1526–30, Dom, Parma

Jac. de barbari . P
1504

VOM ALLTÄGLICHEN ZUM BESONDEREN

> *1504 malt Jacopo de' Barbari das erste Stillleben der Neuzeit.*

Der Begriff »Stillleben« kommt von dem holländischen »still-leven« und hat nichts mit einem bestimmten Stil zu tun. Stillleben heißt ganz einfach, dass auf diesen Gemälden »stille« Dinge abgebildet sind, also tote oder zumindest reglose Tiere sowie unbelebte Gegenstände und Früchte, die auf eine künstlerische Weise angeordnet sind und an welchen die Künstler die Stofflichkeit, die Form und das Spiel von Licht und Schatten »zelebrieren«. Wahrscheinlich verschwindet dieses Missverständnis mit der neuen Rechtschreibung, durch die das dritte »l« seinen Weg in das Wort gefunden hat. In den romanischen Ländern bestand die Gefahr eines solchen Missverständnisses nie, da man etwa in Italien ganz direkt »natura morta« (wörtlich: tote Natur) sagt.

Wie so vieles sind auch Stillleben keine Erfindung der Neuzeit, denn es gab sie schon in der Antike. Sie hatten dort einen besonderen Stellenwert, da ein großes Ziel der damaligen Kunst die möglichst genaue Nachahmung der sichtbaren Welt war. Nachdem die Naturähnlichkeit als geeignetes Mittel gesehen wurde, die Qualität der Maler zu beurteilen, fand um 400 v. Chr. in Griechenland ein berühmter Wettbewerb statt, in dem sich die zwei besten Maler der Zeit, Zeuxis und Parrhasios, messen sollten. Zeuxis malte also eine Schale mit Trauben, die, so wird berichtet, derart realistisch war, dass Vögel versuchten, die gemalten Trauben aufzupicken. Nachdem ihm eine solche Ähnlichkeit mit der Natur gelungen war, ging er voller Siegesgewissheit zu seinem Kollegen Parrhasios, um dessen Bild zu sehen. Als er in dessen Atelier ein Gemälde sah, das von einem Vorhang verdeckt war, wollte er diesen zur Seite ziehen, um endlich das Bild seines Konkurrenten zu begutachten. Da erkannte er, dass er den Wettstreit verloren hat, denn der Vorhang war nur gemalt – wirkte aber so echt und war einem wirklichen Vorhang so ähnlich, dass Zeuxis seine Niederlage eingestand. Er selbst hatte es immerhin geschafft, Tiere zu täuschen, er aber hätte es besser wissen können und wurde doch von seinem Kollegen getäuscht.

In der mittelalterlichen Malerei gab es keine Stillleben, da die Natur ohnehin nur als Schein und Schleier vor der »richtigen«, göttlichen Welt galt. Die Bibel erzählt nun

JACOPO DE' BARBARI

*Jacopo de' Barbari wird um **1440** wahrscheinlich in Venedig geboren. Bis **1500** ist wenig von ihm bekannt; vermutlich wird er von den venezianischen Malern Antonio Vivarini, Antonello da Messina und den Bellini beeinflusst. **1494/95** lernt er Albrecht Dürer während dessen ersten Venedigaufenthalts kennen. **1500** erscheint sein großer sechsteiliger Holzschnitt mit der Ansicht Venedigs. Im gleichen Jahr tritt er als Porträtist in die Dienste Kaiser Maximilians in Nürnberg. Von **1503–05** arbeitet Barbari am sächsischen Hof. **1507** erhält er Porträtaufträge von Herzog Heinrich von Mecklenburg und **1508** von Kurfürst Joachim I. von Brandenburg in Frankfurt an der Oder. **1510** wird Barbari als Hofmaler von Margarete von Österreich, der Tochter Kaiser Maximilians und Statthalterin der Niederlande, nach Mechelen berufen. **1516** stirbt er in Brüssel oder Mechelen. Von Jacopo de' Barbari sind ein paar Gemälde, dreißig Kupferstiche und einige Holzschnitte bekannt. Als Italiener macht er in deutschen Landen Karriere, auch wenn manche italienischen Kollegen allerdings meinten, wenn er richtig gut gewesen wäre, hätte er Venedig nicht verlassen. Mit dem »Rebhuhn mit Eisenhandschuhen« (1504, Alte Pinakothek, München) malt er das erste Stillleben der Neuzeit und begründet damit ein neues Genre.*

64 (linke Seite) | Jacopo de' Barbari: *Stillleben mit Rebhuhn und Eisenhandschuhen,* 1504, 49 x 42 cm, Öl auf Holz, Alte Pinakothek, München

mal nicht von Gegenständen, sondern von Heiligen und Märtyrern, von Herrschern und Königen. Einfache Gegenstände kamen auf Bildern allenfalls als Attribut vor, an dem der mittelalterliche Mensch erkennen konnte, um welchen Heiligen es sich handelte. So war der Hl. Petrus an seinem Schlüssel zum Himmelreich zu erkennen, und wenn eine Figur einen Mühlstein um den Hals hängen hatte, musste es sich aller Wahrscheinlichkeit nach um den Hl. Florian handeln. Auf Märtyrerbildern kann man vor allem brutale Folterwerkzeuge sehen, mit denen die Heiligen zum Schweigen gebracht werden sollten: Grillrost, Rad, Pfeile, Mühlsteine bleiben die grausamen Insignien des Bösen.

Seit aber zu Beginn des 14. Jahrhunderts die Künstler die sichtbare Welt, die Natur, wieder für sich entdeckten, änderte sich diese Haltung. Nun wurde es auch wichtig, eine biblische Geschichte möglichst lebensnah zu erzählen, was selbstverständlich auch Auswirkungen auf die »Ausstattung« der Geschichten mit

Abb. 65 | Taddeo Gaddi: *Nische,* 1337, Baroncelli-Kapelle, S.Croce, Florenz

entsprechendem Inventar hatte. Nach und nach fanden sich in den Gemälden verschiedene Gegenstände, die zu einer gewissen Lebendigkeit und zu mehr Realismus führten. Beispielsweise malte Taddeo Gaddi 1337 eine Nische, in der Weinkaraffen und Teller stehen. *(Abb. 65)* Allerdings sehen diese Gegenstände noch etwas unbeholfen aus, da die Maler noch nicht den richtigen Weg zur realistischen Darstellung gefunden hatten. Vor allem treten sie nur als zusätzliche Details in einem größeren Zusammenhang auf.

Zu Beginn des 15. Jahrhunderts änderte sich alles. Die Erfindung der Perspektive gab den Malern ein wichtiges Werkzeug an die Hand, nicht nur Räume, sondern auch Gegenstände korrekt und realistisch darzustellen. Die Künstler der Niederlande waren auf diesem Gebiet schon recht weit, weil sie nicht wie die Italiener vom Großen zum Kleinen dachten, sondern ihre Bilder vom Kleinen zum Großen zusammensetzten. Sie waren dafür berühmt, jedes noch so kleine Detail in ihren Bildern wiederzugeben, eine Beobachtung neben die andere zu setzen und auf diese Weise einen Kosmos zu schaffen, der sich zu einem Gemälde fügte. Dabei half ihnen die Technik der Ölmalerei, deren Erfindung lange Zeit Jan van Eyck zugeschrieben wurde. Das war zwar falsch, denn sie war schon länger bekannt, doch er war einer der Ersten, der sie verfeinerte und konsequent in seinen Bildern zur noch genaueren malerischen Beschreibung der Dinge einsetzte. Allerdings waren auch den Niederländern die Dinge an sich nicht wichtig genug, als dass sie ihnen ein eigenes Bild wert gewesen wären. Aber in Europa war sowohl im Süden als auch im Norden zumindest der Weg dafür geebnet.

Der Erste, der sich schließlich daran wagte, einfachen Gegenständen ein eigenes Bild zu widmen, war der Venezianer Jacopo de' Barbari, der auch die wunderbare Ansicht von Venedig geschaffen hatte (s. Seite 37 f.). Barbari war nicht nur mit der italienischen Malerei vertraut, sondern auch mit den Entwicklungen des Nordens, da er als Hofmaler Kaiser Maximilians in Nürnberg und ab 1503 als Hofmaler Friedrichs III. in Sachsen arbeitete. Er kannte auch Albrecht Dürer seit dessen Aufenthalten in Venedig. Dürer begann schon früh, alles, was er sah, genau zu zeichnen und zu malen. Ob Tiere, Landschaften, Städteansichten oder einfach ein Stück Rasen – alles malte er bis in kleinste Detail der Natur nach, und zwar nicht nur als Vorlage für spätere Gemälde, sondern auch als eigenständige kleine Werke. Für ihn kam es nicht auf die äußere Größe eines Kunstwerkes an, sondern auf die innere: »Ein Mann mag etwas mit der Feder an einem Tag auf einen halben Bogen Papier zeichnen oder mit seinem kleinen Eisen etwas in ein Stück Holz schneiden, und es wird künstlicher und besser als das große Werk eines andern, an dem dieser mit größtem Fleiß ein ganzes Jahr arbeitet. Und diese Gabe ist wunderbar.« Aber auch Dürer schuf kein eigenes Gemälde von leblosen Gegenständen. Diesen Schritt vollzog erst Jacopo de' Barbari. *(Abb. 64)*

Über die Qualitäten Barbaris gingen die Meinungen offensichtlich auseinander, denn Dürer schreibt in einem Brief aus Venedig: »Anthoni Kolb schwer [schwört] ein Eid, es lebte kein bessrer Moler auf Erden denn Jacob. Die andern spotten sein, sprechen: wär er gut so belieb er hie [in Venedig].« Wie dem auch sei, er war zumindest in diesem Fall experimentierfreudiger als seine deutschen und italienischen Kollegen und malte 1504 das erste Stillleben der Neuzeit. Und er signierte es deutlich sichtbar auf einem kleinen gemalten Zettel, der wie an das Bild geklebt scheint. Das ist insofern von Bedeutung, weil es zeigt, dass Barbari dieses Gemälde auch wirklich als eigenständiges Werk gedacht hatte. Ob ihm bewusst war, dass er damit ein äußerst erfolgreiches Genre schuf?

An einer Holzwand hängen ein totes Rebhuhn und ein paar Eisenhandschuhe, die von einem Armbrustpfeil zusammengehalten werden. Unten rechts »klebt« der zweifach gefaltete Zettel, auf dem die Signatur Jacopo de' Barbaris und die Jahreszahl 1504 zu lesen sind. Das Bild ist zwar tatsächlich auf Holz gemalt, was früher durchaus üblich war, aber es ist nicht das Holz, das wir hier sehen. Barbari täuscht uns mit einer gemalten Holztafel, die umso realistischer wirkt, weil der Maler sogar fehlerhafte Stellen malt. Es gibt keinerlei religiöse Bezüge. Interessant sind jedoch weniger die abgebildeten Motive, sondern, und das ist eine der wichtigsten Besonderheiten des Stilllebens, die Malerei an sich, ihre Technik und die Komposition des Bildes.

Natürlich können Stillleben auch eine tiefere, symbolische Ebene besitzen. So könnte man darüber nachdenken, was es mit Babaris »Rebhuhn« auf sich hat. Im Lateinischen heißt Rebhuhn »perdix«, und Perdix ist in der

66 | Cornelius Nobertus Gjisbrecht: *Rückseite eines Gemäldes,* 1670, 66,6 x 86,5 cm, Öl auf Leinwand, Museum for Kunst, Kopenhagen

griechischen Mythologie wiederum der Neffe und beste Schüler des großen Erfinders, Bildhauers und Malers Dädalus. Ihm werden so große und wichtige Erfindungen zugeschrieben wie die Säge und der Zirkel, der ja besonders für Maler nicht unbedeutend ist. Der Sage nach wurde Dädalus wegen der Erfindungen des Perdix eifersüchtig und stürzte ihn von einer Klippe. Die Göttin Athene rettete ihn, indem sie ihn in ein Rebhuhn verwandelte und er so davonfliegen konnte. Was es nun zu bedeuten hat, dass hier ein erlegtes Rebhuhn an der Wand hängt, wird sich nicht abschließend klären lassen.

Es sei noch mal an den Wettstreit der antiken Maler Zeuxis und Parrhasios erinnert, die sich beide mit großem Erfolg darum bemühten, das Auge zu täuschen. Ähnliches versucht auch Barbari mit seinem Gemälde und dabei ist durchaus von Bedeutung, dass es das Erste seiner Art seit der Antike ist. Heute geht man davon aus, dass es Teil einer Wanddekoration eines Jagdzimmers gewesen ist. Das ist vielleicht auch der Grund, warum Barbari eine Holzwand vortäuscht. Man stelle sich vor, dass die Jagdgesellschaft in dieses Zimmer kommt und die Handschuhe und die Jagdtrophäe, das Rebhuhn, buchstäblich an der Wand hängen sieht. Vielleicht wollen sie auch lesen, was auf dem kleinen Zettel steht. Als sie näher kommen, merken sie jedoch, dass es gar keine echten Gegenstände sind, sondern nur gemalte und sie merken, dass sie einer Augentäuschung, einem so genannten Trompe l'œil, auf den Leim gegangen sind. Dabei ist allerdings zu beachten, dass nicht alle Stillleben auch Trompe l'œils sind.

Es ist in diesem Zusammenhang wichtig festzustellen, dass der Trick, die Betrachter glauben zu machen, es handle sich um echte Handschuhe und ein echtes Rebhuhn, nur funktionieren konnte, weil man solche Augentäuschungen damals gar nicht kannte und deswegen auch nicht damit rechnete. Die zeitgenössischen Betrachter des Bildes erlebten wahrscheinlich die gleiche Überraschung, die bei der Enthüllung des Trinitätsfreskos von Masaccio knapp hundert Jahre vorher geherrscht haben musste. Es handelt sich um das gleiche Phänomen. So wie sich die Malerei in ihren Absichten, Stilen und Techniken wandelt, ändert sich auch die Wahrnehmung der Betrachter. Wir sind heute sehr viel schwerer zu täuschen, doch gibt es gerade in der Dekorationsmalerei genug Beispiele, wo die Illusion noch funktioniert. Natürlich haben sich auch die damaligen Betrachter an solche Täuschungen gewöhnt und ihre Sehgewohnheiten dementsprechend erweitert. Aber das wiederum forderte die Künstler in antiker Manier heraus, die Augen und das Hirn der Betrachter immer wieder zu überlisten. *(Abb. 66)*

Ein Anfang war also gemacht, aber die große Zeit des Stilllebens kam erst hundert Jahre später, und zwar in den Niederlanden. Infolge des Bilderstreits, der mit den protestantischen Gedanken des Reformators Calvin in Holland einsetzte, wurde es den Malern verboten, Altarbilder und

andere religiöse Gemälde zu produzieren. Daraufhin erwiesen sich die Stillleben als geeignete Alternative, da hier die Maler ihre Fähigkeiten unter Beweis stellen konnten. Allerdings hatten die Stillleben immer noch keinen besonderen Stellenwert, weil sie eben keine biblischen oder historischen Botschaften beinhalteten. In den Akademien des 17. Jahrhunderts gab es einen Kanon der verschiedenen Gattungen der Malerei, in der das Stillleben den untersten Rang einnahm. An oberster Stelle stand natürlich die Historienmalerei, die Themen der Bibel, der Mythologie und auch weltliche Themen aufgriff, wobei es sich bei Letzteren um historische Begebenheiten handelte, die für die jeweiligen Herrscher und Staaten wichtig waren. An zweiter Stelle stand das Porträt, gefolgt von Landschaften und Tierdarstellungen; erst danach kam das Stillleben. Für die Maler war diese gesellschaftliche Diskussion jedoch von geringerer Bedeutung, da für sie die künstlerische Leistung in allen Fällen gleich war.

Das Publikum jedenfalls schätzte die Stillleben und die Künstler füllten damit die Lücke, die das Produktionsverbot für religiöse Gemälde gerissen hatte. Man war allerdings stets darauf bedacht, auch eine warnende Botschaft durch die Bilder zu vermitteln, indem man auf die Vergänglichkeit des diesseitigen Lebens hinwies. Das geschah häufig durch verwelkende Blumen, durch Früchte, die Schimmel ansetzten, oder gleich durch Totenköpfe, die in den Bildern auftauchten. Diese »Vanitas«-Symbolik schützte die Maler vor dem Vorwurf der Trivialität. Mit der zunehmenden Produktion von Stillleben folgte auch eine Spezialisierung auf verschiedene Themen: Es gab Waffenstillleben, Frühstücksstillleben, Stillleben mit Früchten, mit verschiedenen Tieren, mit Blumen und allen sonstigen Gegenständen, die zu malen waren.

Die große Blütezeit des Stilllebens war gegen Ende des 17. Jahrhunderts vorbei. Erst im 19. Jahrhundert erlangte es wieder neues Ansehen, als verschiedene Maler das Genre als Experimentierfeld für ihre neuen künstlerischen Ambitionen entdeckten. Ein großer Protagonist war der französische Maler Paul Cézanne, von dem der Ausspruch überliefert ist: »Mit einem Apfel werde ich Paris erobern.« Dabei hatte er wohl im Sinn, dass seine neue Art der Malerei so revolutionär war, dass sie auch mit der Darstellung eines völlig unbedeutenden Gegenstandes im niedrigsten Genre der Malerei überzeugen konnte. Und er behielt Recht. In der Folge waren es die Kubisten um Georges Braque und Pablo Picasso, deren Kunst ohne Stillleben kaum vorstellbar ist. Auch der Italiener Giorgio Morandi (1890–1964), der zeitlebens fast nur Stillleben von Flaschen und anderen Gefäßen malte *(Abb. 67)*, wurde damit sehr berühmt.

67 | Giorgio Morandi: *Stillleben*, 1959, 30 x 35 cm, Öl auf Leinwand, Pinakothek der Moderne, München

MINDERWERTIGE MOTIVE GIBT ES NICHT

Caravaggio machte im Anspruch an seine Malerei keinen Unterschied zwischen Historienbildern und Stillleben. Für ihn war beides gleich anspruchsvoll: »Für mich ist ein Stillleben genauso schwierig zu malen wie eine biblische Szene.« Für Caravaggio ging es ausschließlich um gute oder schlechte Malerei – und diese konnte sich auch an toten Gegenständen beweisen.

DAS GEWICHT DER FARBE

> ***1519–26 malt Tizian das erste Altargemälde, auf dem sich Maria nicht mehr symmetrisch im Zentrum befindet.***

Auf den ersten Blick wird man die Besonderheit dieses Gemäldes vielleicht nicht gleich erkennen. Es ist natürlich ein wunderbares Altarbild, das sich mitsamt der originalen Rahmenarchitektur heute noch an seinem ursprünglichen Aufstellungsort in der venezianischen Kirche Santa Maria Gloriosa dei Frari, kurz Frari-Kirche, befindet. Doch was dieses Gemälde besonders macht, ist die Position der Maria. Zum ersten Mal ist sie nicht das Zentrum des Bildes, sondern ist zur Seite gerückt.

Die Schwierigkeit, diese Neuerung als Besonderheit zu erkennen, liegt, wie so oft, an den Sehgewohnheiten. Wenn ein Künstler eine Grenze überschritten hat und ihm viele Künstler in ihrer Arbeit auf seinem Weg gefolgt sind, wird das Besondere schließlich zur Normalität. Mit dem zeitlichen Abstand wird es somit immer schwieriger, das Außergewöhnliche des ersten Bildes zu erkennen. Man muss versuchen, sich in die Zeit zu versetzen, als ein solcher Schritt noch nicht getan war.

Wir sehen die Madonna mit dem Jesuskind auf einer Art Altar vor mächtigen Säulen thronen. Zu ihrer Rechten sitzt Petrus in leuchtendem Blau und Gelb mit einem Buch und dem Schlüssel des Himmelreiches, an dem man ihn immer erkennen kann. Er blickt auf den kniend betenden Jacopo Pesaro, den Auftraggeber. Der Soldat hinter ihm hält ein leuchtend rotes Banner, auf dem die Wappen der Familie Pesaro und des Papstes Alexander VI. vereint sind. Denn Jacopo Pesaro gewann für den damaligen Papst eine Seeschlacht gegen die Türken, die hier durch den gebeugten Turbanträger symbolisiert werden. Zum Dank für diesen Sieg stiftete er diesen Altar.

Das Jesuskind auf Marias Schoß blickt zum Hl. Franziskus, der an seiner ärmlichen Kutte und den Wundmalen in seinen Handflächen zu erkennen ist. Er wiederum verweist auf die restliche Familie Pesaro, die vor dem Altar kniet und von Francesco Pesaro mit seinem roten Mantel und dem Jungen, der uns ansieht, dominiert wird.

In der Kunst vor Tizian bildeten die wichtigsten Personen, also Heilige und vor allem Maria und Jesus, immer das Zentrum des Bildes. Das Motiv »Maria mit Heiligen«, im Italienischen »sacra conversazione« (heilige Unterhaltung) genannt, war sehr beliebt. Die Heiligen übernehmen dabei sinnbildlich die Vermittlerrolle zwischen den Stiftern, den Gläubigen vor dem Altar und der Gottesmutter Maria und Jesus. In Venedig gibt es viele Gemälde, auf denen die Madonna im Zentrum des Bildes

TIZIAN

*Tizian Vecellio wird vermutlich **1488** in Pieve di Cadore, am südlichen Rand der Dolomiten geboren. Manche Quellen datieren seine Geburt auf **1476**, was allerdings unwahrscheinlich ist. Schon als Neunjähriger kommt er nach Venedig und beginnt seine Lehre bei Gentile und Giovanni Bellini. Giorgione ist sein Mitschüler. Mit ihm schafft er sein erstes Werk, Fresken am Fondaco dei Tedeschi, dem deutschen Handelshaus in Venedig, in dem auch Dürer wohnte. Leider sind sie nicht erhalten. Zu Beginn seiner Karriere malt Tizian religiöse und mythologische Bilder (z.B. »Himmlische und irdische Liebe«, **1514**, Galeria Borghese, Rom). **1516–18** schafft er mit der »Assunta« in der gleichen Kirche wie die »Pesaro-Madonna« ein Hauptwerk der sakralen Kunst in Venedig.*

***1525** heiratet er Cecilia, die Frau, mit der er schon zwei Söhne hat. Sie stirbt **1530** nach der Geburt ihrer Tochter. Tizian wird zum führenden Porträtmaler Venedigs und Italiens und **1533** zum Hofmaler von Kaiser Karl V., der ihn zum Conte macht und ihm das Goldene Vlies verleiht. **1538** malt er die »Venus von Urbino« (Uffizien, Florenz), die zu einer Ikone der mythologisch-erotischen Kunst wird. **1545** ist er in Rom, malt für Papst Paul III. und porträtiert diesen auch. **1550/51** wird er von Karl V. zum Reichstag nach Augsburg gerufen. Dort erhält er auch Aufträge von Prinz Philipp, dem späteren König von Spanien, für den er in der Folgezeit einige Werke schafft. **1566** wird der Venezianer Tizian zum Mitglied der Accademia del Disegno in Florenz berufen. Am 27. August **1576** stirbt er in Venedig. Die Bedeutung, die Michelangelo für die Zeichnung und Raffael für die Komposition hat, besitzt Tizian für die Behandlung der Farbe. Seine Bilder weisen über die Renaissance hinaus, hin zum Barock.*

68 | Tizian:
Madonna di Pesaro,
1519–26,
478 x 266 cm,
Öl auf Leinwand,
S. Maria Gloriosa
dei Frari, Venedig

thronend von Heiligen flankiert wird. Ein besonders berühmtes von Giovanni Bellini (um 1430–1516) befindet sich in einer Kapelle derselben Kirche und macht den Unterschied zu dem Werk Tizians deutlich. *(Abb. 69)* Gemälde, die eine derartige »Heilige Unterhaltung« zum Thema hatten, waren immer symmetrisch aufgebaut: Die Madonna steht oder sitzt in der Mitte und zu beiden Seiten stehen je ein oder mehrere Heilige. Sie sind von einer majestätischen Ruhe und strahlen durch die ausgewogene Komposition eine würdevolle, religiös-festliche Stimmung aus.

Tizian behandelt dieses Thema zum ersten Mal ganz anders und zeigt uns eine völlig neue Auffassung dieses traditionellen Bildtypus. Er macht das nicht etwa, weil ihm die früheren Bilder zu statisch oder gar zu langweilig geworden wären (oder vielleicht doch, wer weiß?). Vielmehr orientiert er sich an den örtlichen Gegebenheiten, die durch die Position des Altars in dieser Kirche vorgegeben waren. Es handelt sich nämlich um einen Altar im Seitenschiff der Frari-Kirche, und Tizian war klar, dass, würde er Maria in die Mitte des Bildes setzen, sie beim Eintritt in die Kirche nicht zu sehen wäre. Also entschied er sich dafür, Maria aus dem Zentrum zu nehmen und sie rechts auf eine erhöhte Position zu setzen. Das Problem, das sich mit dieser Versetzung auftut, ist ein Ungleichgewicht im Bild, das Tizian ausgleichen musste, und er wusste auch, wie.

69 | Giovanni Bellini: *Pala di Pesaro,* 1488, Mitte: 184 x 79 cm, Seiten: 115 x 46 cm, Öl auf Holz, S. Maria Gloriosa dei Frari, Venedig

Dazu muss man wissen, dass es gewisse traditionelle Vorgaben gab, wie und mit welchen Attributen Heilige dargestellt werden sollten und welche Kleidung für Maria angemessen war, das sogenannte »Decorum«. Diesem Decorum zufolge hatte Maria immer ein rotes Kleid mit einem blauen Mantel zu tragen. Rot symbolisiert das Leben, die Liebe und die Fruchtbarkeit; Blau gilt als Farbe des Himmels, des Göttlichen, der Treue und ist gleichzeitig ein Symbol der Reinheit Marias. Also musste Maria natürlich auch bei diesem Altarbild entsprechend gekleidet sein. Wenn nun aber Maria, die prominenteste Figur des Bildes, leuchtend rot gewandet an einer Seite des Gemäldes säße, würde das Bild optisch zu dieser Seite kippen und wäre nicht mehr ausgewogen. Bei früheren Darstellungen der »sacra conversazione« war dieses Problem nicht so gravierend gewesen, da Maria ohnehin das Zentrum beherrschte und so eine gewisse Ausgeglichenheit der Komposition fast automatisch gegeben war. In Tizians Gemälde ist das nicht der Fall, aber der Künstler war sich der Möglichkeiten der Farbe bewusst und konnte sie so wirkungsvoll wie kaum ein anderer einsetzen.

Im 15. und 16. Jahrhundert gab es zwei Pole in der italienischen Malerei: Auf der einen Seite stand Florenz, wo man die Linie und die Zeichnung als den Königsweg zur perfekten Kunst ansah. Auf der anderen Seite stand Venedig, das eher der Farbe verpflichtet schien. Seit der Erfindung der Perspektive durch Masaccio und Brunelleschi und der Erforschung des Körpers durch Michelangelo und Leonardo da Vinci wurde der Zeichnung und Komposition eines Bildes der wichtigste Stellenwert zuge-

messen, die Farbe stand an zweiter Stelle. Nicht, dass sie nicht auch wichtig gewesen wäre, aber sie diente eher zur selbstverständlichen Vervollkommnung eines Gemäldes. Man könnte vielleicht sagen, die Florentiner fertigten erst die Zeichnung an, schufen damit eine perfekt kalkulierte Komposition und malten sie dann aus. Die Venezianer glaubten an die Macht der Farbe, und zwar in dem Sinne, dass sie genug Kraft besitzt, eine – nach florentinischen Maßstäben – unharmonische Komposition doch harmonisch und ausgewogen zu gestalten.

Genau darauf verlässt sich Tizian in dem Bild der Pesaro-Madonna. Dem Rot Marias setzt er das leuchtende Banner entgegen und die dunkle Partie der linken Seite des Jacopo Pesaro leitet er mit dem strahlend gelben Mantel des Petrus ein. Das Rot der Fahne wiederholt sich etwas abgeschwächt im Mantel Francesco Pesaros und bildet gleichzeitig die farbliche Basis für Maria. Mit diesem genialen Kunstgriff schafft Tizian eine dynamische Ausgewogenheit in seinem Bild, das ohne diese starken Farbakkorde auseinander zu kippen drohen würde. Für die damaligen Betrachter war es neu, dass ein nach klassischen Kompositionsregeln »falsches« Gemälde von einer großen roten Farbfläche wieder ins rechte Lot gesetzt werden konnte.

Tizians Neuerung hatte weitreichende Folgen. Die Tradition der eher starr wirkenden Komposition mit Maria in der Mitte und den links und rechts »aufgereihten« Heiligen hatte weitgehend ausgedient. Nicht nur war Maria aus dem Zentrum verschoben, die gesamte Bildbühne wurde gedreht. Die Stufen und der Altaraufbau stehen über Eck und geben so einen weiteren Bildraum in der Tiefe frei, in dem eine Geschichte nun ganz anders, nämlich dynamischer erzählt werden kann. Die Maler mussten jetzt nicht mehr die wichtigsten Heiligen symmetrisch in und um das Zentrum arrangieren, sondern konnten sie frei auf der Bildfläche verteilen. Die Kraft der Farbe gab ihnen die Möglichkeit, sie wieder zusammenzufassen. So wurde Tizian richtungsweisend für viele spätere venezianische und andere Maler bis hin zum großen Barockmaler Tiepolo. *(Abb. 70)*

70 | Giovanni Battista Tiepolo:
Verehrung der Dreifaltigkeit, um 1739, 408 x 210,5 cm,
Öl auf Leinwand, Alte Pinakothek, München

ZURÜCK ZUR NATUR

Es gibt in der Malerei Genres, von denen man annehmen könnte, es hätte sie eigentlich immer schon gegeben. Ein solches Genre ist die Landschaftsmalerei. Man könnte meinen, dass es für Maler nichts Selbstverständlicheres gäbe, als die Landschaft zu malen, die einen täglich umgibt. Weit gefehlt. Die reine Landschaftsmalerei nur um der Landschaft willen, also nicht bloß als Hintergrund für andere Motive, gab es noch nicht einmal in der Antike, und auch in der Neuzeit dauerte es lange, bis sich die Künstler dazu durchgerungen hatten. Und zwar bis ungefähr 1520, als der Regensburger Maler Albrecht Altdorfer seine *Donaulandschaft mit Schloss Wörth bei Regensburg* malte. *(Abb. 71)* Aber bis dahin war es ein langer Weg.

> ***Albrecht Altdorfer malt um 1520 eine »Donaulandschaft mit Schloss Wörth bei Regensburg« und damit das erste reine Landschaftsgemälde der Kunstgeschichte.***

Die Natur war im Mittelalter weder ein ästhetisches Motiv, noch wurde sie wie heute als Ort der Ruhe und Erholung geschätzt. Für die Bauern war es, damals wie heute, ein »Arbeitsplatz«, den es zu kultivieren galt. Für die meisten anderen Menschen war die Natur gleichbedeutend mit Wildnis, eine eher unsichere und bedrohliche Region, vor allem der Wald. Es gab eine besondere Strafe der Verbannung, den »Waldgang«, bei dem die Delinquenten alleine im Wald ausgesetzt wurden. Auch heute noch gilt der Wald in der Psychoanalyse als ein Symbol für die Urängste der Menschen.

Am 26. April 1336 machte sich der Dichter Petrarca (1304–74) zu einer Wanderung auf, die ein gänzlich neues Verhältnis des Menschen zur Natur einleitete. Er bestieg zum ersten Mal einen Berg, den Mont Ventoux in Südfrankreich, den man heute als Etappenziel der Tour de France kennt. Er unternahm diese Wanderung einfach so, weil der Berg da war und er die Landschaft genießen wollte. Damit war Petrarca sozusagen der erste Bergsteiger. Es war eine für die damalige Zeit völlig ungewöhn-

ALBRECHT ALTDORFER

*Um **1480** wird Albrecht Altdorfer als Sohn eines Malers und Buchmalers in Regensburg geboren, wo er **1505** das Bürgerrecht erwirbt. Um **1510** unternimmt Altdorfer eine Reise, die ihn nach Wien und wahrscheinlich auch nach Italien führt. Er sieht Zeichnungen von Andrea Mantegna und Jacopo de' Barbari. **1511** reist er die Donau abwärts in die Alpenländer, danach richtet er eine Werkstatt in Regensburg ein. **1513** fertigt er für Kaiser Maximilian Holzschnitte an (»Triumphzug«, Entwürfe für eine Ehrenpforte). **1514** wird Altdorfer Mitglied des Äußeren Rates der Stadt, **1526** Mitglied des Inneren Rates und Stadtbaumeister.*

***1528** erhält er den Auftrag zu seinem bekanntesten Werk, der »Alexanderschlacht« (Alte Pinakothek, München), das er **1529** fertigstellt. Im selben Jahr leitet er Stadtbefestigungsarbeiten. **1535** reist er in diplomatischer Mission nach Wien. Er stirbt am 12. Februar **1538** in seiner Heimatstadt Regensburg.*

In seinen Gemälden und Zeichnungen zeigt Altdorfer ein besonderes Interesse an verschiedenen Lichtstimmungen und atmosphärischen Erscheinungen. Er ist der wichtigste Vertreter der »Donauschule«.

71 | Albrecht Altdorfer: *Donaulandschaft mit Schloss Wörth bei Regensburg*, 1520, 30,5 x 22,2 cm, Öl auf Pergament auf Leinwand, Alte Pinakothek, München

72 | Ambrogio Lorenzetti: *Allegorie der guten Regierung,* 1337–39, Palazzo Publico, Siena

KINDERLEICHT

Über die geringe Wertschätzung, die manche Maler der Landschaftsmalerei entgegenbrachten, gibt eine Erzählung Leonardo da Vincis Auskunft. Sandro Botticelli ***(1444/45–1510),*** *der Schöpfer der berühmten »Geburt der Venus«, schätze die Landschaftsmalerei angeblich deswegen so gering, weil man, würde man einen nassen Schwamm an die Wand werfen, manchmal schon so etwas wie ein Landschaftsbild vortäuschen könnte.*

liche Tat, denn diese Lust an der Landschaft widersprach der Weltabgewandtheit des mittelalterlichen Denkens. Das gleiche galt, wie wir gesehen haben, auch für die Malerei.

Erst mit der Wiederentdeckung der Natur durch die Kunst in den Jahren um 1300 begann sich das Blatt langsam zu wenden. Landschaft ersetzte nach und nach den Goldgrund, wobei die Maler keine realen Landschaften als Vorbild nahmen, sondern Versatzstücke wie Berge, Bäume oder Flüsse, die zu einer passenden Fantasielandschaft zusammengesetzt wurden. Eine berühmte Ausnahme bildete die *Allegorie der guten Regierung,* die Ambrogio Lorenzetti 1337–39 im Palazzo Publico in Siena malte. *(Abb. 72)* Lorenzetti versuchte die Umgebung Sienas bildlich festzuhalten, um die Ansprüche und die Erfolge der Regierung seiner Heimatstadt zu rühmen, wobei die Darstellung der Orte, Hügel und Felder eher symbolischen Charakter haben. Erst hundert Jahre später malte der Schweizer Konrad Witz eine wirkliche, noch heute identifizierbare Landschaft als Hintergrund für seinen Petrus-Altar. Aber eben auch hier diente sie nur als Hintergrund.

Am 5. August 1473 zeichnet der 21-jährige Leonardo da Vinci (1452–1519) die erste topografisch richtige Landschaft, einen Blick auf ein Tal des Arno, wahrscheinlich in der Nähe von Florenz. Man kann das deshalb so genau sagen, weil Leonardo diese Zeichnung netterweise datiert hat. *(Abb. 73)* Es ist die erste Landschaftszeichnung, in der keine Menschen zu sehen sind und die nicht symbolisch gedacht ist, sondern ausschließlich eben diese Landschaft selbst zum Thema hat – eine absolute Neuerung in der Kunst. Schon hier wurde Leonardo die Beschäftigung mit der Natur zur Grundlage seiner späteren künstlerischen und wissenschaftlichen Arbeit. Aber es handelt sich »nur« um eine Zeichnung und man kann wohl kaum davon ausgehen, dass sie von vielen Menschen gesehen wurde. Entsprechend gering dürfte ihre Wirkung gewesen sein, zumal auch Leonardo selbst keine reinen Landschaften mehr gemalt hat.

Ebenso mag es Albrecht Dürers Aquarellen ergangen sein, die er auf seiner Reise nach Italien im Jahre 1494 geschaffen hat. *(Abb. 74)* Dürer wählte die Aquarelltechnik, weil er damit rasche Farbzeichnungen, eine Art Erinnerungsbilder, auf seiner Reise erstellen konnte. Ob sie neben der Erinnerung noch einen anderen Zweck hatten, ist unklar, aber wir sehen, dass die Landschaft für Dürer ebenso wie für Leonardo einen anderen Stellenwert hatte als für ihre Kollegen. Für beide war das gründliche Studium der Natur das Fundament, auf dem sie ihre Kunst aufbauten und immer wieder erweiterten. Die Künstler hatten begonnen, die Natur als eigenständigen Gegenstand künstlerischer Auseinandersetzung ernst zu nehmen und sie aus dem »Leben im Hintergrund« hervorzuholen, vorerst allerdings nur in Form kleiner, privater Zeichnungen. Bis die Landschaftsmalerei als eigenes Genre eingeführt wurde, sollte es noch eine Weile dauern.

Auf dem Weg zum ersten reinen Landschaftsgemälde wurden also schon verschiedene Schritte getan, aber vor dem Ziel musste noch eine wichtige Zwischenstation in Venedig gemacht werden. Im Gegensatz zu Florenz, wo die Perspektive erfunden und die Kunst der Zeichnung über alles geschätzt wurde, ist Venedig die Stadt der Farbe und des Lichts.

Die Landschaftsmalerei bezieht ihren Reiz oft aus einer besonderen Lichtstimmung, die in dem jeweiligen Gemälde wiedergegeben wird, wie zum Beispiel ein Sonnenuntergang oder ein Gewitter. Und eben eine solche Gewitterstimmung malte der junge Venezianer Giorgione (1478–1510) im Jahre 1508 in seinem berühmten Bild *La Tempesta (Das Gewitter)*. *(Abb. 75)* Es ist viel darüber gerätselt worden, was das Bild bedeuten soll, welche Geschichte sich wohl zwischen dem Mann und der Frau abspielt und welchen tieferen Sinn die Säulenreste haben sollen. Es gibt viele Ansätze und Aufsätze zum Thema dieses Gemäldes, von denen keiner die genaue Lösung des Rätsels fand. Es war selbst kurz nach dem Tode Giorgiones 1510 nicht mehr zu klären, was der Maler erzählen wollte.

Für uns ist das eigentliche Thema dieses Gemäldes die Landschaft und die Lichtstimmung, die durch das aufziehende Gewitter und den ersten Blitz der Kunstgeschichte erzeugt wird. Es sieht so aus, als wäre es Giorgione hauptsächlich nur um die Gewitterstimmung gegangen, denn Untersuchungen haben ergeben, dass noch eine weitere Person auf dem Bild zu sehen war, die er allerdings einfach übermalt hatte. Natürlich wusste Giorgione, welche Geschichte er erzählen wollte, aber sie war ihm offensichtlich weniger wichtig als die drückende Gewitterstimmung einzufangen. Er brauchte wohl den »Vorwand« einer mythologischen oder religiösen Erzählung, um dieses Landschaftsbild zu malen, denn noch schien eine reine Landschaft, ohne Geschichte, ohne Botschaft, ohne Menschen, also eigentlich ohne Thema, nicht möglich. Fast macht es den Eindruck, Giorgione habe ein Landschaftsbild geschaffen und aus Mangel an Mut oder Anerkennung schließlich noch ein paar Personen ins Bild gemalt.

73 | Leonardo da Vinci: *Arnotal bei Florenz,* 1473, 19,4 x 28,6 cm, Feder, Tinte auf Papier, Uffizien, Florenz

Albrecht Altdorfer mochte diesen Umweg nicht mehr gehen. Er malte um 1520 das erste Gemälde, das eine wirklich existierende Landschaft zeigt, nämlich die Gegend um Schloss Wörth bei Regensburg, in dem keine Menschen und keine Erzählung irgendeiner Art mehr als Anlass nötig war. Allerdings könnten sich in diesem ca. 30 mal 22 Zentimeter kleinen Bild vielleicht doch ein oder zwei Personen herumtreiben; doch sind sie so winzig, dass man sie kaum finden und nur schwer von den Pinselstrichen unterscheiden kann. Viel Spaß bei der Suche! – Diese sollte jedoch unbedingt vor dem Original stattfinden, denn in Abbildungen sind sie beim besten Willen nicht zu erkennen. Auf jeden Fall spielen diese Personen, so man sie denn überhaupt sieht, keine Rolle in dieser Landschaft. Altdorfer braucht keine Menschen mehr als Rechtfertigung; ihm genügt offensichtlich sein eigenes Gefühl für diese Landschaft als Grund, das Bild zu malen.

Natürlich gibt Altdorfer hier, ebenso wie Giorgione, eine besondere Lichtstimmung wieder: Der Wald, die Bäume, der Weg, der zum Schloss führt, und die Berge liegen im weichen Licht eines Sonnenuntergangs. Der Himmel wechselt von einem sanften Gelb in ein zartes Rosa, das langsam in das tiefe Blau des heraufziehenden Nachthimmels übergeht. Hier ist nichts mehr von der Unheimlichkeit des tiefen Waldes zu spüren, die die Menschen des Mittelalters noch empfanden. Vielmehr er-

74 | Albrecht Dürer: *Welsches Gebirge*, 1494, 21 x 31,2 cm, Aquarell auf Papier, Ashmolean Museum, Oxford

zeugt Altdorfer eine fast märchenhafte heimelige Stimmung, die dreihundert Jahre später in den Gemälden der Romantik wiederzufinden ist. Die Natur hat nichts Unheimliches oder Erschreckendes mehr an sich. Durch den Weg, der auf das Schloss zuführt und den auch Wagenspuren durchziehen, wird ein Gefühl von Geborgenheit vermittelt, das den Wanderer zum sicheren Ziel führt.

Albrecht Altdorfer war zwar der erste Maler, der eine solche Konsequenz in der Umsetzung der Landschaftsmalerei an den Tag legte, aber nicht der einzige. Gerade in seinem Umfeld gab es einige Maler, wie beispielsweise Wolf Huber (um 1485–1553) oder Lukas Cranach d. Ä. (1472–1553), die diese Art der romantischen, beschaulichen, wohl komponierten Landschaftsdarstellung ausführten. Da diese Maler alle in der Gegend um Regensburg arbeiteten, nannte man sie »Donauschule«, ohne dass es eine feste Künstlergruppe oder Vereinigung gewesen wäre.

Von nun an konnte man Landschaften malen, auch wenn darüber hinaus keine Geschichte erzählt wurde – einfach nur weil die Landschaft da war und sie den Malern gefallen hatte oder weil mit ihr eine besondere Empfindung vermittelt werden konnte oder sollte. Die Landschaftsmalerei, die so lange Zeit gebraucht hatte, sich als eigenständiges Genre zu etablieren, wurde in der Folgezeit zu einem der beliebtesten der gesamten Kunst. Wieder war ein Weg beschritten worden, der den Künstlern neue Möglichkeiten eröffnete.

75 | Giorgione: *La Tempesta,* 1508, 82 x 73 cm, Öl auf Leinwand, Accademia, Venedig

76 | Albrecht Dürer: *Traumgesicht,* 1525, 30 x 42,5 cm, Aquarell und Tinte auf Papier, Kunsthistorisches Museum, Wien

ALBRECHT DÜRER

Dürer wird am 21. Mai ***1471*** *in Nürnberg als drittes von 18 Kindern in eine Goldschmiedefamilie geboren.* ***1484–86*** *macht er bei seinem Vater eine Lehre als Goldschmied und danach bis* ***1489*** *eine Malerlehre bei Michael Wolgemut. Sein erstes Selbstporträt zeichnet er mit 13, seine ersten Gemälde mit 18 Jahren.* ***1490–94*** *geht er auf Wanderschaft, unter anderem nach Basel, wo er an Sebastian Brandts »Narrenschiff« mitarbeitet und Martin Schongauer in Colmar treffen will, der allerdings bei seiner Ankunft bereits tot ist. Nach seiner Rückkehr heiratet Dürer Agnes Frey und unternimmt seine erste Venedigreise (Herbst* ***1494*** *bis Februar* ***1495****). Hier wird Dürer von der italienischen Renaissancekunst nachhaltig beeinflusst.*

DER BLICK INS UNBEWUSSTE

Träume werden schon seit dem zweiten Jahrtausend v. Chr. in Ägypten überliefert und gedeutet. Der Inhalt der Träume wird in vielen Kulturen als göttliche Eingebung verstanden. Als ihre Aufgabe gilt, die Menschen auf den richtigen Weg zu führen und ihnen Ideale aufzuzeigen. Ägyptische Pharaonen und Herrscher wie Nebukadnezar in Babylon ließen sich ihre Träume von Propheten deuten. Die Aussagen solcher Träume sind politisch oder religiös motiviert. Entweder dienen sie dazu, den Herrschenden Anregungen dafür zu liefern, wie sie ihre Macht vergrößern, stärken oder festigen können, oder es sind schlichte Handlungsanweisungen, wie etwa Josefs Traum, mit Jesus und Maria nach Ägypten zu fliehen. Generell werden die Träume als Mittler zwischen Gott und den Menschen gesehen.

Dürers »Traumgesicht« von 1525 ist die erste bildliche Darstellung eines persönlichen Traumes.

Der bekannteste Traum dieser Art ist vielleicht der des Kaisers Konstantin, der träumte, dass er im Zeichen des christlichen Kreuzes die wichtige Schlacht gegen seinen Gegenkaiser Maxentius an der Milvischen Brücke 312 n. Chr. gewinnen würde. Er siegte in der Tat und nahm den christlichen Glauben an; fortan wurde das Christentum im Römischen Reich nicht mehr verfolgt. All diese Träume haben nichts mit der Gefühlswelt der Träumenden zu tun; es sind politische oder theologische Botschaften und aus diesem Grunde unpersönlich. Die Bilder dieser Traumgeschichten funktionieren weitgehend nach dem gleichen Muster: Wir sehen den Träumenden schlafend auf seinem Bett liegen und über ihm das, was er träumt beziehungsweise wie ihm der Traum gerade eingegeben wird. *(Abb. 77)*

Dürers Traumgesicht ist grundlegend anders und völlig neu. Wir sehen nicht den Träumenden selbst und auch keine staatspolitische Botschaft, sondern den Inhalt eines persönlichen Traums Dürers, den dieser in der Nacht vom 7. auf den 8. Juni 1525 geträumt hat. Dieser Traum hat ihn offensichtlich dermaßen erschüttert, dass er ihn gleich nach dem Aufwachen malte und

__1495__ gründet Dürer eine eigene Werkstatt, in der er hauptsächlich als Grafiker arbeitet. Seit __1497__ tragen alle seine Grafiken die Signatur AD. __1498__ veröffentlicht Dürer »Die Apokalypse«, das erste Buch eines Künstlers im Selbstverlag. __1500__ malt er sein berühmtes Selbstporträt (Alte Pinakothek, München).

Von __1505–07__ ist Dürer wieder in Venedig (Frau Agnes übernimmt die Werkstatt und den Verkauf). Er lernt unter anderem Giovanni Bellini kennen und malt das »Rosenkranzfest« zum Erstaunen seiner italienischen Kollegen. Hier genießt er die Anerkennung als Künstler, die ihm in der Heimat noch versagt bleibt. __1507__ malt er mit »Adam und Eva« (Prado, Madrid) die ersten lebensgroßen Akte in Deutschland.

__1509__ kauft sich Dürer ein Haus in Nürnberg, das heute noch besichtigt werden kann, und wird in den Großen Rat der Stadt berufen. __1518__ nimmt er als Vertreter Nürnbergs am Reichstag in Augsburg teil, wo er mehrere Porträts von Kaiser Maximilian anfertigt. __1520–21__ bereist er die Niederlande und wird als »weltberühmter« Künstler gefeiert.

__1525__ veröffentlicht Dürer das erste deutschsprachige Lehrbuch für angewandte Geometrie und Perspektive (»Unterweysung der Messung mit dem Zirkel und Richtscheyt»). Dürer stirbt am 6. April __1528__ in Nürnberg. Posthum erscheinen im selben Jahr seine »4 Bücher von menschlicher Proportion«.

77 |
Piero della Francesca:
Traum des Konstantin,
um 1460,
329 x 190 cm,
Fresko S. Francesco,
Arezzo

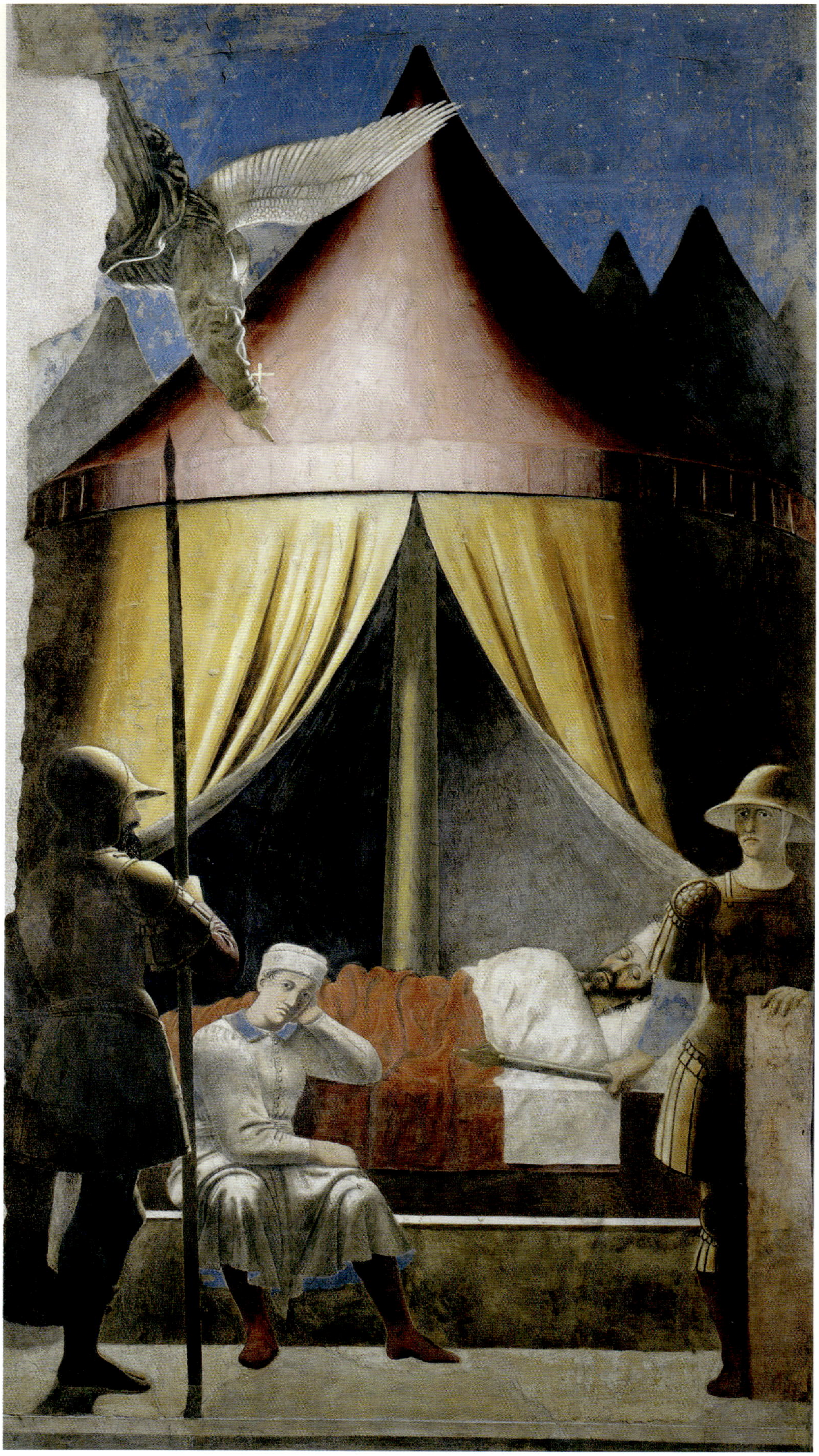

beschrieb. Unter der Zeichnung einer weiten Landschaft, auf die riesige Wassermassen stürzen, hat Dürer die Situation quasi protokolliert:
»Im Jahr 1525 nach dem Pfingsttag zwischen dem Mittwoch und dem Pfingsttag [7./8.Juni 1525, F.H.] in der Nacht im Schlaf habe ich dieses Gesicht gesehen, wie viele große Wasser vom Himmel fielen. Und das erste traf das Erdreich ungefähr 4 Meilen von mir mit einer solchen Grausamkeit mit einem übergroßen Rauschen und Zerspritzen und ertränkte das ganze Land. Darüber erschrak ich so schwer, dass ich davon erwachte ehe dann die anderen Wasser fielen. Und die Wasser, die da fielen, die waren sehr groß und es fielen etliche weit, etliche näher und sie kamen so hoch herab, dass sie in Gedanken gleich langsam fielen. Aber als das erste Wasser, das das Erdreich traf, schnell herbei kam, da fiel es mit einer solchen Geschwindigkeit, Wind und Brausen, dass ich so erschrak, als ich erwachte, dass mir mein ganzer Körper zitterte und ich lang nicht zu mir selbst kam. Aber als ich am Morgen aufstand, malte ich hier oben, wie ich's gesehen habe. Gott wende alle Dinge zum Besten. Albrecht Dürer«

Dürer genügt es nicht, das Geträumte zu zeichnen, er beschreibt es auch. Der Text wirkt stellenweise fast distanziert; Dürers forschender Geist scheint sich das Gesehene rational vergegenwärtigen zu wollen. Er deutet nicht, er beschreibt nur: Entfernungen, Geräusche, Größen, Geschwindigkeit. Die Verbindung von rasch hingeworfener Zeichnung und erklärendem Text lässt diesen Traum noch beängstigender wirken. Man muss genau hinsehen, um die schreckliche Zerstörung, von der Dürer träumte, zu erkennen. Wir sehen eine weite Landschaft mit ein paar vereinzelten Bäumen. Hinter dem sanft nach rechts auslaufenden Hügel ist schemenhaft ein Ort zu erkennen, der vielleicht an einem See liegt. Dahinter stürzen die Wassermassen zu Boden – etwa sechs Kilometer entfernt, und das Wasser erscheint immer

78 | Francisco Goya: *Los Disparates Nr.4,* Bobalicón, 1816–23, 24,5 x 35 cm, Radierung und Aquatinta

...NUR GETRÄUMT

Francisco Goya schuf schon ab ***1793*** *eine Serie von Radierungen, die er zunächst »Sueños« (Träume) nannte. Er wollte mit diesem Titel darauf hinweisen, dass der Künstler die dargestellten Dinge nur geträumt habe und somit dafür nicht verantwortlich gemacht werden konnte. Obwohl einige der Blätter tatsächlich albtraumhaft wirken, nannte er die Serie dann doch »Caprichos« (Launen). Die satirischen Angriffe, die er dabei auf Kirche und Gesellschaft machte, brachten ihm einige Schwierigkeiten ein. Um der Verfolgung durch die Inquisition zu entgehen, schenkte er die Druckplatten dem König und stand durch diese kluge Geste unter dessen Schutz.*

noch gewaltig. Denkt man sich die Geräusche und den Wind dazu, wie Dürer sie beschreibt, wird klar, warum er so aufgewühlt erwachte.

»Der Traum ist der Königsweg ins Unbewusste«, schrieb Sigmund Freud (1856–1938) in seiner Traumdeutung von 1900. Sehen wir also die unbewussten Ängste Dürers in seiner Traumaufzeichnung? Darüber lässt sich nur spekulieren, aber es gibt durchaus ein paar Hinweise, die entsprechende Deutungen zulassen könnten. Dürer, der ein Anhänger Luthers war, sorge sich sehr wegen der Unruhen, die während des Bauernkrieges 1524/25 in Deutschland herrschten. Dieser Aufstand der unterdrückten Bauern eskalierte, als Luther mit seiner Schrift *Wider die räuberischen und mörderischen Rotten der Bauern* jedes Mittel zur Bekämpfung der Aufständischen durch die Obrigkeit rechtfertigte. Zudem gab es einige Schriften von Astrologen und Theologen, die in apokalyptischen Vorhersagen das Ende der Welt prophezeiten, wie es oft in Zeiten heftiger gesellschaftlicher Veränderungen geschieht. Von all dem blieb Dürer natürlich nicht unberührt, und für die Apokalypse war er ohnehin Spezialist *(s. Seite 38 f.)*. Noch dazu litt Dürer unter Malaria, die sich immer wieder in Fieberschüben bemerkbar machte. Es hat also genügend äußere Gründe gegeben, die einen solchen Traum hätten hervorrufen können. Ob sie allerdings tatsächlich die Ursache waren, bleibt ungeklärt.

Für uns ist das Malen des Traumes an sich interessant, denn bisher hat sich kein Künstler auf eine solch direkte Art offenbart und sein Innenleben preisgegeben. Dazu brauchte es erst das Selbstbewusstsein und das Selbstverständnis eines Künstlers, der sich auf seine eigene künstlerische Weise mitteilt. Zwar sind viele Briefe und Aufzeichnungen von Künstlern über ihre emotionale Befindlichkeit überliefert, aber ein derart persönliches bildnerisches Dokument gab es noch nie. Zum ersten Mal drückt ein Maler seine subjektiven Ängste direkt in einem Bild aus. Man kann daher auch kaum von einem neuen Weg in der Kunst sprechen, denn hierbei hat Dürer keine direkten Nachfolger.

Träume spielen in der Kunst späterer Zeit dennoch eine wichtige Rolle, aber anders als bei Dürer. Er hat einen außergewöhnlichen Traum aufgezeichnet, der ihn tief erschüttert hat und der uns Aufschluss über seine Ängste geben kann.

Francisco de Goya (1746–1828) hat seine Träume und Ängste ganz bewusst als Quelle der Inspiration genutzt; er verarbeitet sie in seinen Bildern. Da es sich um Träume handelt, kann er Dinge malen, die zwar irreal sind, aber doch die Realität ausdrücken. In einer Serie, die er *Disparates* (Launen), aber auch *Sueños* (Träume) nennt, zeichnet er kaum erklärbare Situationen und Begebenheiten, die tatsächlich wie seltsame Träume wirken. *(Abb. 78)* Vielleicht lässt er aber auch seiner Fantasie freien Lauf und gewährt uns so einen Blick in seine innere Welt, in seine Seele. Wie Goya selbst schreibt, führt er »dem Auge Formen und Bewegungen vor, die bisher ausschließlich im menschlichen Geist existierten«. Indem er in seinen Bildern seine Wünsche und Ängste auszudrücken versucht, ist Goya seiner Zeit ungefähr hundert Jahre voraus. Er greift den Methoden der Surrealisten vor, die in den Zwanziger- und Dreißigerjahren des 20. Jahrhunderts ihre innere Welt als Quelle ihrer Kunst anzapfen und sich auf die Erkenntnisse von Sigmund Freuds Psychoanalyse und Traumdeutung beziehen. Die Maler des Surrealismus um Max Ernst (1891 bis 1976), René Magritte (1898–1967) und Salvador Dalí (1904–1989) versuchten, mit Assoziationen das Unbewusste und Traumhafte anschaulich zu machen. *(Abb. 79)* Scheinbar beliebig wurden Dinge aus unterschiedlichen Zusammenhängen genommen und zu traumartigen Bildern kombiniert. Sie wollten damit eine Brücke zum Unbewussten schlagen, denn nur wenn man das rationale Bewusstsein ausschalte, so glaubten sie, könne wahre Kunst entstehen.

Freud selbst konnte mit der Kunst der Surrealisten offensichtlich nichts anfangen. Er war der Meinung, dass sie ihn nicht richtig verstanden hätten. Nach einem Treffen mit Dalí im Juli 1938 schreibt er: »Denn bis dahin war ich geneigt, die Surrealisten, die mich scheinbar zum Schutzpatron gewählt haben, für absolute (sagen wir 95% wie beim Alkohol) Narren zu halten.« Aber er war von der Persönlichkeit Dalís beeindruckt, denn er schreibt weiter: »Der junge Spanier mit

seinen treuherzig fanatischen Augen und seiner unleugbar technischen Meisterschaft hat mir eine andere Schätzung nahe gelegt. Es wäre in der Tat sehr interessant, die Entstehung eines solchen Werkes analytisch zu erforschen ...« Dazu kam es aber leider nicht mehr, denn Freud starb zwei Monate später.

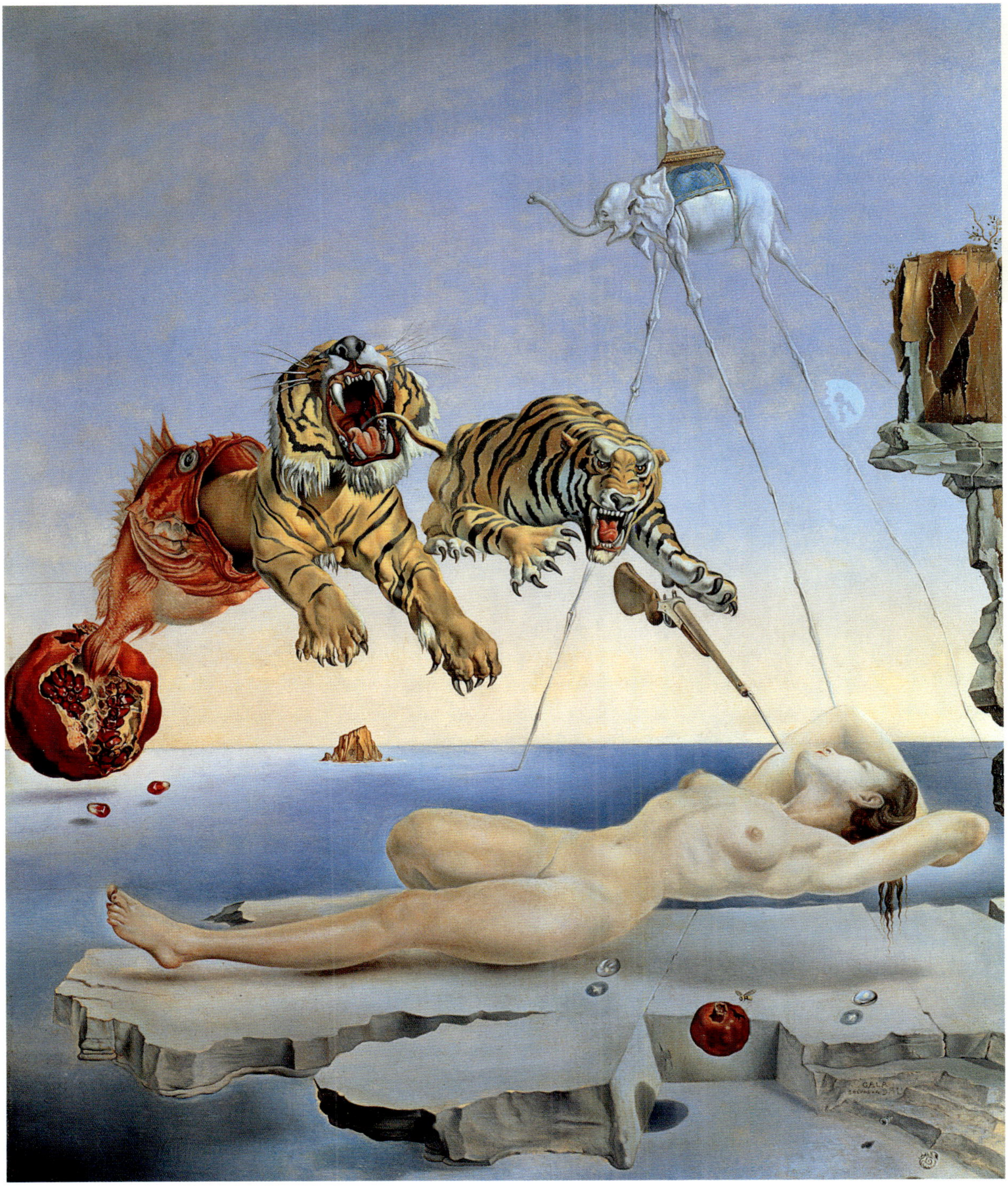

79 | Salvador Dalí: *Traum, ausgelöst durch den Flug einer Biene um einen Granatapfel, eine Sekunde vor dem Aufwachen*, 1944, 51 x 40,5 cm, Öl auf Leinwand, Museo Thyssen Bornemisza, Madrid

SINNENLUST UND PRACHT

Lieber Leser, leider muss ich Sie enttäuschen: Es gibt kein erstes Barockbild. Genauso wenig gibt es ein erstes Renaissancebild oder das erste gotische Bild. Die Künstler malen und die Einordnung ihrer Werke in Kunstepochen erfolgt meist erst lange Zeit danach. Der Stilbegriff »Barock« für die Kunst der Zeit zwischen 1600 und 1750 wurde erst Mitte des 18. Jahrhunderts in Frankreich und für die Malerei speziell sogar erst Mitte des 19. Jahrhunderts in Deutschland eingeführt. Auch die meisten anderen Stilbezeichnungen, die wir kennen – Romanik, Gotik, Renaissance – wurden erst später, quasi als Ordnungs- und Klassifikationssystem eingeführt, um den Überblick über die immense Zahl an Kunstwerken zu behalten.

Um 1600 schaffen Carracci und Caravaggio die Grundlagen der Barockmalerei.

Den Begriff Barock, der von dem portugiesischen Wort »barocco« abstammt, das eine schiefrunde, unregelmäßige Perle bezeichnet, verwenden wir heute ganz neutral, was nicht immer so war. Der Archäologe Johann Joachim Winckelmann (1717–68) nannte den Barock »eine schreckliche Seuche, welche das Gehirn der Gelehrten mit üblen Dünsten erfüllte und ihr Geblüt in eine fiebermäßige Wallung brachte«. Und noch 1904 war in Meyers Lexikon zu lesen: »Der Ausdruck dient [...] zur Bezeichnung des Ungereimt-Seltsamen, Launenhaft-Wunderlichen, das bis ins Unverständliche und Närrische geht.« Viele verbinden mit Barock auch heute noch etwas Schwülstiges und Überladenes. Wahrscheinlich assoziiert man mit der Barockmalerei zuerst Werke des Flamen Peter Paul Rubens (1577–1640) und dabei vor allem seine Gemälde von Damen mit ihren üppigen »barocken« Formen. Dabei sind die Grundlagen der Barockmalerei eigentlich ganz andere, schlichtere. Zwar gibt es kein erstes Barockbild, aber es gibt das Werk zweier Maler, durch die sich das, was wir heute Barockmalerei nennen, in ganz Europa entwickelt und verbreitet hat.

Meist wird der Beginn der Barockmalerei um 1600 angesetzt. Was war in dieser Zeit geschehen, was spätere Kunsthistoriker dazu veranlasst hat, hier die Wurzeln der Barockmalerei zu sehen? Um das zu beantworten, muss man ein wenig ausholen, denn die Barockmalerei entwickelte sich in ihren Anfängen als eine Art Gegenreaktion zum »Manierismus«, sogar als Rückschritt. Rom

ANNIBALE CARRACCI

Carracci, der am 3. November ***1560*** *in Bologna in eine Malerfamilie hineingeboren wird, sollte eigentlich Schneider werden, wird dann aber doch in der »Accademia degli Incamminati« seines Cousins Ludovico zum Maler ausgebildet. Diese besuchen später auch so bekannte Maler wie Guido Reni und Domenichino.* ***1584–85*** *geht Carracci zunächst nach Parma, wo er die Werke Correggios (um 1490–1534) studiert, um sich dann* ***1587*** *in Venedig an den Gemälden Tizians, Veroneses und Tintorettos zu schulen.*

1593–94 *arbeitet er an den Fresken im Palazzo Sampieri in Bologna. Mit seinem Bruder Agostino macht er sich* ***1595*** *auf den Weg nach Rom. Dort schmückt er die Wände des Palazzos des Kardinals Farnese, der übrigens von Michelangelo erbaut wurde.*

Von ***1597*** *bis* ***1604*** *arbeitet er mit Agostino und Domenichino an der Ausmalung der Galleria Farnese, wobei er sich bei den mythologischen Szenen an der Kunst Raffaels orientiert. Leider können fast nur Franzosen diese wichtigen Fresken im Original bewundern, da sich in dem Palast inzwischen die französische Botschaft befindet.* ***1605*** *erleidet Carracci einen Schlaganfall und kann in der Folge nur noch zeichnen. Nach einem zweiten Schlaganfall* ***1609*** *stirbt er in Rom.*

80 | Annibale Carracci: *Pietà,* 1599/1600, 156 x 149 cm, Öl auf Leinwand, Museo di Capodimonte, Neapel

81 | Pontormo: *Joseph in Ägypten*, 1517/18, 93 x 110 cm, Öl auf Leinwand, National Gallery, London

war zu jener Zeit das Zentrum der Kunstwelt, und mit der Renaissancemalerei, namentlich der Raffaels und Michelangelos, war die Kunst auf einem neuen Höhepunkt angelangt und wieder von geradezu antiker Qualität (oder zumindest das, was man dafür hielt). In Anmut und Grazie schienen die idealen Figuren Raffaels unübertreffbar und was die Darstellung des menschlichen Körpers betraf, kam keiner an Michelangelo heran. Es gab wohl keine Körperhaltung, die er nicht in Auf-, Unter-, Über- oder Schrägsicht darstellen konnte, was er mit seinen Fresken in der Sixtinischen Kapelle eindrücklich gezeigt hatte. Die jungen Maler pilgerten nach Rom, um sich daran zu schulen und zu messen. Sie versuchten sich diesen Stil anzueignen und malten in seiner Manier. Dadurch entstand der Begriff »Manierismus«, der zunächst nichts anderes bedeutete, als eben in der Art (italienisch »maniera«) des Michelangelo zu malen. Der Stilbegriff Manierismus als Bezeichnung für die Übergangszeit zwischen Renaissance und Barock, von etwa 1530 bis 1600, hat aber auch einen durchaus negativen Beiklang, weil sich die Kunst der jungen Maler zunehmend ins Gekünstelte, Übertriebene und Exaltierte – eben Manierierte – entwickelte.

Im Gegensatz zur Renaissance-Malerei des Raffael und Michelangelo, die nach dem Vorbild der Antike nach einem Idealbild des Menschen strebte, lösten sich die manieristischen Maler von diesem Anspruch. Die menschlichen Proportionen wurden gestreckt, verdreht und nicht mehr natürlich dargestellt, die Perspektiven folgten nicht mehr den logischen Zusammenhängen und die Farbgebung war eher fantasievoll als natürlich. Das Ganze wirkte zunehmend affektiert und gewollt. *(Abb. 81)*

Die meisten Stile beginnen sehr schlicht und werden im Laufe der Zeit, je sicherer sich die Maler darin bewegen, freier, aber auch komplizierter und komplexer. Die einem Stil eigenen Mittel und Elemente werden dann zu häufig und in übertriebener Weise angewandt, und irgendwann kommt der Punkt, an dem dies zu weit geht und die Kunst in einer Sackgasse steckt. Dieser Punkt wurde um 1600 offensichtlich erreicht, als zwei Maler in Rom auftraten, denen die exaltierte Art des Manierismus zu viel wurde. Dem einen war die Malerei zu unnatürlich geworden und dem anderen zu exaltiert, zu wenig klassisch. Die beiden waren Michelangelo Merisi, genannt Caravaggio, und Annibale Carracci.

Annibale Carracci, der aus einer Bologneser Malerfamilie stammte und 1595 nach Rom übersiedelte, war von der Kunst Raffaels fasziniert und strebte nach dessen klassischem Schönheitsideal. Da musste ihm verständlicherweise die gewollt originelle Malerei des Manierismus widerstreben. Er suchte nach der idealen, ja strengen Form und der idealen Komposition. Mit seinem Cousin Ludovico und seinem Bruder Agostino gründete er schon in den 1580er-Jahren in Bologna die »Accademia degli Incamminati«, eine Malschule, die sich an der Kunst Raffaels orientierte. Carracci überwand den Manierismus, indem er sich auf die Ideale der Zeit vor den, in seinen Augen, manieristischen Irrungen besann und die Kunst dadurch wieder »beruhigte«. *(Abb. 80)* Sein Malstil, der auch in seiner Akademie gelehrt wurde, mündete in eine strengere Art der Malerei, den sogenannten barocken Klassizismus, der vielleicht manchmal auch etwas gefühlsbetont und süßlich wirkt.

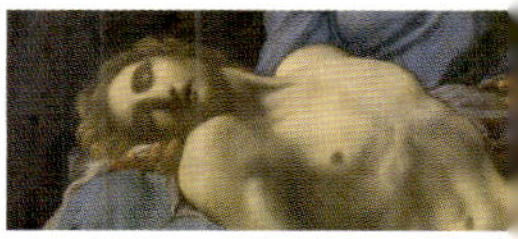

Ganz anders trat der andere Norditaliener in Rom auf: Caravaggio, ein aufbrausender, hitzköpfiger Typ, der in eigentlich allem der Gegenpol zu Annibale Carracci war. Auch ihm ging die Entwicklung des Manierismus zu weit, er war ihm vor allem zu unnatürlich. Geschraubte Figuren, seltsame Lichtführung und gekünstelte Unnatürlichkeit, wohin man blickte. Caravaggio strebte nicht wie Carracci nach dem Idealbild des Menschen, sondern nach der Darstellung des Menschen in seiner echten Natürlichkeit. Und das setzte er in einer bis dahin unbekannten Konsequenz um. Wie seinerzeit Giotto und Konrad Witz *(s. Seite 12 ff. und S. 66 ff.)* überlegte auch er sich aufs Neue, was das wohl für Menschen waren, von denen die Bibel berichtete. Er kam zu dem Schluss, dass es sich nicht um Heroen und Athleten, sondern häufig um einfache Bauern und Tagelöhner gehandelt haben musste. 1599 bekam er den Auftrag, die Kapelle des französischen Prälaten in Rom, Matteo Contarelli, in der Kirche S. Luigi dei Francesi mit drei Szenen aus dem Leben des Hl. Matthäus zu schmücken. In dem Altarbild *(Abb. 82),* das im Zweiten Weltkrieg leider zerstört wurde, sieht man keinen vom Heiligen Geist inspirierten Evangelisten, sondern einen etwas tumben, grobschlächtigen alten Mann, der seine schmutzigen Fußsohlen dem Betrachter direkt ins Gesicht streckt. Die Stirn in tiefe Falten gelegt, versucht er zu schreiben, wobei ihm der Engel sogar die Hand führen muss. Nichts entspricht den üblichen Darstellungen eines Heiligen. Mit diesem krassen Realismus geht Caravaggio ganz neue Wege, die ihm allerdings auch einige Probleme einbrachten – so wurde dieses Bild als zu derb und naturalistisch abgelehnt und er musste ein neues malen, das sich heute noch in der Kapelle befindet.

Ebenso neue Wege beschreitet Caravaggio bei der Behandlung des Lichts. In der hier gezeigten Szene der Berufung des Zöllners zum Apostel schöpft er alle Möglichkeiten aus, die ihm die Gestaltung mit Licht und Schatten bietet. *(Abb. 83)* Jesus und Petrus treten von rechts in die Zollstube des Matthäus. Mit ihnen fließt das Licht durch die geöffnete Tür in den düsteren Raum. Die Dynamik des Lichts folgt der Richtung des Blickes Jesu und der Bewegung seiner Hand durch den gesamten Raum, streift die Gesichter der Anwesenden und trifft endlich auf den von Jesus auserwählten Matthäus, der so tut, als ginge ihn das nichts an. Der Lichtschein hebt die sitzenden Personen aus der Dunkelheit des Raumes plastisch hervor und verschattet gleichzeitig die Augen der beiden Protagonisten Jesus und Matthäus. Er geht in direkter Diagonale durch den Raum und unterstreicht den Zeigegestus Jesu. Alle wenden sich Jesus und damit dem Licht zu, nur Matthäus ganz links senkt sein Haupt, sodass seine Augen verschattet sind und er so der Aufforderung Jesu zu widerstehen sucht, was ihm, wie wir wissen, nicht gelungen ist.

82 | Caravaggio: *Hl. Matthäus* (zerstört), um 1599, 223 x 183 cm, Öl auf Leinwand, Bildarchiv Preußischer Kulturbesitz

Caravaggio gelingt es in diesem und seinen anderen Gemälden auf neue und einzigartige Weise, Licht und Schatten zur Verstärkung seiner Schilderung einzusetzen. Mit diesem dramatischen Hell-Dunkel und seinem verblüffenden Realismus wurde er schnell berühmt und seine Art zu malen in ganz Europa populär.

Unter den vielen Malern, die in die Kunstmetropole Rom zogen, war auch der junge Flame Peter Paul Rubens (1577–1640), der von 1600 bis 1608 ganz Italien bereiste, um die großen Meister zu studieren. Er sog alle Entwicklungen in sich auf: die klassische Figurenbildung Michelangelos und Carraccis, die Farbgebung Tizians und besonders die Neuerungen Caravaggios – seinen Naturalismus und die Dramatik seiner Lichtführung und Bilderzählung. All das verband er mit seinen flämischen Wurzeln zu einem prachtvollen, dynamisch-wuchtigen Stil, mit dem er zu einem der größten und erfolgreichsten Maler der Barockzeit wurde.

Nach dem ersten Jahrzehnt des 17. Jahrhunderts endete die »Gründungsphase« der Barockmalerei. Rubens ging schon 1608 zurück in seine Heimat, 1609 starb Annibale Carracci und ein Jahr später folgte ihm Caravaggio. Die Grundlagen aber, die sie bis dahin geschaffen hatten, wirkten sich auf die Malerei in ganz Europa aus, wobei diese sich in den verschiedenen Ländern unterschiedlich entwickelte. In Frankreich folgte man eher der klassischen Richtung Carraccis, während man in Spanien den dramatischen Stil Caravaggios vorzog. In den katholischen Niederlanden wurde Rubens' prächtiger, lustvoller Stil zum Vorbild, während der protestantische Teil des Landes dem Naturalismus Caravaggios folgte. In Italien selbst wurde die klassische, harmonische Malerei Carraccis und seiner Nachfolger bestimmend. Bei allen nationalen Unterschieden eint die Varianten der Barockmalerei jedoch immer die gefühlsbetonte Dramatik, die Dynamik und die Pracht der Gestaltung.

CARAVAGGIO

Michelangelo Merisi wurde am 28. September ***1571*** *bei Bergamo geboren und nennt sich später nach seinem Geburtsort Caravaggio. Mit elf Jahren wird er Waise und geht* ***1584*** *bei Simone Peterzano in Mailand in die Lehre. Ungefähr* ***1590*** *geht er nach Rom, wo er zunächst bei Giuseppe Cesari angestellt wird und dort Früchte- und Blumenstillleben malen muss. Durch seine naturalistischen und frechen Bilder von Kartenspielern und Zigeunern und seinem »Kranken Bacchus« von* ***1595*** *(Uffizien, Florenz) wird Kardinal del Monte auf ihn aufmerksam, fördert ihn und nimmt ihn in sein Haus auf.*

1599 *erhält Caravaggio von ihm den Auftrag, die Contarelli-Kapelle in San Luigi dei Francesi auszumalen.* ***1600*** *wird er Mitglied der römischen Accademia di San Luca.*

Caravaggio war wohl ein schwieriger Mensch und kam immer wieder wegen Schlägereien mit dem Gesetz in Konflikt. ***1606*** *muss er, nachdem er einen Kollegen im Streit getötet hat, aus Rom fliehen und landet in Neapel. Vorher malt er einige seiner wichtigsten Werke, wie »Amor als Sieger« (um* ***1600,*** *Gemälde Galerie, Berlin) und die »Bekehrung Pauli« (um* ***1602,*** *Rom, S. Maria del Popolo).*

1607 *muss er erneut fliehen, diesmal nach Malta, wo er Ritter des Malteser-Ordens wird. Hier malt er* ***1608*** *die »Enthauptung Johannes des Täufers« (La Valetta, St. John Museum). Nachdem er wieder im Kerker gelandet und ihm die Flucht gelungen ist, setzt er sich nach Sizilien ab, wo er in Messina, Palermo und Syrakus malt. Am 18. Juli* ***1610*** *stirbt Caravaggio angeblich an den Folgen eines auf ihn verübten Überfalls. Wahrscheinlicher ist jedoch, dass er an einer Krankheit starb.*

83 (linke Seite) | Caravaggio: *Die Berufung des Matthäus,* um 1598, 328 x 348 cm, Öl auf Leinwand, S. Luigi dei Francesi, Rom

19 | DIE ERSTE DARSTELLUNG DER MILCHSTRASSE

DER WELTRAUM, UNENDLICHE WEITEN …

> ***1609 malt Adam Elsheimer die erste Ansicht unserer Milchstraße.***

Der Weltraum, unendliche Weiten … Noch nie wurde er in der Kunst so gezeigt wie auf Adam Elsheimers Bild *Die Flucht nach Ägypten* aus dem Jahre 1609. Planeten, Sterne, sogar der Komet von Bethlehem wurden in der Kunst schon dargestellt, aber noch nie der Weltraum in Form unserer Galaxie, der Milchstraße. Das änderte sich mit Elsheimers Bild, auf dem, wie man heute weiß, der Himmel über Rom in der Nacht vom 16. Juni 1609 dargestellt ist. Zum ersten Mal sieht man am Himmel die Sterne nicht wie zufällig hingetupft, wie beispielsweise bei den Gebrüdern Limburg (s. Seite 22 ff.), sondern als eine genau studierte Anhäufung von Sternen, die in ihrer Gesamtheit die Milchstraße bilden. Und zum ersten Mal ist dem Nachthimmel überhaupt auf einem Bild so viel Platz eingeräumt worden. Wie kommt Adam Elsheimer, ein Frankfurter, der in Rom arbeitete, dazu?

1608 erfand der holländische Brillenmacher Hans Lipperhey das Fernrohr. Diese Erfindung verbreitete sich sehr schnell. Schon im selben Jahr wurde es in Frankfurt und Paris angeboten und Kardinal Scipio Borghese ließ sich im April 1609 ein Fernrohr von Brüssel nach Rom schicken. Auch der Marchese Federico Cesi besaß schon sehr früh ein Fernrohr oder »Teleskop«, wie er es nannte (von ihm stammt wahrscheinlich auch diese Bezeichnung). Marchese Cesi war Mitglied einer römischen Vereinigung von Naturwissenschaftlern und Literaten, der *Accademia dei Lincei* (Akademie der Luchse), der auch Elsheimers späterer Nachlassverwalter Dr. Faber angehörte. Es ist also sehr wahrscheinlich, dass Elsheimer mit diesem illusteren Kreis bekannt war. Und offenbar war Elsheimer an neuen wissenschaftlichen Erkenntnissen sehr interessiert und wagte auch einen Blick durch dieses Teleskop. Er konnte erkennen, dass die Milchstraße tatsächlich aus einer Vielzahl von Sternen (hier ungefähr 1200) bestand und setzte diese neue Erkenntnis in seinem Bild um. Nicht nur das: Man kann sogar das Sternbild des Großen Wagen erkennen, und zum ersten Mal ist der Mond nicht als eine blasse Scheibe dargestellt, sondern als der zerfurchte Erdtrabant, wie wir ihn kennen.

Auch Galileo Galilei baute sich ein Fernrohr, mit dem er den Himmel beobachtete. 1610 bestätigte er in seiner Schrift *Sidereus nuncius (Sternenbotschaft)* das wissenschaftlich, was Elsheimer ein Jahr zuvor auf seinem Bild schon gemalt hatte: Die Milchstraße ist eine Anhäufung unzähliger Sterne und die Mondoberfläche ist von Kratern übersät. Die Kunst war der Wissenschaft somit einen Schritt voraus. *(Abb. 84)*

Das ist die eine Geschichte des Bildes. Die andere betrifft das Thema, seine Umsetzung und seine Wirkung. Denn auch dies ist neu und ungewöhnlich. Josef erschien im Traum ein Engel, der ihm auftrug, mit seiner Familie vor den Häschern Herodes' nach Ägypten zu fliehen. »Da stand Josef in der Nacht auf und floh mit dem Kind und seiner Mutter nach Ägypten.« (Matth. 2, 14) Das Thema ist die Flucht nach Ägypten, und wie in der Bibel geschrieben steht, begann sie in der Nacht. Trotzdem wurden alle bisherigen Bilder zu diesem Thema auf den Tag verlegt, bis Elsheimer es erstmals bibeltreu umsetzte. Es scheint fast, als suchte er ein Motiv, bei dem er seine »Entdeckung« präsentieren konnte. Denn ob Tag oder Nacht, noch nie wurde dem Firmament so viel Raum gegeben wie eben in diesem Bild.

Die gesamte Szenerie strahlt große Ruhe und Geborgenheit aus. Im Schutz der Nacht zieht die Heilige

84 | Adam Elsheimer: *Die Flucht nach Ägypten*, 1609, 31 x 41 cm, Öl auf Kupfer, Alte Pinakothek, München

ADAM ELSHEIMER

Adam Elsheimer wird am 18. März ***1578*** *in Frankfurt am Main getauft. Sein Lehrer Uffenbach folgt den Traditionen der altdeutschen Malerei Dürers und Grünewalds. Er selbst fühlt sich mehr der holländischen Landschaftsmalerei verbunden.*

1598 *geht Elsheimer nach Venedig, wo er zwei Jahre bleibt und von den Werken Giorgiones, Tizians und Veroneses beeindruckt ist.* ***1600*** *geht er nach Rom, wo er in den Bann der neuen Strömungen Carraccis und vor allem Caravaggios gezogen wird. Trotz all dieser Einflüsse entwickelt Elsheimer einen eigenständigen Stil und wird dadurch bekannt. Er freundet sich mit Rubens an, der Elsheimer sehr bewundert, ihm allerdings auch rät, mehr und schneller zu arbeiten, denn Elsheimer malt sehr wenig, und das sehr langsam. Er lernt Hendrick Goudt kennen, der sein Mäzen wird, ihn fördert, ihn aber* ***1610*** *wahrscheinlich auch ins Gefängnis bringt, weil Elsheimer bei ihm hohe Schulden hat. Am 11. Dezember* ***1610*** *stirbt Elsheimer, kurz nachdem er aus der Haft entlassen wird. Er wird in Rom begraben. Er hinterlässt nur wenige, kleine Werke, die meist auf Kupferplatten gemalt sind. Goudt bringt den Nachlass nach Holland und vertreibt auch eigene Stiche, die er nach Bildern Elsheimers angefertigt hat. Durch die große Verbreitung, vor allem der Stiche, hat Elsheimers Werk einen immensen Einfluss auf die holländische Landschaftsmalerei genommen.*

85 | Jan van Goyen: *Bauerngehöfte am Fluss* 1636, 39,5 x 60 cm, Öl auf Eichenholz, Alte Pinakothek, München

Familie gen Ägypten. Die Verfolger sind nicht zu sehen, sie werden durch die Baumkulisse quasi bildlich ausgeschlossen. Die Heilige Familie, die dem Betrachter am nächsten ist und übrigens entgegen der üblichen Darstellung ohne die Begleitung von Engeln ganz auf sich gestellt ist, wird von einer kleinen Fackel sanft beleuchtet und schützend von der Nacht umhüllt. Ihr nächstes Etappenziel wird das Lagerfeuer der Viehhirten sein. Die Familie bewegt sich also vom kühlen Mondlicht zum warmen Licht der Hirten. Dabei hat Elsheimer drei Motive, die er jeweils extra beleuchtet – Familie, Hirtenidylle und Mondlandschaft – in einem Bild zusammengeführt. Das gelingt ihm durch seine wegweisende Komposition durchaus harmonisch.

Das Bild wird durch eine große Diagonale von links oben nach rechts unten geteilt. Die Silhouetten der Baumkronen akzentuieren die drei Bildkomponenten, die durch das allumfassende Firmament zusammengehalten werden. Die Diagonale geht dabei nicht nur von links nach rechts, sondern auch von links vorne bei den Hirten bis in die Tiefe des Bildes, wobei der tiefste Punkt zugleich auch der entfernteste ist. Dies war in der Landschaftsmalerei noch nicht zu sehen. Elsheimer setzt den Horizont in seinem Bild ganz tief an und erhält somit viel Raum für den Himmel. Dadurch fängt er die gesamte Atmosphäre einer sternenklaren Nacht ein. Während man bei früheren Gemälden bisweilen den Eindruck hat, der Himmel befinde sich »hinter« der Szenerie, so ist er hier Teil der Landschaft, unendlich und alles überspannend. Elsheimer verbindet so genaue Naturbeobachtung mit einer Stimmung, die buchstäblich in der Luft zu liegen scheint.

Diese neue Art der Komposition – tiefer Horizont und schräg in die Tiefe laufende Diagonale – hatte großen Einfluss auf die Landschaftsmalerei nicht nur in Italien,

sondern auch im Norden. Peter Paul Rubens (1577–1640), der berühmte flämische Barockmaler, war mit Elsheimer schon in Rom gut bekannt und von seinen Bildern beeindruckt. Er wollte Elsheimers Bild eigentlich in seine Heimat bringen, das übernahm jedoch ein anderer. Hendrik Goudt, ehemals Mäzen Elsheimers und später sein Gläubiger und Besitzer des Bildes, brachte es nach dessen Tod im Jahre 1611 nach Utrecht und veröffentlichte 1613 einen fast originalgroßen Kupferstich, der enorme Verbreitung fand. Durch dieses Bild erhielt die Landschaftsmalerei besonders im Norden einen wichtigen neuen Impuls.

Sieht man sich Gemälde in der Nachfolge von Elsheimers *Flucht nach Ägypten* an, lässt sich das gut erkennen. Jan van Goyens (1596–1656) *Bauerngehöfte am Fluss von* 1636 ist ein gutes Beispiel dafür. *(Abb. 85)* Wieder haben wir die Diagonale, die den Himmel vom Land trennt, und wie bei Elsheimer zieht sich die Schräge in die Bildtiefe – alles jedoch seitenverkehrt. Auch bei van Goyens Bild ist der Horizont sehr tief angelegt. Es ist auch wenig Erzählerisches in diesem Bild, was einen hohen Horizont als Bühne benötigen würde. Wieder umfängt der Himmel die Landschaft und nimmt mehr als zwei Drittel der Bildfläche ein. Damit prägen die Luft und das Licht die Stimmung dieses Bildes.

In vielen Landschaftsbildern der Niederländer finden wir diesen typischen tiefen Horizont und die Betonung der Atmosphäre, die mit der Naturbeobachtung Adam Elsheimers ihren Anfang nahm. Das Mondlicht, das auf Elsheimers Bild durch die Spiegelung gleich doppelt erscheint und sowohl das Wasser als auch den Himmel als Kontrast zur nächtlichen Dunkelheit in ein silbriges Licht taucht, wirkt noch lange nach, über Claude Lorrain (1600–1682) und Rembrandt bis zu Caspar David Friedrich (1774–1840) *(Abb. 86)* und anderen Malern der Romantik im 19. Jahrhundert.

86 | Caspar David Friedrich:
Mondnacht am Strand, 1817, 21 x 30 cm, Öl auf Leinwand, Leihgabe aus Privatbesitz, Nationalgalerie Berlin

DIEGO RODRIGUEZ VELÁZQUEZ Y SILVA

*Am 6. Juni **1599** wird Velázquez in Sevilla getauft und beginnt **1610** seine Lehre, die er im Alter von 13 Jahren bei seinem späteren Schwiegervater Francisco Pacheco weiterführt. **1617** macht er seine Meisterprüfung und heiratet **1618** Juana Pacheco. **1623** reist er nach Madrid, wo er König Philipp IV. porträtiert und Hofmaler wird. **1624** zieht er ganz nach Madrid und wird **1627** zum »Leibtürhüter« des Königs ernannt. **1628** lernt er Peter Paul Rubens kennen, der sich in diplomatischer Mission in Madrid aufhält. Angeblich auf dessen Rat hin reist Velázquez nach Italien, wo er bis **1631** bleibt. Vor allem die Werke Caravaggios und Tizians haben großen Einfluss auf ihn. Nach seiner Rückkehr wird er Porträtist am spanischen Hof und **1643** königlicher Kammermaler. **1649–51** reist er wieder nach Italien, wo er für seinen König Bilder kaufen soll und sein berühmtes Porträt von Papst Innozenz X. (Rom, Palazzo Doria) malt, worauf er in die römische Accademia S. Luca berufen wird.*

***1656** malt er sein berühmtestes Gemälde, »Las Meninas« (Prado, Madrid). **1658** wird er Ritter des Santiago-Ordens (trotz fehlenden Nachweises, dass er nie mit seiner Hände Arbeit seinen Unterhalt erwerben musste). **1659** wird er geadelt und stirbt am 6. August **1660** in Madrid.*

Aufgrund seiner malerischen Fähigkeiten, vor allem beim Umgang mit Farbwerten, wird er »Maler der Maler« genannt und besonders von den Impressionisten als großes Vorbild angesehen.

UND SIE BEWEGT SICH DOCH

> ***1657 malt Diego Velázquez die erste Illusion von Bewegung.***

Leben ist Bewegung. Dieser Satz trifft auf vieles zu, nur nicht auf die Malerei, denn Malerei ist Stillstand. Wir alle kennen Bilder von galoppierenden Pferden und laufenden Menschen, die in ihrer Bewegung erstarrt wirken. Bewegung realistisch darzustellen ist nicht nur in der Malerei, sondern auch in der Fotografie ein Problem: Denn belichtet man mit den üblichen Sekundenbruchteilen, wird die Bewegung eingefroren, belichtet man lange, sieht man eine verwischte Bewegung, die das menschliche Auge so nicht wahrnimmt, oder die Bewegung wird bei zu langer Belichtungszeit wieder ausgelöscht. Sogar im Film ist die Bewegung nur die schnelle Abfolge einzelner Fotografien, die das menschliche Auge nicht mehr voneinander trennen kann und so als Bewegung wahrnimmt.

Was macht also ein Maler, wenn er Bewegung und Dynamik darstellen will? Er macht das Gleiche wie bei der Darstellung eines Raumes oder Gegenstandes – er bedient sich einer Illusion. Wichtig ist, dass der Maler den Betrachter in sein Spiel mit einbezieht, indem er mit dessen Sehgewohnheiten spielt. Er macht eine Vorgabe, die der Betrachter mit seinen Erfahrungen aus dem täglichen Leben kombinieren und ergänzen muss.

Als Beispiel für diese Zusammenarbeit sollen hier zwei Zeichnungen von Pferden dienen. Was für uns heute das Auto oder das Motorrad ist, war für unsere Vorfahren das Pferd: ein Symbol für Kraft, Dynamik und Bewegung. Betrachtet man frühe Bilder von Pferden, wirken diese oft sehr ruhig, fast statisch. *(Abb. 88)* Natürlich sind auch diese Bilder oft Momentaufnahmen einer Bewegung, aber als Betrachter hat man das Gefühl, der Maler will uns zeigen, wie genau er ein Pferd malen oder zeichnen kann und wie es um die Proportionen eines Pferdes bestellt ist. In späteren Darstellungen wirken die Pferde schon wesentlich lebendiger. *(Abb. 89)* Das liegt zum einen an der schon sehr viel dynamischeren Linienführung, zum anderen an einem einfachen »Trick«: Der Maler zeigt den betreffenden Körper in einer Stellung, in der dieser sich nicht lange halten kann. Man weiß ganz einfach, dass ein Pferd üblicherweise nicht nur auf seinen beiden Hinterbeinen steht, sondern auf allen vieren. Also muss es sich im nächsten Moment bewegen, um wieder in eine stabile Stellung zu kommen. Die vom Maler gewählte Haltung muss eine sein, die offensichtlich im Wandel begriffen ist, damit wir sie als Bewegung interpretieren können. Man denkt sich also den Moment vor der festgehaltenen Bewegung und den Moment danach dazu. Durch diese Abfolge sind wir als Betrachter geneigt, eine Bewegung wahrzunehmen, die eigentlich gar nicht existiert. Da wir aber wissen, wie der normale Ablauf einer Bewegung aussieht, nehmen wir die dargestellte Haltung als Bewegung wahr. Dazu kommt, dass die Erwartung dessen, was wir sehen werden, das beeinflusst, was wir sehen. Wenn der Titel eines Bildes *Pferderennen* lautet, erwarten wir ein solches und sind auch gewillt, das Dargestellte dementsprechend zu interpretieren. Das bedeutet: Die Illusion der Bewegung funktioniert

87 (auch Detail linke Seite) | Diego Velázquez: *Las Hilanderas (Die Spinnerinnen)*, 1657, 167 x 250 cm, Öl auf Leinwand, Museo del Prado, Madrid

88 | Albrecht Dürer: *Pferd,* 1503, 21,5 x 26 cm, Feder und Pinsel auf Papier, Wallraf-Richartz-Museum, Köln

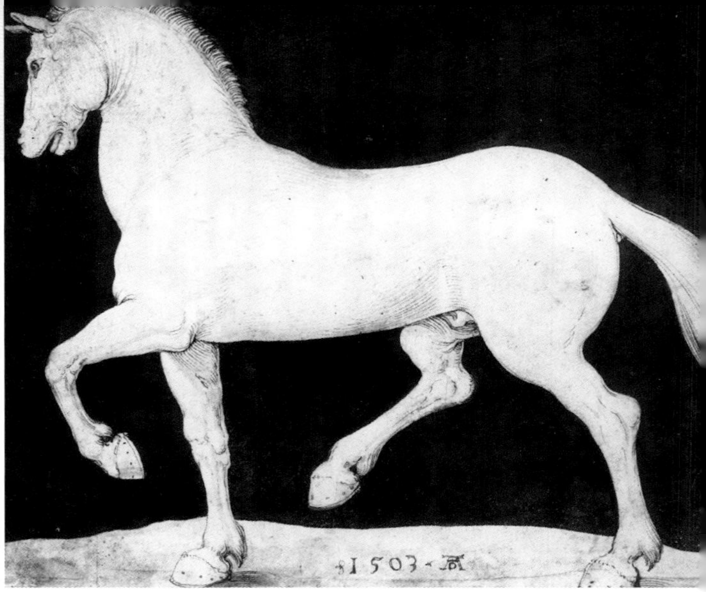

nur, indem der Maler die Erwartungen und Sehgewohnheiten des Betrachters mit ins Kalkül zieht, derart, dass der in der Darstellung festgehaltene Moment einen wahrscheinlichen Bewegungsablauf zu suggerieren vermag.

Die erste Darstellung von Geschwindigkeit, die als solche ohne Vorher und Nachher wahrgenommen werden kann, findet sich in dem Gemälde *Las Hilanderas* (Die Spinnerinnen) des spanischen Malers Diego Velázquez aus dem Jahre 1657. *(Abb. 87)* Das Gemälde erzählt die Geschichte der Arachne, wie sie Ovid in seinen Metamorphosen schildert. Arachne galt als die beste Teppichweberin der Antike. Im Übermut fordert sie Göttin Athene, die Erfinderin des Webstuhls, zu einem Wettkampf heraus und webt einen Teppich, auf dem Liebesszenen der Götter dargestellt sind. Aus Wut über den Inhalt und die perfekte Arbeit zerreißt Athene den Teppich und verwandelt Arachne in eine Spinne.

Unser Augenmerk soll auf dem Spinnrad im Vordergrund liegen. *(Abb. 87 Detail)* Alles ist dabei so dargestellt, dass wir dieses Gerät als Spinnrad identifizieren können, nur eines zeigt Velázquez uns nicht, obwohl es, wie bei jedem Rad, wesentlich ist – die Speichen. Was wir sehen und was Velázquez gemalt hat, sind nur die Lichtreflexe der Speichen und unsere tägliche Erfahrung sagt uns, dass sich dieses Spinnrad sehr schnell dreht; ja, man meint fast ein leises Surren zu hören.

Das Neue und Geniale an diesem Detail besteht darin, dass es mittels Licht und Reduktion den Eindruck von Bewegung und Geschwindigkeit erzeugt. Er reduziert die Details des Rades so weit, dass wir noch erkennen können, um was es sich handelt und setzt auf unsere Seherfahrung als Betrachter. Wir kennen den Effekt, wenn Licht auf die Speichen eines sich drehenden Rades fällt. Sie schimmern und wir können die einzelnen Speichen nicht mehr erkennen. Wir schließen daraus, dass sich ein solches Rad sehr schnell drehen muss. Stellt man sich als Gegenprobe vor, Velázquez hätte jede einzelne Speiche dieses Rades malerisch ausgeführt, würde sich dieser Effekt nicht einstellen, denn das Rad würde statisch und unbewegt wirken.

Velázquez hatte also erkannt, dass ein Gegenstand umso unbewegter wirkt, je detailgenauer er gezeigt wird. Das liegt an unserer Erfahrung, dass Details sich bewegender Objekte nicht so genau beobachtet werden können wie die ruhender. Der Maler muss quasi mit Stift und Pinsel schneller reagieren. All diese Erfahrungen fließen in dieses kleine, aber äußerst moderne Detail in Velázquez' großem Werk ein.

89 | Jaques Callot: *Zwei Studien sich aufbäumender Pferde,* Feder und Pinsel in Tinte, 23,7 x 33,4 cm, Albertina, Wien

Wie weit Velázquez seiner Zeit voraus war, zeigt ein Bericht von 1891, der den Versuch eines Malers beschreibt, mit Unterstützung von Fotografien eine fahrende Kutsche darzustellen: »Dieser Maler wollte eine Kutsche malen, die in schnellem Tempo die Straße entlangkam. Wieder und wieder zeichnete und fotografierte er die Pferde, bis er ihre Bewegung, wie es schien, annähernd richtig erfasst hatte. [...] Nun fügte er die Kutsche hinzu. In den Rädern zeichnete er jede einzelne Speiche, aber alles sah aus, als wäre ganz jäh eine Erstarrung eingetreten. Es war keinerlei Bewegung darin. Nun verwischte er die Speichen und gab der Kutsche den Anschein von Bewegung.« (*British Journal of Photography,* Bd. 38, 1891)

Die Illusion von Bewegung und Geschwindigkeit gehört heute längst zum zeichnerischen Allgemeingut und wird vom Betrachter wie selbstverständlich entschlüsselt. Beste Beispiele dafür finden sich in fast jedem Cartoon oder Comic. An einem bekannten Beispiel sollen die Möglichkeiten noch einmal verdeutlicht werden: *(Abb. 90)* Wenn man sieht, wie Obelix, der dicke Gallier, einen Römer aus den Sandalen schlägt, ist uns die Bewegung klar, und wir können sie in ihrer ganzen Dynamik nachvollziehen. Aber was sehen wir wirklich? Obelix' nach oben ausgestreckter Arm, am Boden stehende Sandalen und in der Luft den dazugehörigen Römer. Tatsächlich nehmen die Figuren nur statische Positionen ein, die für sich genommen durchaus seltsam anmuten könnten. Doch der Zeichner Uderzo verwendet die oben genannten Möglichkeiten, die ein Künstler zur Verfügung hat, um Bewegung darzustellen: Zum einen zeigt er eine Person in einer Haltung, die sich der allgemeinen Erfahrung nach nicht lange einhalten lässt. Man weiß, ein Römer schwebt nicht durch die Luft, er wird also nach menschlichem Ermessen sehr bald seine Position ändern und zu Boden fallen. Zum anderen steht man normalerweise nicht wie Obelix mit geballter Faust und ausgestrecktem Arm da; er wird den Arm alsbald wieder herunternehmen.

90 | Uderzo:
Obelix verhaut Römer, 1977

Beim Cartoon kommt eine weitere Komponente dazu, die den Ablauf der Bewegung gleichsam nachvollzieht und damit erklärt. Der Anfang der Bewegung wird bis zur vorläufigen Zwischenstation der Bewegung, also dem Moment, den der Zeichner herausgreift, mit schwungvollen Strichen verbunden. Damit wird der gesamte dynamische Ablauf verdeutlicht. Und obwohl wir alle wissen, dass es sich um statische Bilder handelt, gehen wir dieser Art der Illusion immer wieder gerne auf den Leim.

DER ECHTE GALOPP

***1878** machte der Fotograf Eadward Muybridge **(1830–1904)** die ersten Reihenaufnahmen von einem galoppierenden Pferd. Er schaltete zwölf Kameras in Serie, deren Auslöser mit Fäden verbunden waren, die das Pferd beim Vorbeilaufen zerriss und damit die Kamera auslöste. Zum ersten Mal konnte man sehen, in welcher Phase des Galopps ein Pferd alle Beine in der Luft hat. Und zwar ist es der Moment, wenn sie unter dem Bauch zusammenkommen und nicht, wie es bislang auf vielen Gemälden von Pferderennen zu sehen war, wenn die Vorderbeine nach vorne und die Hinterläufe nach hinten ausgestreckt sind.*

91 | Eadward Muybridge: *Galoppierendes Pferd,* 1878, George Eastman House, Rochester, New York

92 | Théodore Géricault: *Pferderennen in Epsom,* 1820, 29 x 41 cm, Öl auf Leinwand, Museée des Beaux-Arts, Caen

93 | Alois Senefelder: *Der Brand von Neuötting*, 1797, 17 x 20 cm, Lithografie, Bayerische Staatsbibliothek, München

ALOIS SENEFELDER

Als Sohn eines Schauspielers wird Alois Senefelder am 6. November ***1771*** *in Prag geboren. Die Familie lässt sich* ***1778*** *in München nieder. Während seines Jurastudiums in den Jahren* ***1790–93*** *schreibt Senefelder sein erstes Theaterstück (»Die Mädchenkenner«), das* ***1792*** *in München verlegt und dort am Königlichen Hoftheater aufgeführt wird.*

Nach seinem Studium schließt er sich als Autor und Schauspieler einer Theatergruppe an und beginnt mit Überlegungen, wie er seine Stücke einfacher und billiger drucken könnte. Seit ***1795*** *experimentiert Senefelder mit verschiedenen Druckverfahren. In den Jahren* ***1797/98*** *gelingt ihm die Erfindung des »chemischen Steindrucks«, und er konstruiert eine dazu passende Druckpresse.* ***1799*** *erhält er für seine Erfindung ein bayerisches »Privilegium exclusivum« und lernt den Musikverleger André aus Offenbach kennen, mit dem er eine erfolgreiche Geschäftsbeziehung eingeht.*

In den Folgejahren wird Senefelders Lithografie in ganz Europa bekannt. Es werden viele lithografische Druckanstalten gegründet und verschiedene Lehrbücher veröffentlicht. Senefelder selbst veröffentlicht erst ***1818*** *sein »Vollständiges Lehrbuch der Steindruckerey«.*

1809 *wird er zum »Königlichen Inspektor der Lithographie« mit festem Jahresgehalt ernannt. In der Zwischenzeit unternimmt er Versuche, kleinere Pressen zu entwickeln und die Steinplatten durch Metallplatten zu ersetzen.* ***1818/19*** *entwickelt er das Umdruckverfahren und zieht nach Paris. Er bleibt mit Unterbrechungen bis* ***1824*** *dort. Senefelder erhält mehrere Orden, Auszeichnungen und viel Lob von Seiten der Künstler. Er stirbt am 26. Februar* ***1834*** *in München an den Folgen eines Gehirnschlags.*

BILDER AUS STEIN

Die Lithografie ist ein Druckverfahren, das aus der Not geboren wurde und mit Kunst zunächst gar nichts zu tun hatte. Ihr Erfinder Alois Senefelder war Mitglied einer Schauspieltruppe und Theaterschriftsteller. Er suchte eine Möglichkeit, seine Texte schnell und kostengünstig zu drucken. Seine Erfindung beruht auf dem einfachen Prinzip, dass sich Wasser und Fett gegenseitig abstoßen. Senefelder entdeckte, dass ein bestimmter Kalkstein, der Solnhofener Kalkschiefer, in der Lage war, Wasser und Fett gleichermaßen anzunehmen. Er experimentierte und erfand 1797 den »chemischen Steindruck«, besser bekannt als Lithografie.

> ***Mit der Lithografie erfindet Alois Senefelder 1797 eine revolutionäre Drucktechnik.***

Auf dem geglätteten und entfetteten Kalkstein wird mit fetthaltiger Tusche ein Text oder eine Zeichnung, nicht anders als bei Papier, mit einer Feder, einem Stift oder einem Pinsel aufgebracht. Danach wird die Oberfläche mit einer Mischung aus Salpetersäure und Gummiarabicum »geätzt«, sodass die freien, nicht bezeichneten Stellen auf der Steinfläche abgedichtet werden und der Stein dort keine Farbe mehr aufnimmt. Nur die fetthaltige Zeichnung ist jetzt noch aufnahmefähig. Der Stein wird befeuchtet und mit Druckerfarbe eingefärbt. Da auch die Farbe fetthaltig ist, wird sie nur von der Zeichnung, aber nicht von den freien Stellen aufgenommen. Jetzt muss nur noch das Druckpapier aufgelegt werden und der Druck kann beginnen. Die Lithografie ist das erste Flachdruckverfahren, weil die zu druckenden und die freien Stellen einer Druckplatte auf einer Ebene liegen. Das hat den Vorteil, dass es keinen Verschleiß wie bei den Hoch- oder Tiefdruckverfahren gibt. Die Auflage kann somit nahezu unbegrenzt sein.

Das Blatt mit dem Namen *Der Brand von Neuötting* von 1797 *(Abb. 93)* ist die erste bekannte Lithografie; Senefelder fertigte sie selbst an. Man sieht die Notenschrift eines Liedes und eine kleine Zeichnung eines brennenden Hauses. Anlass für dieses Blatt war ein Brand, der die Stadt Neuötting innerhalb kürzester Zeit zerstörte. Um die Bevölkerung zu Spenden aufzurufen, erschien ein Buch mit dem Titel *Der Brand von Neuötting,* dem dieses Blatt beigelegt war. Hier waren schon alle Möglichkeiten der Lithografie enthalten und damit das vereint, was ihren Erfolg begründen sollte: der Druck von Text und Noten, die bildliche Darstellung und die schnelle Berichterstattung.

Die Lithografie wurde schnell bekannt und hatte durch den Offenbacher Musikverleger Johann Anton André (1755–1842) mit dem Druck von Noten auch bald wirtschaftlichen Erfolg. Senefelder lernte André 1799 in München kennen. Dieser hatte kurz zuvor den musikalischen Nachlass Mozarts von dessen Witwe Constanze erworben. Er umfasste mehr als 273 Notenaufzeichnungen. Die gerade bekannt gewordene Lithografie schien ihm das geeignete Druckmedium, um diese Aufzeichnungen zu veröffentlichen. Senefelder ging mit ihm nach Offenbach, wo sie eine lithografische Druckanstalt gründeten. Durch den Erfolg der Mozartausgaben wurde die Lithografie schnell bekannt. Zwischen 1800 und 1801 wurden Druckereien in London, Paris und Wien eröffnet. 1820 gab es schon lithografische Druckanstalten unter anderem in Mailand, Rom, Prag, Madrid und Barcelona. Die rasche Verbreitung spiegelt das offensichtliche Bedürfnis nach einer solchen Technik wider. Das Militär nutzte sie, um Lagepläne und Landkarten schnell und unkompliziert herzustellen und zu verbreiten. In Bayern wurde die Lithografie seit 1808 zum Druck von Pässen und Formularen verwendet. Spielkarten, Geschäfts- und Eintrittskarten, alles konnte mit der Lithografie einfach und billig produziert werden.

Senefelder hatte mit seinem kostengünstigen Druckverfahren für Texte und Noten gleichzeitig auch eine Möglichkeit für Künstler erfunden: Die Lithografie gab ihnen ein Verfahren an die Hand, ihre Zeichnungen direkt auf das Druckmedium, den Stein, zu zeichnen und zu vervielfältigen. Die Zwischenstufe eines Holzschnitzers oder Kupferstechers konnte damit übersprungen werden. Nicht nur der Bildhauer und Grafiker Gottfried von

Abb. 94 | Honoré Daumier: *Gargantua*, 1832, Lithografie

95 | Honoré Daumier: *Die Ausstellung von 1859 – Das haben sie mir abgelehnt … diese Ignoranten*, 1859, Lithografie

Schadow (1764–1850) war davon begeistert: »… und das Wesentliche ist: So verbliebe in den Abdrücken der erste, ursprüngliche Geist des Zeichners«. Die Künstler erkannten schnell, dass sich dadurch ganz neue Möglichkeiten für die Produktion und Reproduktion ihrer Werke auftaten, denn die Lithografie ermöglichte ihnen, ihre Zeichnungen so zu vervielfältigen, dass jeder Druck wie ein Original war. Sie konnten die Oberfläche des Steines unterschiedlich bearbeiten und mit Feder, Pinsel oder Kreide vom hellsten Grau bis zum tiefsten Schwarz alle Modulationen ausschöpfen.

Wie sehr das neue Verfahren für derartige Zwecke geeignet war, zeigten Johann Nepomuk Strixner (1782 bis 1855) und Ferdinand Piloty (1786–1844) mit *Les Œuvre Lithographiques*. In diesem Sammelwerk, das von 1810 bis 1816 in 72 Folgen erschien, reproduzierten sie 432 Kunstwerke aus den Sammlungen des Königs von Bayern. Beide Maler demonstrierten dabei sämtliche technischen und künstlerischen Möglichkeiten, die dieses neue Verfahren bot.

Eugène Delacroix (1798–1863) erkannte als einer der ersten Maler die Vorteile der Lithografie nicht nur für die Reproduktion, sondern für die Produktion eigener neuer Werke. Auch Francisco de Goya experimentierte kurz vor seinem Tod noch mit der Lithografie.

Natürlich gab es auch ein paar Nachteile. Die Zeichnung musste seitenverkehrt aufgebracht werden und der Druckstein eine Stärke von etwa 10–15 Zentimetern haben, damit er in der Presse dem hohen Druck standhielt. Man war also auf das Atelier angewiesen. Um diese Probleme zu lösen, ersann Senefelder 1818 das so genannte Umdruckverfahren. Dabei zeichnet der Künstler nicht auf einen Stein, sondern mit fetthaltiger Tusche oder Kreide auf normales Papier, das mit einer Kleisterschicht überzogen ist. Die Zeichnung wird dann auf die vorbereitete Steinplatte gelegt, etwas aufgeweicht und angepresst. Die Zeichnung bleibt als »Abklatsch« wie bei einem Abziehbild auf der Steinplatte und kann gedruckt werden. So war die Lithografie überall einsetzbar und mühsames Steineschleppen entfiel. Außerdem war es den Künstlern damit möglich, Korrekturen vorzunehmen oder von vorne zu beginnen. Und durch den doppelten Druckvorgang konnten sie jetzt auch seitenrichtig zeichnen.

DER ERSTE CARTOON

Cartoon, das heute gebräuchliche Wort für eine komische Zeichnung, stammt auch aus der frühen Zeit der Lithografie. Das Londoner Gegenstück zur Pariser Satirezeitschrift »Le Charivari« war »Punch – The London Charivari«, wie es sich als Hommage an das Pariser Vorbild nannte. »Punch« wurde ***1841*** *gegründet. In jeder Ausgabe dieser Zeitschrift befand sich neben ungefähr 35 kleinen Zeichnungen eine große, die extra beigelegt wurde. In einer dieser Zeichnungen wurden die Kartons, die als Entwürfe für die malerische Gestaltung des britischen Parlaments in London gedacht waren, auf die Schippe genommen. In Anlehnung an diese Zeichnung nannte man die große Einzelzeichnung »cartoon«. Dieser Begriff setzte sich durch und wird heute noch verwendet, »Punch« jedoch wurde nach 151 Jahren im Jahr* ***1992*** *eingestellt.*

Die Lithografie schien wie gemacht für zwei Genres: die Karikatur und die Plakatkunst. Die Karikatur (vom ital. caricare = überladen, übertreiben) war immer schon ein Kind der Zeichnung und der Grafik. Seit der Antike gibt es karikierende Darstellungen von Menschen und gesellschaftlichen Gruppen. Sie waren ein beliebtes Mittel, das politische, religiöse und soziale Geschehen satirisch zu kommentieren und menschliche Schwächen aufzudecken. Besondere Bekanntheit erlangte etwa *Das Narrenschiff* (1494) von Sebastian Brandt (1457–1521), eine spätmittelalterliche Moralsatire, für die der junge Dürer den Großteil der karikierenden Holzschnitte geschaffen hatte. Im 17. Jahrhundert fertigten der römische Barockarchitekt Gianlorenzo Bernini (1598–1680) und die Brüder Carracci Karikaturen an, in denen sie sich unter anderem über ihre Auftraggeber lustig machten. Als eigenständige Kunstform kam die Karikatur jedoch erst mit der zunehmenden Verbreitung der Zeitungen zu Beginn des 19. Jahrhunderts und eben mit der Erfindung der Lithografie zu Ehren. Mit ihr erreichte die Karikatur einen ungeahnten Aufschwung. Die Karikaturisten wurden durch sie in die Lage versetzt, schnell, spontan und vor allem für eine Vielzahl von Menschen auf politische und gesellschaftliche Umstände zu reagieren.

Einer der ersten Künstler, der die neue Technik ausführlich nutzte, war der Pariser Honoré Daumier (1808 bis 1879). Er zeichnete politische Karikaturen für die 1830 gegründete Zeitschrift *La Caricature* und, als diese verboten wurde, für das Nachfolgeblatt *Le Charivari.* Dabei legte er sich mit den Mächtigen an, wie zum Beispiel dem letzten französischen König Louis Philippe (1773–1850), dessen massige Körperform Daumier als Birne darstellte. *(Abb. 94)* Für diese »Majestätsbeleidigung« musste er sechs Monate in Haft. Das berühmte »Birnenmotiv«, das ursprünglich von Daumiers Kollegen und Herausgeber Charles Philipon (1806–62) stammte, setzte übrigens auch der Zeichner Hans Traxler (geb. 1929) ein, um den deutschen Kanzler Helmut Kohl in den 1980er-Jahren darzustellen (»Birne muss Kanzler bleiben«). Daumier übte mit den rund 4000 Lithografien, die er in seinem Leben schuf, nicht nur an den Herrschenden Kritik, sondern deckte auch menschliche Schwächen in den verschiedensten gesellschaftlichen Gruppen auf, besonders beim Bürgertum. Dabei machte sein Spott selbst vor seinen Künstlerkollegen nicht halt. *(Abb. 95)*

Das Plakat als Kunstform entstand erst mit der Einführung der Lithografie, und hier besonders mit der Erfindung des Franzosen Godefroy Engelmann. Zwischen 1836 und 1839 entwickelte Engelmann das Verfahren der Chromolithografie, mit dem man mit mehreren Drucksteinen auch farbig drucken konnte. Die ersten Künstler, die sich damit beschäftigten, waren Jules Chéret (1836–1932) und Henri Toulouse-Lautrec (1864 bis 1901). Chéret, ein ausgebildeter Lithograf, arbeitete lange Zeit in London, bevor er 1866 in Paris eine lithografische Druckerei eröffnete. 1889 und 1890 schuf er zwei Plakate für den berühmten Nachtclub Moulin Rouge sowie weitere für andere Varietés und Tanzveranstaltungen. Er gilt als der eigentliche Vater der Plakatkunst und schuf etwa 1200 Plakate. Der bekanntere und populärere Künstler auf diesem Gebiet dürfte allerdings Toulouse-Lautrec sein, der mit seinem einfacheren, dadurch aber »plakativeren« Stil mehr Aufmerksamkeit erregte. Sein Plakat *Ambassadeurs Aristide Bruant dans son cabaret von 1892 (Abb. 96)* gilt als Ikone der frühen Plakatkunst.

96 | Henry Toulouse-Lautrec:
Ambassadeurs Aristide Bruant,
1892, 133,8 x 91,7 cm, Farblithografie

DIE ERSTE LITFAẞSÄULE

Wie erfolgreich Plakate waren, sieht man daran, dass der Berliner Drucker Ernst Litfaß ***(1816–76)*** *sich überlegte, wie man dem »Wildanschlag« der massenhaft verbreiteten Plakate entgegenwirken konnte. Er erfand* ***1854*** *die »Annoncier-Säulen«, von denen in Berlin schon im Jahr darauf hundert Stück aufgestellt und fleißig beklebt wurden. Er erhielt für die Aufstellung der jetzt nach ihm benannten Litfaßsäulen bis* ***1880*** *ein Monopol. Auch heute sind die Litfaßsäulen noch beliebt. So standen im Jahr* ***2004*** *alleine in Deutschlands Straßen mehr als 17000.*

97 | Nicéphore Niepce: *Blick aus dem Fenster in Le Gras,* um 1827, 20 x 16,5 cm, Heliographie, Sammlung Gernsheim University of Texas

NICÉPHORE NIEPCE

Joseph Nicéphore Niepce wird am 7. März ***1765*** *in Chalon-sur-Saône geboren. Ab* ***1786*** *studiert er Physik und Chemie und geht* ***1788–94*** *zum Militär. Er und sein Bruder Claude reisen* ***1797*** *nach Sardinien. Auf dieser Reise entwickeln sie die ersten Ideen in Richtung Fotografie. Beide Brüder sind fleißige Erfinder und entwickeln* ***1798*** *einen Explosionsmotor namens »Pyréolophore«, mit dem sie ein Schiff antreiben können.*

Als die Lithografie in Frankreich eingeführt wird, macht Niepce Versuche, die Steinplatten durch Metallplatten zu ersetzen. Spätestens seit ***1816*** *experimentiert er damit, Bilder einer Camera obscura chemisch festzuhalten.* ***1824*** *macht er eine Aufnahme auf einem Lithostein, die fünf Tage Belichtungszeit benötigt.* ***1827*** *gelingt ihm die erste Fotografie.* ***1829*** *lernt er Daguerre kennen und vereinbart mit ihm einen Kooperationsvertrag.*

Am 5. Juli ***1833*** *stirbt Niepce unerwartet. Daguerre führt den gemeinsamen Weg weiter und wird mit seinem eigenen Patent erfolgreich, verweist aber immer auf die Erfindung seines Freundes Nicéphore Niepce.*

DAS AUTOMATISCHE BILD

1827 gelingt es Nicéphore Niepce ein Bild zu schaffen, ohne dafür Stift oder Pinsel zu verwenden: die erste Fotografie.

Seit heute ist die Malerei tot!« Diese etwas zu voreilige und zu pessimistische Aussage machte ein französischer Maler im Jahre 1839, als er eine Daguerreotypie, eine frühe Form der Fotografie, sah. Was dieser Maler offensichtlich nicht wusste, war, dass er mit seiner Aussage nicht nur Unrecht hatte, sondern auch circa 12 Jahre zu spät kam. Denn schon 1827 war es Nicéphore Niepce gelungen, ein Bild zu schaffen, ohne einen Stift oder Pinsel zu verwenden. Er hatte es der Sonne und den Gegenständen selbst überlassen, dieses Bild herzustellen: die erste Fotografie. *(Abb. 97)* Niepce stellte dafür nur die Gerätschaften zur Verfügung und ließ die Sonne die Arbeit machen. Es waren die Gleichen, die man heute noch verwendet: eine Kamera und lichtempfindliches Filmmaterial.

Die Kamera war vom Prinzip her schon lange als »Camera obscura« (dunkle Kammer) bekannt: Durch eine kleine Öffnung fällt Licht auf einer Seite in einen dunklen Raum und projiziert auf der gegenüberliegenden Seite ein Abbild von draußen. Die Araber verwendeten sie schon um die Jahrtausendwende zur Sternbeobachtung und 1558 lieferte der Italiener Giovanni Battista della Porta die erste Beschreibung eines solchen Gerätes in Europa. Die ersten Modelle hatten tatsächlich Zimmergröße. Es gab sie aber bald auch in transportablen Formaten, die als Zeichenhilfe dienten. Das in einen Kasten einfallende Licht wurde über eine Spiegelkonstruktion auf eine Glasscheibe gelenkt und das so entstandene Bild konnte einfach abgezeichnet werden. Um ein schärferes Bild zu erhalten, fügte man in das Loch eine Linse ein. Daniele Barbaro erfand zusätzlich noch die Blende, durch deren Veränderung man die Schärfentiefe regulieren konnte.

Mit dieser frühen Art der Kamera konnten die damaligen Maler erstaunlich genaue Abbilder ihrer Umwelt schaffen und waren beispielsweise der Schwierigkeiten der korrekten perspektivischen Konstruktion enthoben. Vor allem bei genauen Ansichten von Städten und Landschaften, so genannten Veduten, die zu beliebten Reiseandenken avancierten, wurden diese Geräte gerne verwendet. Die wohl berühmtesten Maler, die sich dabei dieses Hilfsmittels bedienten, waren die Venezianer Canaletto und Francesco Guardi (1712–1793). Bei Guardi kann man sogar die Verwendung eines »Weitwinkelobjektivs« erkennen, da sich auf seiner Ansicht Venedigs der Horizont entsprechend krümmt. *(Abb. 98)*

Der mechanische Teil der Fotografie war also vorhanden. Aber trotz aller technischen Hilfe mussten die Künstler noch selbst zeichnen und die Bilder auf Leinwand übertragen. Wie konnte man die Bilder, die man mit der Camera obscura automatisch einfing, auch automatisch festhalten? Dazu bedurfte es noch der chemischen Komponente des Prozesses, dem lichtempfindlichen Filmmaterial. 1727 entdeckte der deutsche Forscher Johann Heinrich Schulze die Lichtempfindlichkeit von Silbersalzen. Es war schon in der Antike bekannt, dass sich verschiedene Substanzen unter Einwirkung von Licht wesentlich veränderten, aber in Verbindung mit der Camera obscura bekam diese Entdeckung eine ganz neue Bedeutung. Jetzt standen die zwei grundlegenden Komponenten der Fotografie zur Verfügung.

Nicéphore Niepce kannte die Technik der Lithografie, ihn störten dabei lediglich die unhandlichen, schweren Steinplatten. Er unternahm Versuche, die Steine durch Metallplatten zu ersetzen, die er mit einer lichtempfindlichen Beschichtung versah. Es gab nur ein Problem: Es gelang ihm zwar, Metallplatten und andere Materialien lichtempfindlich zu machen und auch zu belichten, sie dunkelten allerdings sofort nach und wurden schwarz. Er war noch nicht in der Lage, diesen Prozess zu stoppen und das Bild zu fixieren. 1816 schaffte er es, die Kopie eines Kupferstiches herzustellen und diese zu fixieren. Angespornt von diesem Erfolg versuchte er, Bilder seiner Camera obscura auf eine solche Metallplatte zu bannen. Der Durchbruch gelang ihm im Juni 1827 durch die

Verwendung einer Asphaltbeschichtung und jodhaltiger Substanzen. Er stellte eine seiner selbstgebauten Kameras in das Fenster im ersten Stock seines Hauses mit Blick auf ein Nebengebäude, dessen Dach man in der Mitte dieser ersten erhaltenen Fotografie erkennen kann. Auf der linken Seite ist ein Fensterflügel zu sehen, der auf einen turmartigen Anbau zeigt, im Hintergrund ist ein Baum und auf der rechten Seite ein weiterer Anbau zu erkennen. Die Belichtungszeit betrug ungefähr acht Stunden.

Die Erfindung der Fotografie lag in der ersten Hälfte des 19. Jahrhunderts anscheinend in der Luft, denn mehrere Männer kamen zur gleichen Zeit an verschiedenen Orten zu ähnlichen Lösungen: Louis Jacques Mandé Daguerre (1787–1851) in Paris, William Fox Talbot (1800 bis 1877) in England, der das Negativ-Positiv-Verfahren entwickelte, Hippolyte Bayard (1801–87) ebenfalls in Paris und angeblich auch noch zwei Herren in Brasilien und Norwegen.

Daguerre und Niepce lernten sich über ihren gemeinsamen Linsenhändler kennen und schlossen 1829 einen Kooperationsvertrag zur Verbesserung des Verfahrens ab. Niepce starb 1833 und Daguerre entwickelte das Verfahren auf der gemeinsamen Grundlage weiter. Er verwendete jodierte Silberplatten, von denen zwar keine Abzüge gemacht werden konnten, die jedoch eine ungleich bessere Qualität aufwiesen als die von Niepce. Er stellte seine vom ihm selbst »Daguerreotypien« genannten Bilder im Januar 1839 der französischen Akademie der Wissenschaften vor. Der französische Staat erwarb dieses Verfahren und stellte es wegen der großen Bedeutung für die Öffentlichkeit patentfrei zur Verfügung. Obwohl also Niepce die erste Fotografie gelang, war es Daguerre, der das Verfahren so weit verbesserte, dass es von der Allgemeinheit genutzt werden konnte.

Fotoapparate nach Daguerres Plänen wurden über Nacht zum Verkaufsschlager. Daguerre veröffentlichte ein Buch, in dem er neben Niepces Erfindung seine Methode darlegte und sogar Baupläne der Kamera und von Entwicklungsgeräten beilegte. Das Buch erschien weltweit und bald versuchte jeder, eigene Daguerreotypien herzustellen. Niepce bezeichnete seine Bilder übrigens als »Heliographien« (Sonnenschriften), und Talbot nannte

98 | Francesco Guardi: *Regatta auf dem Canale della Giudecca,* um 1760, 61 x 93 cm, Öl auf Leinwand, Alte Pinakothek, München

99 | Franz von Lenbach: *Familienporträt,* Fotografie, Städtische Galerie im Lenbachhaus, München

seine Bilder »photogenische Zeichnungen«. Der Begriff »Fotografie« (Schreiben mit Licht) stammt von dem englischen Astronom und Naturforscher Sir John Herschel, der wiederum ein Verfahren zur Fixierung der Bilder ersann, dessen Prinzip auch heute noch angewendet wird. Von ihm stammen auch die Begriffe Negativ und Positiv, die vorher als »umgekehrte Kopie« und »wieder umgekehrte Kopie« bezeichnet wurden.

Trotz aller Popularität war die Fotografie noch ein Medium, das eigentlich einen Spezialisten verlangte. Die Belichtungszeit wurde im Vergleich zu Niepces erster Fotografie zwar deutlich verkürzt, betrug aber bei hellem Tag noch immer mehrere Minuten. Erst in den 1860er-Jahren konnte dieses Manko durch lichtempfindlichere Emulsionen verbessert werden. Die vielen und schnell aufeinander folgendenden Entwicklungsschritte der Fotografie bis zum ersten digitalen Foto im Jahr 1975 sollen hier nicht aufgezählt werden. Viel wichtiger ist in unserem Zusammenhang die Reaktion der Maler auf die Fotografie. Interessant sind dabei die Aussagen, die zu den mechanischen Bildern getroffen wurden. Man sprach von »sich selbst malenden Bildern«, von »Zeichnungen«, und davon, dass dieses Verfahren die Zeichenkunst revolutionieren würde. Die meisten verglichen die Fotografie mit der Zeichnung und waren zunächst an deren Verbesserung interessiert. Aber schon kurz nach Bekanntwerden von Daguerres Verfahren schrieb eine französische Zeitung: »Ihr werdet erkennen, wie weit Zeichenstift und Pinsel von der Wahrheit des Daguerreotypes entfernt sind. Aber der Zeichner und der Maler brauchen nicht zu verzagen; die Ergebnisse M. Daguerres unterscheiden sich von ihrem Tun und können es in vieler Hinsicht nicht ersetzen.«
Wenn es um die Konkurrenz zwischen Malerei und Fotografie ging, hielten sich Ablehnung und Zustimmung für die neue Technik anfangs noch die Waage. Die Einführung der Daguerreotypie betraf beispielsweise direkt jene Porträtmaler, die auf die damals sehr beliebten Miniaturporträts spezialisiert waren. Ihre Aufträge gingen schlagartig zurück, weil die Kunden die modernen Fotografien verlangten. Die Maler gingen entweder pleite oder tauschten den Pinsel gegen die Kamera und das entsprechende Entwicklungslabor ein und wurden Fotografen.

Die Begeisterung, aber auch Irritation darüber, dass die frühen Fotografien ihre Motive derart detailgetreu wiedergaben, war sehr groß. So stellte ein Zeitgenosse fest: »Die Photographie zeichnet sich durch ihre Unmittelbarkeit und ihre Authentizität sowie durch die bemerkenswerte Tatsache aus, dass ihr Auge mehr sieht als das menschliche Auge. Die Kamera sieht alles.« Es wurde quasi jedermann ermöglicht, perfekte Bilder zu produzieren. War die Abbildung der Wirklichkeit vor der Erfindung der Fotografie noch Malern und Zeichnern vorbehalten, die ihre Kunst mühsam erlernen mussten, konnte nun jeder, der eine Kamera besaß, die Natur sehr viel genauer darstellen. Die Wiedergabe von Einzelheiten war so exakt, dass man auch mit der Lupe noch Details sehen konnte.

Aber damit war auch einer der wichtigsten Kritikpunkte verbunden: Der Fotograf zeige nur leblose Gegenstände und die Natur zeichne er geistlos nach. Das lag

natürlich an den Belichtungszeiten von bis zu einer halben Stunde, was jede Bewegung in einem Bild auslöschte. Die Maler dagegen gestalteten mit der Kraft ihrer Fantasie und ihrer Kreativität. Wenn sie Beobachtungen in ihren Bildern festhielten, interpretierten sie diese gleichzeitig. Sie konnten in ihren Werken hinter die äußere Erscheinung der Dinge blicken, statt sie seelenlos abzubilden, wie es den Fotografen vorgeworfen wurde.

Viele Künstler erkannten auch die Möglichkeiten, die sich mit dem neuen Medium auftaten – zumal die Fotografie sich rasant weiterentwickelte. So wurde die Kamera für viele Maler bald zu einer neuen Form des Skizzenbuchs. Eugène Delacroix (1798–1863) verwendete Fotos von Aktmodellen als Grundlage für seine Skizzen, Jean François Millet (1814–75) empfahl das Studium von Fotografien zur Verbesserung der Zeichnung – etwa von Faltenwürfen – in einem Gemälde. Von Edgar Degas (1834–1917) ist bekannt, dass er oft mit seiner Kamera im Ballett fotografierte, um von diesen Bildern seine Zeichnungen und Gemälde »abzunehmen«. Man meint in seinen Bildern einen fotografischen Blick zu erkennen, der sich durch eine scheinbare Zufälligkeit auszeichnet.

Ein besonders anschauliches Beispiel für die Verwendung der Fotografie zum Zwecke der Malerei liefert der Maler Franz von Lenbach (1836–1904). Sein berühmtes Familienporträt basiert auf einer Fotografie. Er inszenierte das komplette Bild für die Kamera und setzte es dann in Malerei um. *(Abb. 99, 100)*

Die Malerei und die Fotografie standen dennoch in Konkurrenz, obwohl sie zwei ganz unterschiedliche Medien sind. Die Fotografie setzt sich mit dem Moment, mit dem Hier und Jetzt auf eine Weise auseinander, die der Malerei verschlossen bleibt. Die Fotografie ist in der Lage, Dinge sichtbar zu machen, die das menschliche Auge sonst nicht wahrnimmt und das gemalte Bild nicht darstellt. Aber man kann nur fotografieren, was man vor der Kamera hat, was wiederum eine große Einschränkung gegenüber der Malerei bedeutet und sich auch in den frühen Kritiken widerspiegelt. Allerdings ist es genau das, was die Fotografie lange Zeit ausgemacht hat: ihre Glaubwürdigkeit. Denn das, was fotografiert wurde, muss genau so existiert haben und in dem entsprechenden Moment vor einer Kamera gewesen sein. Heute wissen wir, dass das keineswegs so sein muss, aber trotzdem glauben wir Fotografien immer noch eher als gemalten Bildern.

100 | Franz von Lenbach: *Familienporträt,* 96,5 x 122 cm, Öl auf Pappe, Städtische Galerie im Lenbachhaus, München

Die Fotografie hatte nicht nur direkten Einfluss auf die Malerei, indem sie als Skizzenersatz und Vorlagenlieferant diente. Weitaus folgenreicher war, dass die getreue Nachbildung der Natur, die seit der Renaissance zu einer der wichtigsten Aufgaben der Malerei und Zeichnung gehörte, nun durch die Fotografie ungleich genauer bewerkstelligt werden konnte. Das gab der Malerei ganz neue Freiheiten und die Aufgabe, sich auf andere Ausdrucksmittel und Themen zu konzentrieren. Die Maler beschäftigten sich zunehmend mit ihrer eigenen Gefühlswelt. Die Farbe, die in der Fotografie noch lange keine Rolle spielte, rückte in den Mittelpunkt. Es ist daher vielleicht kein Zufall, dass der Impressionismus in einer Zeit entstand, als die Fotografie auf einem ihrer ersten Höhepunkte war.

CLAUDE MONET

Oscar Claude Monet wird am 14. November ***1840*** *geboren und wächst in Le Havre auf. Schon als Schüler betätigt er sich erfolgreich als Karikaturist seiner Lehrer.* ***1860*** *besucht er in Paris die fortschrittliche Kunstschule Académie Suisse, wo er Camille Pissarro kennenlernt.* ***1862/63*** *studiert er im Atelier Gleyre, wo er mit Auguste Renoir und Alfred Sisley zusammenarbeitet.* ***1866*** *hat er mit »Dame im grünen Kleid«, ein Porträt seiner späteren Frau Camille, seinen ersten Erfolg im Pariser Salon. Im Sommer* ***1868*** *begeht er einen Selbstmordversuch.* ***1870*** *heiratet er Camille und geht mit ihr für zwei Jahre nach London, wo er die Werke John Constables und William Turners sieht.* ***1872*** *malt er »Impression: Sonnenaufgang« und stellt e.* ***1874*** *erstmals aus. In den folgenden Jahren malt er verschiedene Bildserien, die das sich verändernde Licht zum Thema haben:* ***1876/77*** *»Bahnho St. Lazare«,* ***1890/91*** *»Heuschober«, die Kandinsky beeinflussen,* ***1893/94*** *»Die Kathedrale von Rouen«.* ***1883*** *zieht er nach Giverny und beschäftigt sich neben der Malerei hauptsächlich mit seinem Garten. Für Monet arbeiten sechs Gärtner. Monet ist viel auf Reisen (London,* ***1886*** *Holland,* ***189*** *Norwegen,* ***1904*** *Madrid, wo er Gemälde von Velázquez studiert).*

Ab ***1908*** *leidet Monet an der Augenkrankheit Grauer Star, die erst* ***1923*** *erfolgreich operiert wird.* ***1915*** *beginnt er im Auftrag des Staates Frankreich mit dem Seerosen-Zyklus (Paris, Orangerie). Claude Monet, der erste Impressionist, stirbt am 6. Dezember* ***1926*** *in seinem Haus in Giverny.*

FLIRRENDE FARBEN

> *Mit »Impression: Sonnenaufgang« malt Claude Monet 1872 das Bild, nach dem der Impressionismus benannt wird.*

Im Frankreich des 19. Jahrhunderts fanden alljährlich Kunstausstellungen der Königlichen Kunstakademie statt, die so genannten »Salons«. Die Gemälde wurden von Professoren der Akademie und Vertretern der Regierung ausgewählt. Das hatte eine eher konservative Auswahl zur Folge, und Werke, die nicht dem anerkannten akademischen Stil entsprachen, wurden abgelehnt. Die Zahl der abgelehnten Maler stieg stetig an, bis 1863 unter Napoleon III. ein Salon für die von der Akademie-Jury abgewiesenen Maler, der so genannte »Salon des Refusés«, eingerichtet wurde. Neben diesem entstanden weitere Salons und private Kunstschulen, aus denen sich zunehmend eine Gegenbewegung zur Königlichen Akademie und der von ihr vorgegebenen Kunstauffassung formierte.

1874 fand im Atelier des berühmten Pariser Fotografen Nadar (1820–1919) eine Kunstausstellung statt, die bei Kritikern auf große Ablehnung stieß, für die Kunstwelt allerdings außergewöhnlich wichtig wurde. Es war die erste Ausstellung, bei der keine Jury eine Vorauswahl getroffen hatte. *(Abb. 102)* In dieser Ausstellung zeigte Claude Monet sein zwei Jahre zuvor gemaltes Bild *Impression: Soleil levant* (Impression: Sonnenaufgang). *(Abb. 101)* Dieses Gemälde widersprach allem, was in der offiziellen Kunst der damaligen Zeit anerkannt und akzeptiert war. Das Motiv war nach damaliger Ansicht eigentlich keines, weil es sich weder um ein historisches noch ein mythologisches oder religiöses Thema handelte noch eine sonstige moralisierende Aussage gemacht wurde, was für die akademische Kunst damals immens wichtig war. Es war lediglich ein Sonnenaufgang über dem Hafen von Le Havre zu sehen. Und die Malweise wurde natürlich überhaupt nicht akzeptiert: Einzelne Farbtupfer und Striche waren scheinbar wild nebeneinander gesetzt worden. Die Umrisslinie der Gegenstände, über deren Bedeutung der berühmte Maler Dominique Ingres (1780–1876) noch leidenschaftlich mit dem nicht weniger berühmten Malerkollegen Eugène Delacroix (1798 bis 1863), einem Verfechter der Farbe, stritt, spielte keine Rolle mehr.

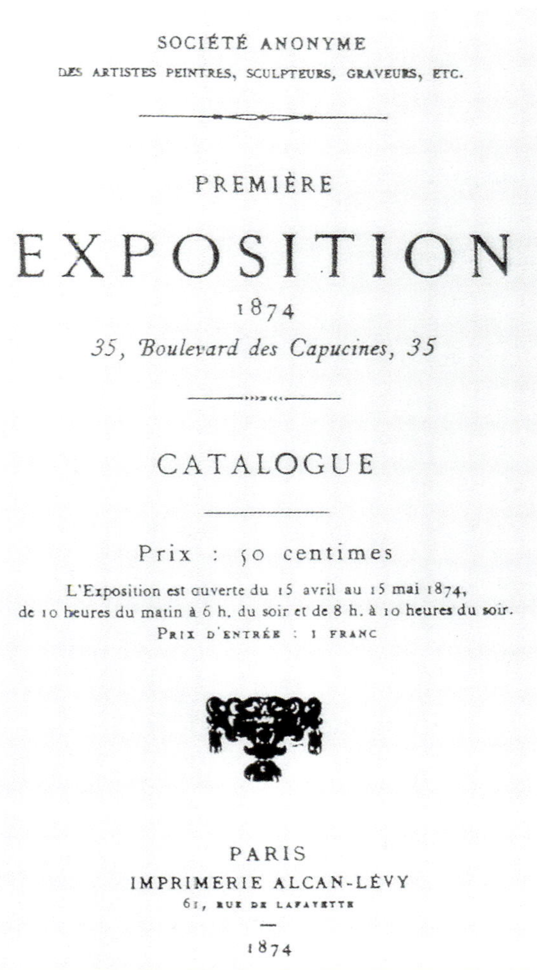

SOCIÉTÉ ANONYME
DES ARTISTES PEINTRES, SCULPTEURS, GRAVEURS, ETC.

PREMIÈRE
EXPOSITION
1874
35, Boulevard des Capucines, 35

CATALOGUE

Prix : 50 centimes
L'Exposition est ouverte du 15 avril au 15 mai 1874,
de 10 heures du matin à 6 h. du soir et de 8 h. à 10 heures du soir.
PRIX D'ENTRÉE : 1 FRANC

PARIS
IMPRIMERIE ALCAN-LÉVY
61, RUE DE LAFAYETTE
—
1874

101 | Claude Monet: *Impression Sonnenaufgang*, 1872, 48 x 63 cm, Öl auf Leinwand, Musée Marmottan, Paris

102 | *Ausstellungsanzeige*

Der Kritiker der Zeitschrift *Charivari*, Louis Leroy, sah dieses Gemälde in der Ausstellung und echauffierte sich maßlos darüber: »Impression: Sonnenaufgang. – Impression, dessen war ich gewiss. Da muss Impression drin sein. Und welch eine Freiheit und welch eine Dreistigkeit in der Ausführung! Tapetenpapier im embryonalen Zustand ist noch sorgfältiger ausgeführt als diese Malerei.« Wie so oft in der Geschichte der Kunst war also auch der Begriff Impressionismus zuerst eigentlich als abwertende, hämische Bezeichnung, ja als Schimpfwort gedacht.

Aus heutiger Sicht ist die Aufregung Leroys und seiner Zeitgenossen kaum mehr verständlich, weil wir inzwischen viele Formen und Ausprägungen der Kunst kennengelernt haben und die Entwicklung unserer Wahrnehmung natürlich eine andere Sichtweise auf die Malerei zulässt, als es zu dieser Zeit möglich war. Heute zählen Claude Monet und die anderen Künstler, die an dieser Ausstellung teilgenommen haben, wie Auguste Renoir (1841–1919), Edgar Degas und Camille Pissarro (1831 bis 1903), zu den bekanntesten Malern der Welt, und ihre Werke gehören zu den teuersten auf dem Kunstmarkt. Für einen Kunstkritiker wie Louis Leroy, der von seiner Zeit mit ihren festen Wertvorstellungen und ihrer hierarchischen Gesellschaftsordnung geprägt war und für den es in der Kunst feste Regeln und Vorgaben gab, musste *Impression: Sonnenaufgang* ein Schlag ins Gesicht gewesen sein.

Monet suchte nach malerischen Möglichkeiten, seinen Eindruck einer Situation und deren Stimmung wiederzugeben. Ihm ging es nicht mehr um Exaktheit und Detailtreue, wie es die Künstler der Königlichen Akademie um Ingres anstrebten. Ihm war weniger das Motiv wichtig als die Malerei selbst. Indem Monet kein historisches oder religiöses Motiv wählte, war er auch freier in der künstlerischen Darstellung. Er malte nicht mehr objektiv, wie es der akademischen Forderung entsprach, sondern er stellte einen Augenreiz in rein subjektiver Manier dar.

Der Eindruck des Leichten, ja Spontanen, den Monet in diesem Bild erzielt, wird durch verschiedene Aspekte ermöglicht. Wesentlich ist die Auflösung von Kontur und Fläche. Hier gibt es keinen perspektivisch »richtigen« Bildraum mehr; die Dinge, die dargestellt werden, verlieren ihre Wichtigkeit zu Gunsten ihrer optischen Reize. Das Bild wirkt so, als ob man mit zusammengekniffenen Augen eine solche Szene betrachten würde. Tiefe und Dynamik des Bildes entstehen allein durch die Farbe, die Gegenstände, die mit flüchtigen, kommaartigen Pinselstrichen dargestellt sind, erkennt man nur schemenhaft: Zwei Ruderboote, die sich dunkel von der Wasserfläche abheben, eine Hafenlandschaft, in der man Schiffe, Kräne und rauchende Schlote erahnen kann. Dazu die rote, aufgehende Sonne, deren Strahlen auf den Wellen blitzen, und die Morgenröte, die am Himmel erscheint. All das wirkt auf dem Bild wie zufällig, wie ein fotografischer Schnappschuss, ohne erkennbare Komposition. Luft, Licht und Wasser wirken fast körperhaft, das eigentliche Motiv ist die atmosphärische Wirkung. Diese ist für Monet wichtiger als die naturgetreue Abbildung des Hafens.

Derartige »impressionistische« Wirkungen gab es auch schon früher in der Malerei, vor allem bei den großen Meistern des Barock wie Velázquez *(Abb. 103)*, Rembrandt und später auch bei Goya. Auch hier wurden Konturen und Flächen in feine Farbabstufungen aufgelöst, sodass man auf die Entfernung beispielsweise deutlich die Seide eines kostbaren Kleides zu erkennen glaubt, die sich bei näherem Hinsehen als feine Pinselstriche und Farbflächen erweisen. Allerdings beschränken sich diese Effekte auf kleinere Partien in den Bildern. Claude Monet hat diese Malerei sehr genau studiert und hat diesen Effekt, der darauf basiert, dass sich feine Farbflächen im Auge des Betrachters zusammensetzen, erstmals auf ein ganzes Bild übertragen.

Eine Voraussetzung für die Kunst Monets und der anderen Impressionisten mag nebensächlich erscheinen, war aber von großer Bedeutung. Einige französische Künstler begannen seit Mitte des 19. Jahrhunderts ihre Gemälde direkt in der Natur, im Freien zu malen. Bis dahin war es üblich gewesen, Skizzen oder Aquarelle in der Natur anzufertigen, das eigentliche Gemälde aber im Atelier auszuführen. Der deutsche Romantiker Caspar David Friedrich (1774–1840) ist dafür ein berühmtes Beispiel. Maler wie Gustave Courbet (1819–77) und die Künstler der »Schule von Barbizon«, einer Künstlerkolonie, waren bekannte Vertreter dieser so genannten »Plein-air-Malerei« (Freiluft-Malerei). *(Abb. 104)* Diese Loslösung vom Atelier wurde dadurch erleichtert, dass

103 | Diego Velázquez: *Die Infantin Margarethe von Österreich,* um 1660, 212 x 147 cm, Öl auf Leinwand, Museo del Prado, Madrid

104 | Jean-François Millet: *Bauer beim Pfropfen,* 1855, 80,5 x 100 cm, Öl auf Leinwand, Neue Pinakothek, München

man in dieser Zeit anfing, die Ölfarben in den heute üblichen Metalltuben anzubieten. So waren sie überall und jederzeit verfügbar und trockneten bei Nichtgebrauch nicht ein. Nun war es den Künstlern möglich, ihre Eindrücke spontan auf die Leinwand zu bannen und auf die Veränderungen des Lichts zu reagieren. Und ebendieses macht Claude Monet: Er hält einen Eindruck gleichsam im Moment des Erlebens fest. Damit ist er auf seine Weise genauso naturalistisch wie seine akademisch orientierten Kollegen, allerdings sind die Absicht und die Wirkung gänzlich andere.

In späteren Bildern legt Monet immer mehr Wert auf die Farbe und die Wirkung des Lichts und entfernt sich dadurch mehr und mehr vom darzustellenden Gegenstand, sodass er bis an die Grenze der reinen Farbmalerei und der Auflösung des Gegenstandes vorstößt. *(Abb. 105)*

Die Grenze zur Abstraktion tatsächlich zu überschreiten, bleibt jedoch einem anderen vorbehalten.

Mit der impressionistischen Malerei endet auch eine lange Entwicklung der illusionistischen Kunst, die seit der Renaissance mittels Perspektive, genauester Naturdarstellung und detailtreuer Oberflächenschilderung versucht hat, die Natur nachzuahmen. Monet und die Impressionisten führen diese Entwicklung auf ihre Weise zu ihrem Höhepunkt und gleichzeitig zu ihrem Abschluss.

Es bleibt noch anzumerken, dass dieser so bedeutende Bildtitel *Impression: Sonnenaufgang*, der einem gesamter Kunststil seinen Namen gab, eigentlich nur zufällig entstand. Als nämlich der Bruder des berühmten Auguste Renoir, Edmond, den Katalog für die Ausstellung erstellen wollte, war ihm der Titel von Monets Bild zu langweilig. Es hieß schlicht *Seelandschaft*, und Edmond Renoir wollte einen aussagekräftigeren Titel, worauf Claude Monet zu ihm sagte: »Schreiben Sie doch *Impression: Sonnenaufgang.*« 1877 fand eine neue Ausstellung statt, bei der sich die Künstlergruppe nun den Spaß machte, sich quasi offiziell in Anlehnung an ihren größten Kritiker Louis Leroy »Impressionisten« zu nennen.

105 | Claude Monet: *Weiden am Seerosenteich*,
140 x 150 cm, Öl auf Leinwand, 1917/19 Christie's, London

WAR ES DOCH ANDERS?

Glaubt man dem Maler Auguste Renoir ***(1841–1919)****, einem der Mitstreiter und Hauptvertreter des Impressionismus, so ist die Geschichte der Entstehung des Impressionismus eine ganz andere. Oft malte er mit Monet und Manet gemeinsam im Freien. Er hat eine sehr einfache und einleuchtende Erklärung für diesen hellen und farbenfrohen Malstil: »Eines Tages ist einem von uns das Schwarz ausgegangen – und damit war der Impressionismus erfunden.«*

WASSILY KANDINSKY

*Kandinsky wird am 4. Dezember **1866** in Moskau geboren. **1886–92** studiert er in seiner Heimatstadt Rechtswissenschaften und Nationalökonomie und wird danach Dozent an der Moskauer Universität. Nach Reisen nach Paris (**1889** und **1892**) geht er nach München und studiert dort an der Kunstakademie bei Franz von Stuck. **1901** gründet er die Künstlergruppe »Phalanx« und lernt in seiner ersten Schülerin Gabriele Münter auch seine spätere Lebensgefährtin kennen. Zwischen **1903** und **1907** reist er viel (Tunesien, Russland, Holland, Italien, Schweiz) und nimmt **1905** am Pariser Herbstsalon und am »Salon des Indépendents« teil. Ab **1908** wohnt er mit Gabriele Münter in Murnau und München, wo er **1910** das »erste abstrakte Aquarell« malt und **1911** mit Franz Marc die Künstlergruppe »Der Blaue Reiter« gründet, die großen Einfluss auf die moderne Kunst haben sollte. **1912** erscheinen der Almanach »Der Blaue Reiter« und sein theoretisches Werk »Über das Geistige in der Kunst«.*

***1914** kehrt Kandinsky nach Moskau zurück und wird **1918** Professor an den staatlichen Kunstwerkstätten der Universität. **1920** wird er Professor für Kunsttheorie. **1922–33** lehrt er am legendären Bauhaus in Weimar und wird **1928** deutscher Staatsbürger. **1933** emigriert er nach Frankreich. **1937** werden 57 Werke Kandinskys als »entartete Kunst« aus den deutschen Museen entfernt. Kandinsky stirbt am 13. Dezember **1944** in Neuilly-sur-Seine.*

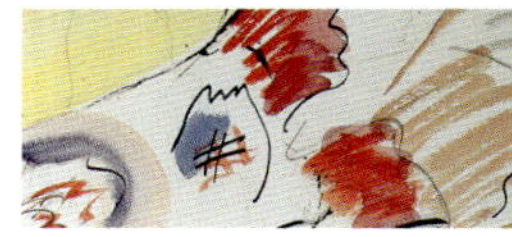

GEFÜHLE WERDEN ZU MALEREI

> *1910 malt Wassily Kandinsky das erste abstrakte Aquarell.*

Die Grenze, die sich Claude Monet in seinen späten Gemälden noch zu überschreiten scheute, war die Grenze zur reinen Farbe, zur puren Malerei frei von Gegenständlichkeit – kurz: zur Abstraktion. Die Impressionisten befreiten die Malerei von »bedeutenden« Motiven und nahmen sich selbst die Freiheit, ihre subjektive Sicht der Welt wiederzugeben.

Zu Beginn des 20. Jahrhunderts suchten viele Künstler nach neuen Ausdrucksformen und so entstanden verschiedene Richtungen, die zwar nicht unbedingt miteinander konkurrierten, aber doch jeweils auf ihre Weise die Kraft der Malerei stärkten. Vielen Malern ging es in dieser Zeit darum, ihren seelischen Zustand in ihren Bildern auszudrücken. Schon Paul Gauguin (1848–1903) stellte die wichtige Frage: »Warum sollten wir nicht dazu gelangen, Farbharmonien zu schaffen, die unserem seelischen Zustand entsprechen?« Solange die Maler sich allerdings an die Welt der Gegenstände gebunden fühlten, konnten sie nie einfach nur ihren Empfindungen folgen. Solange sie diese Grenze nicht überschritten, war der Weg zum reinen Gefühl in ihren Gemälden nicht wirklich frei.

Auch Wassily Kandinsky beschäftigte sich mit dieser Frage und überschritt diese Grenze 1910 zum ersten Mal mit seinem »ersten abstrakten Aquarell«. Doch Kandinsky war kein junger, wilder Revolutionär, sondern eher ein Romantiker, dem es um die seelischen Zustände ging, seine eigenen und die des Publikums. Und er war immerhin schon 45 Jahre alt, als er endlich zu diesem Bild bereit war.

Kandinsky, eigentlich studierter Jurist und Volkswirtschaftler, kam 1896 von Moskau nach München und studierte unter anderem bei Franz von Stuck (1863–1928) Malerei. Zwei Erlebnisse hatten ihn zu diesem so wichtigen Schritt bewegt: Als Kandinsky als Student Richard Wagners Oper *Lohengrin* hörte, war es erstmals um ihn geschehen: »Ich konnte alle meine Farben sehen, es wurde mir bewusst, dass die Malerei die gleiche Macht wie Musik besitzt.« Kandinsky wusste also schon früh, was sein Ziel in der Malerei war: reines Gefühl und eine malerische Sprache, die der Musik ähnlich sein und beim Publikum ebensolche Gefühle auslösen sollte.

Das andere wichtige Erlebnis wenig später war eine Ausstellung der Impressionisten in Moskau und dabei besonders die Serie der Heuhaufenbilder von Claude Monet. *(Abb. 107)* Kandinsky erkannte das Motiv »Heuhaufen« zunächst gar nicht; erst als er im Katalog nachlas, wurde ihm das Motiv klar. Er war äußerst beeindruckt vom Einsatz malerischer Mittel, durch die das Gegenständliche ganz uninteressant wird. Ihm wurde klar, dass

106 (linke Seite) |
Wassily Kandinsky: *1. Abstraktes Aquarell,*
1910, 49,6 x 64,8 cm, Bleistift, Tusche,
Aquarell auf Papier, Musée National d'Art Moderne
G. Pompidou, Paris

107 | Claude Monet: *Strohschober im Sonnenlicht,*
1891, 73 x 92,5 cm, Öl auf Leinwand, Christie's, London

108 | Henri Matisse: *Stillleben mit Geranien*, 1910, 93 x 115 cm, Öl auf Leinwand, Pinakothek der Moderne, München

das Motiv nur noch Anlass, nicht Grund der Malerei war. – Man kann heute kaum nachvollziehen, warum er nicht einfach »drauflos gemalt« hat und warum diese Grenze zum Abstrakten so unüberwindlich schien. Doch Bilder zu malen, auf denen nichts Erkennbares dargestellt wurde, war zu Beginn des 20. Jahrhunderts fast undenkbar; der Künstler hätte als Scharlatan gegolten

Auf der Suche nach Wegen, Gefühle in Malerei umzusetzen und seinem Glauben an die überwältigende Macht der Farbe Ausdruck zu verleihen, kam Kandinsky über München auch nach Paris. Interessanterweise sind gerade Moskau, München und Paris die Kunstzentren, in denen sich verschiedene Künstler mit ähnlichen Problemen beschäftigten. Der Jugendstil in Paris und München beispielsweise, eine sehr dem Ornament verpflichtete Kunstrichtung, zeigt einige Versuche zur Abstraktion, bei denen jedoch der ornamentale Charakter noch stark überwiegt.

In Paris stieß Kandinsky zu einer jungen Künstlergruppe um Henri Matisse (1869–1954) und Georges Braque, den »Fauves«, den Vorläufern der deutschen Expressionisten. *(Abb. 108)* Auch bei ihnen stand die Farbe im Mittelpunkt. Sie hoben die Perspektive auf, setzten große Farbflächen nebeneinander und unterdrücken die Plastizität der Gegenstände. Der Name »Les Fauves«, zu deutsch »die Wilden«, war übrigens wieder einmal eine als Schimpfwort gedachte Bezeichnung eines Kritikers: In der ersten Ausstellung dieser Malergruppe stand mitten im Raum eine Skulptur im Stil des Renaissance-Bildhauers Donatello, was den Kritiker Louis Vauxcelles zu dem Ausruf veranlasste: »Armer Donatello unter all diesen Wilden!« Auch die »Fauves« gingen in Kandinskys Augen noch nicht weit genug. Sein Ziel, die Seele des Betrachters zu berühren, ja zum Schwingen zu bringen, war seiner Ansicht nach mit ihren Mitteln noch nicht zu erreichen. Für ihn ging der Weg nur über die »physische Kraft der Farbe«.

Kandinsky ging zurück nach München und zog nach Murnau, wo er mit seiner ehemaligen Schülerin Gabriele Münter (1877–1962) zusammenlebte und arbeitete. Hier fasste er die Erfahrungen und Einflüsse der letzten Jahre zusammen: der Impressionismus, der der Farbe eine neue Funktion und Freiheit gab, und die Flächigkeit und Vereinfachung der Gegenstände, die er bei den »Fauves« um Matisse in Paris kennengelernt hatte. Dazu machte er nun auch noch die Bekanntschaft mit der bayerischen Hinterglasmalerei, die sich durch einfache, detailarme Formen und starke Farben auszeichnete. Sie erinnerte Kandinsky an seine russische Heimat und ihre ornamentale Ikonenkunst.

In dieser Phase des Suchens kam Kandinsky ein Zufall zu Hilfe: Eines Tages kam er in der Dämmerung in sein Atelier und sah ein Bild, das er noch nie gesehen hatte. Er glaubte, es sei ein Bild eines Freundes und war begeistert. Er sah nur Farben und Formen, die »von einem inneren Glühen durchtränkt« schienen. Ihm wurde schlagartig klar, dass er hier auf den richtigen Weg gestoßen war: Die Malerei musste vom materiellen Gegenstand befreit und unabhängig werden. Als er auf das außergewöhnliche Bild zuging, erkannte er, dass es eines seiner eigenen Bilder war, das auf dem Kopf stand. Aber in diesem Moment hatte er die Lösung schon gefunden: Um die Seele anzusprechen und die Malerei der Musik ebenbürtig werden zu lassen, musste er auf das Vorbild der Natur verzichten. Er löste sich von der Welt der Gegenstände und schuf eine eigene, verinnerlichte Linien- und Farbpoesie. Mit dem »ersten abstrakten Aquarell« überschritt Kandinsky also endlich die Grenze, die bislang unüberwindlich schien.

Der Arbeit nur mit Formen und Farben vertraute Kandinsky allerdings noch nicht ganz. Nach seinem ersten Ausflug in die Abstraktion kehrte er noch einige Male in die Welt des Gegenständlichen zurück. In seinen Bildern erscheinen auch nach dem ersten abstrakten Aquarell immer wieder Häuser, Boote oder Hügel, sie sind allerdings kaum mehr als solche zu erkennen. *(Abb. 109)* Es dauert einige Zeit, bis er auch diese letzten Zeichen der sichtbaren Welt hinter sich lässt und sich ganz mit dem »Geistigen in der Kunst« beschäftigt. *(Abb. 110)*

Nun waren also scheinbar alle Grenzen in der Kunst eingerissen oder überschritten worden. Die Maler hatten die Natur wieder für sich entdeckt, sie hatten Räume und Welten berechnet und erschlossen und sie waren in der Lage, wirklich all das, was sie malen wollten, auch zu malen, seien es Bilder, die das Auge des Betrachters täuschten, oder Gefühle, die sie mit ihrem Publikum teilen wollten. Alles schien jetzt möglich und alle Wege standen den Künstlern offen.

110 | Wassily Kandinsky: *Einige Kreise,* 1926, 140,30 x 140, 65 cm, Öl auf Leinwand, Guggenheim Museum, New York

109 | Wassily Kandinsky: *Murnau mit Kirche I,* 1909, 64,7 x 50,2 cm, Öl auf Pappe, Städtische Galerie im Lenbachhaus, München

REVOLUTION IN WÜRFELFORM

> *1908 malt Georges Braque mit »Häuser und Baum« das erste Gemälde, das kubistisch genannt wurde.*

An der Schwelle des neuen Jahrhunderts fanden in der Welt der Malerei einige Veränderungen statt, die nicht zuletzt auch in der Erfindung der Fotografie begründet waren. Denn sie hat die Malerei von einer ihrer wichtigsten Aufgaben entbunden, der naturgetreuen Abbildung der Welt. Natürlich hat die Fotografie die Malerei nicht verdrängt. Durch sie bekam die Malerei die Freiheit, sich auf andere Dinge zu konzentrieren, was nach der sehr langen Phase des Suchens und Findens der »richtigen« Art und Weise, ein Bild nach der Natur zu malen, offensichtlich an der Zeit war. Spätestens seit die Impressionisten den hehren und bedeutenden Bildinhalten ein Ende setzten, machten sich die Maler weniger Gedanken um die Themen als vielmehr um die Probleme der künstlerischen Darstellung. Das »Wie« des Darstellens wurde wichtiger als das »Was«.

Jedem Anfang wohnt ein Zauber inne, sagte Hermann Hesse. Manchmal wohnt einem Anfang aber auch der Kern einer Revolution inne, wie es bei *Häuser und Baum* der Fall ist. *(Abb. 111)* Georges Braque malte dieses und andere Landschaftsbilder im Sommer 1908 in L'Estaque, in der Nähe von Marseille. Braque wollte seine Bilder im Herbstsalon in Paris präsentieren, sie wurden jedoch abgelehnt. So vertraute er sie dem Kunsthändler Daniel-Henry Kahnweiler an, der auch die Bilder Pablo Picassos ausstellte.

Schon Henri Matisse, der der Jury des Herbstsalons angehörte, erwähnte die würfelartigen Gebilde (französisch »cubes«) in Braques Gemälden, und der Kunstkritiker Louis Vauxcelles schrieb über Braques Ausstellung: »Er missachtet die Form und reduziert alles, Orte, Figuren und Häuser auf geometrische Schemata, auf Kuben.« Vauxcelles, dem auch die als Beleidigung gedachte Bezeichnung der »Fauves« *(s. Seite 132)* zu verdanken ist, fährt fort: »Spotten wir nicht, da er [Braque] gutgläubig ist, und warten wir ab.« Was Matisse anmerkte und Vauxcelles in seiner Kritik beim Namen nannte, sollte sich zum größten Umbruch in der Malerei seit der Einführung der Zentralperspektive durch Brunelleschi und Masaccio 500 Jahre zuvor entwickeln – dem Kubismus.

Wie oft bei »ersten« Bildern ist vieles noch nicht ausgearbeitet und noch nicht so, wie man es aus der reifen Phase kennt. In diesem Fall steckt der Kubismus noch in den Kinderschuhen, aber einige Grundideen sind bereits zu erkennen. Wie Louis Vauxcelles in seiner Kritik beschrieben hatte, werden sämtliche Objekte auf geometrische Gebilde zurückgeführt: Aus einem Haus wird ein Kubus, aus dem Dach wird eine Pyramide, und der Baum besteht aus mehreren zylindrischen Formen. Diese Reduzierung war nicht Braques ureigene Idee. Schon der französische Maler Paul Cézanne (1839–1906), dem ein Jahr nach seinem Tod eine viel beachtete Gedächtnisausstellung in Paris gewidmet wurde, war der Meinung, dass man die Erscheinungen der Natur auf geometrische Grundformen wie Kugel, Kegel und Zylinder reduzieren sollte.

Braque war von Cézannes Bildern beeindruckt, aber er ging in seinem Bild *Häuser und Baum* entscheidende Schritte weiter. Zugunsten einer radikalen Klarheit der geometrischen Formen verzichtet Braque auf alle Details wie Blätter, Fenster, Türen. Die Gegenstände sind also nicht nur formal reduziert, sondern auch ihrer praktischen Funktionen und Merkmale beraubt. Die Konzentration auf die Form wird durch die Reduzierung der Farbe verstärkt. Die Farbpalette des früheren Fauvisten Braque weist nur noch gedeckte Farben wie Ocker, Braun und Grün auf. Die Farbe hat nicht mehr die Aufgabe, Gegen-

111 (linke Seite) | Georges Braque: *Häuser und Baum*, 1908, 40,5 x 32,5 cm, Öl auf Leinwand, Musée d'Art Moderne, Villeneuve d'Ascq

GEORGES BRAQUE

Georges Braque wird am 13. Mai ***1882*** *in Argenteuil-sur-Seine geboren.* ***1897–99*** *macht er eine Lehre als Dekorationsmaler und studiert von* ***1902*** *bis* ***1904*** *in einer Abendschule Kunst.* ***1905*** *schließt er sich in Paris den »Fauves« an.* ***1907*** *stellt er im »Salon des Indépendents« aus und lernt Picasso kennen.* ***1908*** *geht er nach L'Estaque und malt seine ersten »kubischen« Bilder.*

Zwischen ***1908*** *und* ***1914*** *entwickelt er mit Picasso erst den analytischen, dann den synthetischen Kubismus.*

1914–16 *dient Braque im Krieg und trägt eine Kopfverletzung davon. Er trennt sich von Picasso und beginnt* ***1920*** *mit ersten Skulpturen. Ab* ***1923*** *arbeitet er als Bühnenbildner und Ausstatter.*

1940–45 *entstehen Atelierbilder und Stillleben.* ***1948*** *verfasst Braque Aphorismen und macht Lithografien (»Cahier de Georges Braque«). Er erhält eine Auszeichnung bei der Biennale in Venedig.*

1953 *fertigt er drei Deckengemälde im Louvre an (Saal Henri II.) und gestaltet* ***1954*** *Glasfenster für die Kirche in Varengeville.*

1956 *findet eine große Retrospektive seiner Werke in der Londoner Tate Gallery statt. Braque stirbt am 31. August* ***1963*** *in Paris.*

stände zu beschreiben, wie es bisher üblich war, sondern dient jetzt der Betonung der Form.

Georges Braque war allerdings nicht alleine. Auch Pablo Picasso (1881–1973) war von der Cézanne-Ausstellung tief beeindruckt und malte 1907 sein berühmtes Gemälde *Demoiselles d'Avignon,* in dem er sich auf die Suche nach einer grundlegenden Neuorientierung seiner Kunst machte. Es ist als Gruppenbildnis ein klassisches Motiv, das jedoch einen radikalen Bruch mit den traditionellen Darstellungsweisen vollzieht. Picasso verzichtet auf die »richtige« Perspektive und auf jede Hell-Dunkel-Modellierung, die die Illusion von Dreidimensionalität vermitteln. Dadurch betont er die Malfläche als das, was sie eben ist: flach.

Nach Braques Ausstellung bei Kahnweiler taten sich beide Maler zusammen und entwickelten in einer in der Kunst seltenen symbiotischen Einheit den Kubismus. Dabei glichen sie sich in ihren Arbeiten dermaßen an, dass es bei vielen Bildern tatsächlich Schwierigkeiten bereitet, den eigentlichen Schöpfer zu erkennen (zumal sie zeitweilig sogar auf die Signaturen verzichteten).

Der erste Schritt war für beide Maler zunächst eine radikale Vereinfachung sämtlicher im Bild dargestellten Elemente. Dadurch erhöht sich die Plastizität der einzelnen Gegenstände. Im Gegensatz zur zentralperspektivischen, illusionistischen Malerei der letzten fünfhundert Jahre gibt es im Bild keine perspektivische Einheit mehr. Der Raum, der sich in der bisherigen Malerei kontinuierlich in die Tiefe erstreckt hat, wird aufgelöst. Das, wonach so viele Künstler so lange Zeit gestrebt haben, wird jetzt über Bord geworfen. Wichtig ist den beiden Künstlern die flache, also zweidimensionale Bildfläche. Dabei spielen sie mit einem Paradox: Sie lehnen die dreidimensionale, perspektivische Illusion ab, zeigen aber mit ihren reduzierten Gegenständen eine gesteigerte Räumlichkeit.

Besonders deutlich wird das in der zweiten Phase des Kubismus, in die Braque und Picasso ungefähr ab 1909 eintreten und die man den analytischen Kubismus nennt. Bisher wurde die Darstellung von Landschaften und Gegenständen radikal vereinfacht. Nun, im analytischen Kubismus, wird es wieder komplizierter. Denn jetzt wird auch noch der feste Standpunkt des Malers und damit auch des Betrachters aufgegeben. Das bedeutet, dass der Maler gleichsam um einen Gegenstand herumgeht und ihn aus verschiedenen Ansichten malt, die er im Bild wieder zusammensetzt. Die Aufgabe des Betrachters ist es nun, die Gegenstände oder Personen zu rekonstruieren. Dabei werden anfangs oft einfach zu erkennende Gegenstände wie Musikinstrumente verwendet, damit diese Zerspaltung und Wiederzusammensetzung der Dinge besser nachvollzogen werden kann. Im *Stillleben mit Violine und Krug* von 1910 demonstriert Braque dieses Verfahren geradezu »schulmäßig«. *(Abb. 112)* Deutlich kann man die Schalllöcher in der Draufsicht erkennen, während die Schnecke des Wirbelkastens im Profil, die Wirbel selbst aber wieder frontal gesehen werden. Ähnliches passiert mit dem Krug, der auch aus verschiedenen Ansichten zusammengesetzt wird. Ein über den Tisch geworfenes Tuch wird zerstückelt und so mit dem Raum verwoben, dass es nicht mehr klar vom Hintergrund zu trennen ist.

Wir sehen die Objekte also gleichzeitig von vorne, hinten, unten, oben und von der Seite. Durch die Gleichzeitigkeit der verschiedenen Ansichten wird das Bild als solches immer komplexer. Die Verschränkung der einzelnen Aspekte führt dazu, dass kaum mehr ein Unterschied zwischen den Dingen und dem Raum gemacht werden kann. Der traditionell klare Gegensatz wird zugunsten gegenseitiger Verschränkung und Durchdringung aufgehoben. Es lässt sich nicht mehr genau sagen, wo der Krug beginnt und der Raum endet und umgekehrt. Körper und Raum werden austauschbar und die räumlichen Verhältnisse sind nicht mehr zu klären. Gehört ein bestimmtes Flächenteil noch zu einem Gegenstand, zum Hintergrund oder schon zu einem Element der Formenbildung des Bildes? Obwohl die Maler immer von bestimmten Gegenständen ausgehen, wirken die Bilder durch deren Zersplitterung zunehmend abstrakt. Dazu tritt die Reduktion der Farbe; manche Bilder sind fast monochrom. Das Licht, das in der früheren Malerei noch für das Atmosphärische zuständig war, spielt in einem solch zersplitterten System eigentlich keine Rolle mehr.

In der Renaissance war das Bild noch eine Art Fortsetzung der Realität, bei der die zweidimensionale Bildfläche zugunsten einer Illusion verleugnet wurde, wie man das am besten bei den Versuchen Masaccios oder Andrea Mantegnas erkennen kann. Braque und Picasso zerschlagen die zentralperspektivische Bildeinheit, die diese Illusion von Dreidimensionalität erzeugen sollte. Sie bestehen darauf, dass es sich tatsächlich nur um eine zweidimensionale Fläche handelt. Dabei ist ihr Ziel durchaus nicht die Abstraktion der gegenständlichen Welt oder der Kunst. Sie versuchen vielmehr die Realität durch ihr analytisches Verfahren noch vollständiger zu zeigen. Als Zitat der traditionellen Malerei malte Braque in sein Stillleben oben einen Nagel, der nach allen Regeln der illusionistischen Kunst einen Schlagschatten wirft.

Die beiden Maler nutzten die Freiheit, eine intellektuelle Auseinandersetzung mit und über die Malerei und deren Wahrnehmung zu führen. Damit war der Betrachter aufgefordert, sich nicht nur mit den Themen und deren perfekter illusionistischer Umsetzung zu beschäftigen. War es früher beispielsweise noch möglich, auch ohne jede mythologische Kenntnis die Erotik einer Venus zu entschlüsseln, musste der Betrachter jetzt die Gedankengänge des Malers verstehen lernen, um Zugang zu einem Bild zu erhalten und es »lesen« zu können.

Braque und Picasso gingen noch weiter, denn 1912 überschritten sie die Grenzen der klassischen Zeichnung und Malerei, indem sie neue Materialien wie Zeitungs-

112 | Georges Braque: *Stillleben mit Krug und Violine*, 1909/10, 117 x 73,5 cm, Öl auf Leinwand, Kunstmuseum Basel

ausschnitte, Tapetenstücke oder Spielkarten auf ihre Bilder klebten. Kleben heißt auf Französisch »coller«; sie hatten also die ersten Collagen der Kunst geschaffen und damit die Erscheinung und Funktion des Bildes in der Kunst des 20. Jahrhunderts erneut entscheidend beeinflusst. Im Gegensatz zu der vorigen, analytischen Phase wird dieser neue Schritt synthetischer Kubismus genannt.

Wollten Braque und Picasso zunächst die Zweidimensionalität der Leinwand betonen und mit ihren kubistischen Experimenten Objekte darstellen, ohne sie zu imitieren, so zielen sie nun darauf ab, das Bild als das eigentliche Objekt vorzuführen. Es repräsentiert nicht mehr einen anderen Gegenstand, sondern wird selbst zum Gegenstand. In dem *Stillleben auf Rohrstuhl (Abb. 113)* wird dies besonders deutlich. Picasso malt den Stuhl nicht mehr, sondern klebt einfach die Abbildung eines Korbgeflechts auf die Leinwand. Dabei steht das Geflecht für den Stuhl, den der Künstler jetzt nicht mehr malend abbilden muss; er klebt die Realität einfach in sein Bild. Dazu malt er ein kubistisches Stillleben. Das Ganze umrahmt er mit einer Kordel, die sowohl als Teil des Bildes als auch als dessen Rahmen fungiert.

Durch die Einführung neuer Materialien lassen Braque und Picasso die konventionelle Auffassung der Malerei weit hinter sich. Die Stofflichkeit, die sie in der ersten Phase des Kubismus völlig reduziert haben, wird jetzt wieder eingeführt, und zwar realistischer (weil echt) als vorher. Das Gleiche gilt für die Farbigkeit. Hinzu kommt ein weiterer Aspekt, der nicht zu unterschätzen ist: Die Malerei seit Giotto und besonders seit Masaccio verstand sich als »Blick durch ein Fenster«. Das dargestellte Geschehen fand sozusagen hinter der Bildfläche in der (illusionistischen) Tiefe des Raumes statt. Nun dreht sich das System um: Die Bild- beziehungsweise Malfläche ist jetzt der

113 |
Pablo Picasso:
Stillleben mit Rohrstuhl,
1912, 29 x 37 cm,
Öl/Wachstuch auf mit Schnur gerahmter Leinwand,
Musée Picasso, Paris

114 | Juan Gris: *Die Bordeauxflasche,* 1915, 50 x 61 cm, Öl auf Leinwand, Pinakothek der Moderne, München

Grund und befindet sich »hinter« dem Dargestellten. Das gesamte Bild entwickelt sich nicht mehr in die Raumtiefe, sondern nach »vorne«, was man in Juan Gris' (1887 bis 1927) Gemälde *Die Bordeauxflasche* besonders gut beobachten kann. *(Abb. 114)*

Die völlige Neudefinition des Gemäldes als tatsächlich zweidimensionale Malfläche und als eigentliches Thema der Malerei gab der Kunst nach langer Zeit wieder eine ganz neue Richtung. Nachdem die Entwicklungen Braques und Picassos bekannt wurden, schlossen sich ihnen viele Maler an, die ihrerseits wieder ganz verschiedene Wege gingen. Braque und Picasso verursachten mit ihrer Zersplitterung der Objekte und der Absage an die illusionistische Malerei einen radikalen Bruch mit der malerischen Tradition. Doch obwohl sie der Auflösung des Gegenstandes sehr nahe kamen und damit auch den weiteren Weg für die abstrakte Kunst bereiteten, blieben sie der Tradition der gegenständlichen Malerei immer verbunden.

CAFF

DYNAMIK UM JEDEN PREIS

> *»Schlägerei in der Galerie« von Umberto Boccioni ist 1910 das erste Gemälde der futuristischen Bewegung.*

Das 20. Jahrhundert brachte nicht nur neue Richtungen und Möglichkeiten in der Malerei, auch der Alltag veränderte sich in kurzer Zeit entscheidend. Die Motorisierung nahm zu, die Industrie breitete sich aus und das Leben wurde allgemein schneller.

Mit dem Kubismus veränderte sich die Malerei grundlegend. Um als Betrachter ein Gemälde »richtig« sehen und verstehen zu können, musste man sich jetzt mit den Gedanken des Künstlers, mit seinen Ideen zur Malerei und den Theorien über die Kunst beschäftigen. Konnte man früher, wenn man auch den Inhalt nicht ganz verstand, wenigstens eine gelungene Illusion, die feine Oberflächenbehandlung oder den Ausdruck der Figuren wertschätzen, war das nun anders. Die Künstler setzen in ihrer Arbeit komplexe theoretische Überlegungen um.

Mit dem Futurismus verschärfte sich dies noch: Hier gab es erst das Konzept, dann die Malerei. Am 20. Februar 1909 veröffentlichte der italienische Dichter Filippo Tommaso Marinetti (1876–1944) in der Pariser Zeitung *Le Figaro* das erste futuristische Manifest, das von Technikbegeisterung und Zukunftsglauben – daher der Name Futurismus – nur so strotzt. Dieses Gründungsmanifest ist äußerst aggressiv und polemisch. Es richtet sich gegen die alte oder gar zu alt gewordene Kultur und stellt die moderne Technik als die neue Faszination und Schönheit dar: »Wir behaupten, dass die Pracht der Welt sich um eine neue Schönheit bereichert hat: die Schönheit der Geschwindigkeit. Ein Rennwagen ist schöner als die Nike von Samothrake [bedeutende antike Statue, F.H.].« Das Manifest richtet sich gegen Institutionen wie Museen, Bibliotheken und Akademien. So bezeichnet Marinetti Museen als »Friedhöfe […] öffentliche Schlafsäle, in denen man für immer neben verhassten und unbekannten Wesen schläft« und weiter als »absurde Schlachthöfe der Maler und Bildhauer, die sich gegenseitig wild mit Farben und Linien entlang der umkämpften Ausstellungswände abschlachten«.

Darüber hinaus ist das futuristische Manifest sehr nationalistisch. Ein Ziel des Futurismus war es, Italien aus seinem kulturellen Dämmerzustand wieder an die Spitze der künstlerischen Entwicklung zu bringen. Denn seit langem schon gingen von hier keine wichtigen künstlerischen Impulse mehr aus. Das Zentrum der modernen Kunst war Paris, weshalb Marinetti sein Manifest auch dort veröffentlichte. In seinem Rundumschlag gegen jegliche Tradition und Kultur geht er sogar noch weiter: »Wir wollen den Krieg verherrlichen – diese einzige Hygiene der Welt – den Militarismus …« Nach derartigen Aussagen ist es wohl kein Zufall, dass Marinetti 1933 Kulturminister der faschistischen Regierung Italiens wurde. Bezog sich das erste futuristische Manifest eigentlich auf die Poesie, so war es Marinettis Ziel, den Futurismus in vielen verschiedenen Lebensbereichen: im Theater, in der Musik, in der Mode und später sogar in der Küche zu etablieren. Und natürlich auch in der Malerei.

1909 lernt der Maler Umberto Boccioni Marinetti kennen und wird von dessen Begeisterung angesteckt. Er arbeitet mit einigen Malerkollegen wie Giacomo Balla, Gino Severini und Carlo Carrá ein Konzept aus, das am 11. Februar 1910 als Manifest der futuristischen Malerei in einem Turiner Theater vor dreihundert Leuten verkündet wird. Auch dieses Manifest ist in einem aggressiv-provokanten Ton verfasst und bekämpft den Kult, der um die große künstlerische Vergangenheit Italiens gemacht wird. »Wir lehnen uns gegen die blinde Bewunderung alter

115 (linke Seite) |
Umberto Boccioni: *Schlägerei in der Galerie,* 1910/11, 64 x 76 cm, Öl auf Leinwand, Brera, Mailand

Bilder [...] auf und gegen die Begeisterung für alles, was wurmstichig, schmutzig und von der Zeit zerfressen ist.« Die Künstler propagierten jede Form von Originalität und suchten nach neuen Bildmotiven. Ihr wichtigstes Motto, das sie in einem im April 1910 veröffentlichten »technischen Manifest der futuristischen Malerei« propagierten, war die Dynamik. Ihre Welt war das pulsierende Leben in den Städten und die neuen technischen Entwicklungen. Ihre Themen waren Lärm, Erregung und Geschwindigkeit. Daher auch Bildtitel wie *Rasender Zug, Der Lärm der Straße dringt ins Zimmer* oder *Die Stadt erhebt sich*. Es sollten Visionen aus Linien, Licht und Farbe entstehen, die dem Leitwort Dynamik folgten. Sie suchten nach Möglichkeiten, Geschwindigkeit und Bewegung und die Gleichzeitigkeit des Lebens als eine sinnlich-dynamische Sensation auszudrücken.

Das erste Bild, das diese Ansprüche demonstrieren und erfüllen sollte, wurde 1910 von Boccioni gemalt und trägt den für den Futurismus typischen Titel *Schlägerei in der Galerie. (Abb. 115)* Dargestellt ist eine Schlägerei zwischen zwei Damen in der Galerie in Mailand und die darauf zustürzende, aufgeregte Menge. Das eigentliche Thema ist jedoch nicht die Schlägerei, sondern die Sensation von Bewegung und Licht. Die Menge wird in Bewegungsschüben dargestellt, die diagonal von allen Seiten auf den Handlungsmittelpunkt zulaufen. Zur Steigerung des Gefühls der Aufgewühltheit und der Turbulenz der Szene setzt Boccioni verschiedene Mittel ein. Am auffälligsten ist dabei der Kontrast zwischen der durcheinander laufenden Menge und den ruhigen, vertikal gegliederten Wänden. Dieser Kontrast wird durch die Behandlung des Lichts, das in gleicher Weise geteilt wird, betont und verstärkt: Oben herrscht ein ruhiges, gleißendes Licht, das im unteren Teil durch die verschiedenen Gruppen und Figuren, deren bunte Kleidung und die Schlagschatten aufgesplittert und ins Wallen gebracht wird. Durch diese Lichtbehandlung sind die Personen nicht mehr einzeln, sondern nur noch als anonyme Masse zu erkennen. Die Menschen werden zu Pfeilen, die auf das Bildzentrum, die kämpfenden Damen, zuschießen. Der Raum ist noch in traditionell-illusionistischer Weise dargestellt, wobei zu beachten ist, dass er durch die diagonale Anordnung zur Verstärkung der Dynamik beiträgt.

Die malerischen Mittel knüpfen an die der Impressionisten, um genauer zu sein, der Neoimpressionisten an. Anders als bei Monets Bildern gehen diese in der

DIE FUTURISTISCHE KÜCHE

Filippo Tommaso Marinetti lag daran, seine futuristischen Gedanken nicht nur auf die Malerei und Poesie, sondern auf alle möglichen gesellschaftlichen Bereiche auszudehnen. Dabei schreckte er auch nicht vor dem »Heiligtum« der italienischen Küche zurück, der Pasta. Sie stand in Marinettis Augen für »Schlappheit, Pessimismus, nostalgische Untätigkeit und Neutralismus«. Also wollte er sie schlicht abschaffen. Stattdessen setzte er, ganz im futuristischen Sinne, auf die Chemie: »Sie soll dem Körper schnell die notwendigen Kalorien durch Nahrungsäquivalente zuführen, [...] in Pulver- oder Pillenform, die eiweißartige Stoffe, synthetische Fette und Vitamine enthalten.« Das klingt einigermaßen abschreckend, aber mit Blick auf die Brühwürfel, Fertiggerichte und Nahrungsergänzungsmittel der heutigen Nahrungsmittelindustrie kann man Marinetti durchaus als visionär bezeichnen.

Marinetti forderte in seinem Manifest auch die »Erfindung plastischer Geschmackskomplexe«, die »Kreation von Konzentraten, die zehn bis zwanzig verschiedene Geschmacksmomente enthalten« und die »Ausstattung der Küche mit wissenschaftlichen Instrumenten und Technologien«. Auch hier hat sich Marinetti als visionär erwiesen, wenn man an die High-Tech-Küchen der Molekulargastronomie denkt, die mit flüssigem Stickstoff und anderen technischen Aufwendigkeiten operieren.

116 | Luigi Russolo: Dynamik eines Automobils, 1912/13, 104 x 140 cm, Öl auf Leinwand, Centre Georges Pompidou, Paris

Behandlung der Farbe geradezu wissenschaftlich vor und verwenden nur reine, ungemischte Farben, die sie in kleinen Tupfen nebeneinander setzen. Das gab diesem Stil den Namen Pointilismus. Sinn der Sache war, dass die Farben ihre Leuchtkraft und Intensität behalten und sich erst im Auge des Betrachters vermischen. Die Hauptvertreter waren Georges Seurat (1859–1891) und Paul Signac (1863–1935). Durch die Wahl dieser Technik der Farbbehandlung wird die Bildfläche in ein aufgeregtes Schwingen versetzt und wirkt geradezu flirrend.

Dynamik war das herausragende Motiv der Futuristen. Durch ihre Faszination von der Geschwindigkeit brachten die futuristischen Maler tatsächlich Bewegung in die Kunst, und zwar auf eine ganz andere Art und Weise, als es Velázquez in seinem Bild der Spinnerinnen getan hatte (s. Seite 111). Bei ihm ging es um die Illusion von Bewegung; für die Futuristen ging es um Dynamik als eigenständige Kraft, die auf Körper wirkt. *(Abb. 116)*

Das war erst die frühe Phase der Futuristen, denn als sie 1911 den Kubismus kennenlernten, wirkte sich dieser auch sofort auf ihre Werke aus. Die »Vielansichtigkeit«, die Braque und Picasso hauptsächlich auf Stillleben und Porträts verwendeten, verbanden die Futuristen mit der Darstellung der Dynamik und der »Simultaneität«, die Vereinigung zeitlich verschiedener Zustände in einem Bild. Es entstand sozusagen ein um die Dimension Zeit erweiterter Kubismus. Anders als dieser konzentriert sich die futuristische Malerei nicht auf die etwas theorielastig wirkende Analyse von Form und Raum, sondern auf die malerische Umsetzung des pulsierenden Lebens; es war also die temperamentvollere, emotionalere und nicht zuletzt auch farbigere Version des Kubismus.

Wie weit entfernt und doch nahe die futuristischen Bilder von denen der Kubisten sind, zeigt *Dynamik eines Fußballers* von 1913. *(Abb. 117)* Man erkennt den Fußballer nur noch teilweise, schemenhaft, aber man spürt die geballte Kraft seiner Bewegung. Die kubistisch

117 | Umberto Boccioni: *Dynamik eines Fußballers,* 1913, 195 x 200 cm, Öl auf Leinwand, Museum of Modern Art, New York

zerlegten Formen wirbeln spiralförmig über die Bildfläche. Der Fußballspieler scheint sich buchstäblich durch die ihm innewohnende Kraft in seine Bestandteile aufzulösen. Die Dynamik, die Boccioni und die Futuristen in ihren Bildern zeigen wollten, war nicht nur die tatsächliche Bewegung oder deren Illusion. Darüber hinaus wollten sie die Kräfte zeigen, die durch die Bewegung in und auf die Körper und ihre Umgebung wirkten.

Der Futurismus verbreitete sich wegen der großen Aktivität der Protagonisten sehr schnell in den großen Städten Europas und auch Amerikas. Da die Malerei nur ein Teil des futuristischen Programms war, hatten sie viele Möglichkeiten des Ausdrucks. Und wo immer sie auftraten, entstanden Tumulte. In Theatern wurden angeblich sogar mehr Karten verkauft als verfügbare Plätze vorhanden waren, nur um Unruhe und Bewegung im Publikum zu erzeugen. Die wichtigste Phase der futuristischen Malerei endet während des Ersten Weltkrieges. Die Künstler wenden sich anderen Arbeiten und Richtungen zu. Ihr wichtigster Wortführer, Umberto Boccioni, starb 1916 an den Folgen eines Reitunfalls.

Obwohl die futuristische Malerei nur kurz währte, hatte sie doch einen gewissen Einfluss auf die Werke anderer Künstler. So ist in den Bildern von Franz Marc (1880–1916) nach einem Ausstellungsbesuch der Futuristen 1912 in Berlin eine gewisse Dynamisierung in seinen Gemälden zu spüren. Und auch die Kubisten schenken der Bewegung und der Farbe in der Folgezeit mehr Beachtung. *(Abb. 118)*

Abb. 118 | Jean Metzinger: *Radrennbahn*, 1914, 130,4 x 97,1 cm, Öl und Collage auf Leinwand, Stiftung Peggy Guggenheim, Venedig

UMBERTO BOCCIONI

1882 *wird Umberto Boccioni in Reggio Calabria in Italien geboren. Er studiert bis* ***1897*** *Ingenieurwesen in Catania und wechselt* ***1898*** *zum Kunststudium nach Rom, wo er bis* ***1902*** *bleibt und seine späteren Mitstreiter Giacomo Balla und Gino Severini kennenlernt.* ***1902*** *reist er nach Paris, wo er von den Werken des Pointilisten Georges Seurat beeinflusst wird.* ***1903/04*** *hält er sich sechs Monate in Russland auf. Nach seiner Rückkehr nimmt er an Ausstellungen in Florenz und Rom teil.*

1908 *zieht Boccioni nach Mailand; hier lernt er* ***1910*** *den Dichter Tommaso Marinetti kennen und unterschreibt mit Balla, Severini, Luigi Russolo und anderen das »Manifest der futuristischen Malerei«. Im selben Jahr hat er seine erste Einzelausstellung in Venedig.* ***1911*** *reist er nach Paris und lernt die Kubisten Georges Braque und Pablo Picasso kennen, die den Futurismus entscheidend beeinflussen. Dort nimmt er* ***1912*** *an der ersten internationalen Ausstellung der Futuristen teil.*

Boccioni arbeitet auch als Bildhauer und verfasst ***1912*** *das »Futuristische Manifest der Bildhauerkunst«.* ***1913*** *findet in Paris seine erste Ausstellung mit Skulpturen statt, in der unter anderem die »Einmaligen Formen in der Kontinuität des Raumes« zu sehen sind (heute Museum of Modern Art, New York), ein Werk, das heute das italienische 20-Cent-Stück ziert.* ***1915*** *meldet er sich freiwillig zum Militärdienst und stirbt am 16. August* ***1916*** *an den Folgen eines Reitunfalls während einer Militärübung.*

119 | Max Ernst: *Maria züchtigt das Jesuskind,* 1926, 195 x 130 cm, Öl auf Leinwand, Wallraf-Richartz-Museum, Köln

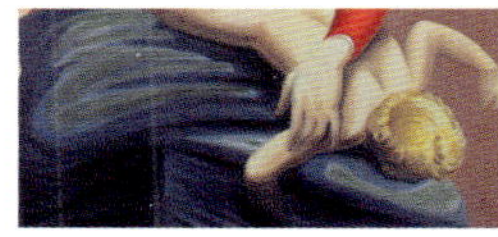

GEWALT GEGEN KINDER

Maria mit dem Jesuskind ist seit jeher eines der beliebtesten Motive der christlichen Kunst. Die Beziehung zwischen der Mutter Gottes und ihrem Sohn wurde auf vielfältige Weise dargestellt. In der spätmittelalterlichen Malerei erscheint das Verhältnis zwischen den beiden oft etwas distanziert. Das Kind wird von Maria meist auf dem Schoß stehend gehalten und den Gläubigen präsentiert. *(Abb. 120)* Die aus heutiger Sicht etwas unpersönliche und formelhafte Darstellung der Mutter-Kind-Beziehung hat ihre Ursache in den noch eingeschränkten künstlerischen Mitteln der damaligen Zeit.

> ***1926 wird das erste Mal in der Geschichte der Malerei gezeigt, wie Maria das Jesuskind übers Knie legt.***

Mit der Renaissance und der damit verbundenen Wiederentdeckung des Menschen durch die Kunst ändert sich die Beziehung. Vor allem Raffael (1483–1520) macht die liebevolle Hinwendung der Mutter zu ihrem Kind zu einem Hauptthema seiner Malerei und zeigt uns in vollendeten Kompositionen immer neue Variationen, die aus der heiligen Mutter Maria und ihrem Kind eine allgemeine Darstellung des Mutterglücks machen. *(Abb. 121)* Im Laufe der folgenden Jahrhunderte sind die Darstellung von Maria und dem Jesuskind von großer Einfühlsamkeit und Intimität getragen.

Aber nun kommt Max Ernst und zeigt uns zum ersten Mal eine gänzlich andere Seite dieser heiligen Dyade. Maria hat das Kind übers Knie gelegt und ist dabei, ihm ordentlich den Hintern zu versohlen. *(Abb. 119)* Der Popo ist schon gerötet, das Kindlein windet sich vor Schmerzen und der Heiligenschein ist auf den Boden gekullert. Was ist passiert, was hat Maria so verärgert, dass sie Gottes Sohn die nicht vorhandenen Hosen stramm zieht?

Es lässt sich nicht genau sagen, was Max Ernst 1926 dazu bewogen hat, so radikal mit der Tradition zu brechen, die liebende Mutter mit dem Jesuskind in inniger Verbundenheit zu zeigen. Wahrscheinlich aber war das Bild als Provokation gegen seinen streng katholischen Vater gedacht. Manches spricht auch dafür, dass Ernst die Anregung zu dem Motiv aus dem apokryphen Text des Thomas-Evangeliums genommen hat. Denn hier wird Erstaunliches berichtet, was durchaus Gründe dafür liefern könnte, dass auch in der Heiligen Familie der Haussegen einmal schief hing: Jesus wird als fünfjähriger Knabe beschrieben, der den Menschen in seiner Umgebung großen Schaden, weit über das allgemein akzeptierte kindliche Maß hinaus, zufügt und zu seiner Verteidigung einigermaßen unverschämt immer wieder auf seine göttliche Herkunft verweist.

120 | Cimabue: *Maestà*, um 1280, 385 x 223 cm, Tempera auf Holz, Uffizien, Florenz

Als der Knabe eines Sabbats einen Bach aufstaute, kam der Sohn eines Schriftgelehrten und zerstörte den Staudamm. Der kleine Jesus wurde stocksauer, schimpfte den Jungen und ließ ihn zur Strafe kurzerhand verdorren. Als Jesus anderntags noch ein weiteres Kind aus nichtigem Grund sterben ließ, beschwerten sich die Eltern bei Maria und Josef – und büßten dies mit sofortigem Erblinden. Dass nach derartigen Vorfällen auch der sanftmütigsten Mutter, so heilig sie auch sein mag, einmal der Kragen platzt, erscheint nur allzu verständlich.

Max Ernst zeigt den Moment der Bestrafung, wobei er vom apokryphen Text allerdings abweicht, da Josef den kleinen Jesus nicht »am Ohr gehörig zupft«, sondern Maria ihn übers Knie legt. Vielleicht wählte Ernst diese Variante, um die Provokation zu steigern. Die im Text erwähnten Nachbarn sind wiederum zugegen, und zwar in Gestalt der Wegbereiter des Surrealismus: André Breton (1896–1976) und Paul Eluard (1895–1952) sowie des Künstlers selbst. Und offensichtlich hat die Strafe dem kleinen Racker nicht geschadet – eher im Gegenteil: Im weiteren Verlauf des Thomas-Evangeliums zeigt Jesus doch etwas Reue und Einsicht und heilt fortan alle möglichen Leute oder lässt sie vom Tod wieder auferstehen. Später setzte er diesen Weg fort, wie wir wissen. Max Ernst aber wurde nach eigener Aussage wegen dieses Bildes vom Kölner Erzbischof exkommuniziert und das als blasphemisch empfundene Bild aus einer Ausstellung der Kölner Sezession entfernt.

Die Frage, warum Max Ernst bisher anscheinend als einziger Künstler die Kindheit Jesu quasi als Schicksal vieler Kinder schildert, die etwas angestellt haben (wenn auch in den meisten Fällen weniger Tödliches) und die Folgen schmerzlich zu spüren bekommen, ist nicht abschließend zu beantworten. Vielleicht scheuen die Künstler auch einfach Diskussionen um erzieherische Maßnahmen …

MAX ERNST

Max Ernst wird am 2. April ***1891*** *in Brühl im Rheinland geboren. Von* ***1909*** *bis* ***1914*** *studiert er Philosophie, Psychologie und Kunstgeschichte in Bonn. Nebenbei lernt er autodidaktisch zu malen.* ***1914–18*** *muss er zum Kriegsdienst nach Polen und Frankreich.* ***1919*** *lernt er Hans Arp kennen und gründet mit ihm die Kölner Dada-Gruppe. (Dada ist eine literarisch-künstlerische Bewegung mit dem Ziel, bürgerliche und sinnentleerte Konventionen anzuprangern und etwas Neues an ihre Stelle zu setzen.)*

1922 *geht Ernst nach Paris. Dort schließt er sich den Surrealisten um André Breton und Paul Eluard an.* ***1925*** *entwickelt er neue Techniken, unter anderem die Frottage (Abpausen von Holzmaserung auf Papier), und beginnt mit seinen Wald- und Vogelbildern.* ***1929–34*** *gestaltet er Collagenromane und arbeitet an einem Film (»L'Age d'Or«) von Luis Buñuel und Salvador Dalí mit.*

1930 *beginnt Ernst mit seiner »Loplop«-Serie und hat* ***1931*** *seine erste Ausstellung in New York.* ***1937*** *malt er »Der Hausengel« als Reaktion auf den Spanischen Bürgerkrieg und trennt sich* ***1938*** *von den Surrealisten.*

1939 *wird er in Frankreich erst als »feindlicher Ausländer« verfolgt, dann von der Gestapo gesucht und interniert.* ***1941*** *emigriert er in die USA und befasst sich dort auch mit Bildhauerei.* ***1953*** *kehrt er zurück nach Paris und zieht* ***1963*** *nach Südfrankreich.*

1951 *hat er seine erste große Einzelausstellung in Brühl.* ***1961*** *folgt eine große Retrospektive im Museum of Modern Art in New York. Max Ernst stirbt einen Tag vor seinem 85. Geburtstag, am 1. April* ***1976****. Am 4. September* ***2005*** *wird das Max-Ernst-Museum in seiner Geburtsstadt Brühl eröffnet.*

121 (rechte Seite) | Raffael: *Madonna Tempi,* um 1507, 75 x 51 cm, Öl auf Kastanienholz, Alte Pinakothek, München

… UND ACTION!

Kunstgeschichte, wie wir sie kennen, ist europäische Kunstgeschichte. Die Vormachtstellung, die Europa über die Jahrhunderte in der Welt behauptete, prägte auch die Entwicklung der Malerei. Während die europäische Kunst durch Eroberungen und Kolonisation in die Welt getragen wurde, war der Einfluss anderer Kulturen auf Europa gering. Zwar nahm man um 1900 Anregungen von japanischen Holzschnitten auf und war von afrikanischer Stammeskunst beeindruckt, aber ein wichtiger Entwicklungsschritt, durch den die europäische Kunst durch außereuropäische Kunst beeinflusst worden wäre, fand nicht statt.

> *1947 legt Jackson Pollock den Pinsel zur Seite, schüttet seine Farben auf die Leinwand und erfindet damit das »Drip-Painting«.*

Das Zentrum der Entwicklung der Malerei war und blieb Europa. Auch die Kunst Amerikas spielte noch keine Rolle. 1913 kam das amerikanische Publikum zum ersten Mal mit der modernen europäischen Kunst in Kontakt. In der »Armory-Show«, die von dem New Yorker Fotografen Alfred Stieglitz organisiert wurde, der eine Zeit lang in Europa gelebt hatte, wurden Gemälde von modernen europäischen Malern ausgestellt. Besonders die kubistischen Bilder Braques und Picassos und die abstrakten Improvisationen Kandinskys beeindruckten die amerikanischen Maler nachhaltig. Für sie steckte die Kunst nach der Katastrophe des Zweiten Weltkrieges in einer Sinnkrise; die traditionelle europäische Malerei hielten sie nicht mehr für zeitgemäß. Sie suchten einerseits nach neuen Wegen, sich künstlerisch auszudrücken, und andererseits nach Möglichkeiten, sich von dem übermäßigen Einfluss Europas zu emanzipieren.

In New York trafen in den 1940er-Jahren verschiedene Maler zusammen, die alle diese Ziele verfolgten. Sie wollten ihre Gefühle nicht mehr nur beschreiben, sondern diese auf möglichst direktem Weg in ihren Bildern ausdrücken. Sie wollten sich spontan und ohne Beschränkung durch die Traditionen artikulieren. Zu den führenden Köpfen gehörten unter anderem Robert Motherwell (1915–91), Willem de Kooning (1904 bis 1997) und Jackson Pollock. Diese Gruppe bildete keine einheitliche Bewegung und es gab auch kein theoretisches Programm. Dafür waren sie und ihre Werke zu unterschiedlich, aber sie alle versuchten, ganz neuartige Bilder zu schaffen. Der Kritiker Harold Rosenberg fasste die Kunst dieser Maler 1952 unter dem Begriff »abstrakter Expressionismus« zusammen.

Auf ihrer Suche führten sie zwei wichtige Strömungen der modernen Malerei des 20. Jahrhunderts zusammen: die abstrakte Kunst im Sinne Wassily Kandinskys und eine Idee der surrealistischen Malerei, nämlich das »automatische Zeichnen«. Basierend auf den Theorien Freuds und Jungs sahen die Surrealisten darin einen Weg, das Unbewusste direkt und ungefiltert auf die Leinwand zu bringen. Einen besonderen Stellenwert unter den abstrakten Expressionisten hatte Jackson Pollock, der sich auf diesem Weg wohl die größte künstlerische Unabhängigkeit nicht nur von Europa, sondern eigentlich auch von der traditionellen Malerei erkämpfte. Pollock, der eine eher herkömmliche Ausbildung genossen hatte, war nach eigener Aussage in den traditionellen Mal- und Zeichentechniken nicht sonderlich begabt. Als er Anfang der 1940er-Jahre nach New York kam, lernte er Robert Motherwell und die Werke Hans Hofmanns (1880–1966) kennen, der in seiner Kunstschule mit verschiedenen Techniken experimentierte, unter anderem damit, dass er die Farbe vom Pinsel auf die Leinwand tropfen ließ.

Pollock wollte seine Bilder direkter gestalten. Für ihn stand die Auseinandersetzung mit Material und Leinwand im Vordergrund seiner Arbeit. Für ihn war – anders als für seine europäischen Kollegen – nicht das Bild, sondern das Malen an sich das eigentliche Ereignis. Figurative Elemente verschwanden mehr und mehr aus seinen Bildern. 1943 malte er für die Mäzenin Peggy Guggenheim das Bild *Mural (Abb. 123)* – angeblich in einer Nacht. Es ist ein großes Bild, das kompositorisch kein Zentrum hat und weder

122 (linke Seite) | Jackson Pollock: *Full Fathom Five (Fünf Faden tief)*, 1947, 129,2 x 76,5 cm, Öl auf Leinwand, Nägel, Reißnägel, Knöpfe, Schlüssel, Münzen, Zigaretten, Zündhölzer, Museum of Modern Art, New York

JACKSON POLLOCK

*Am 28. Januar **1912** wird Jackson Pollock in Cody/Wyoming geboren. Von **1925** bis **1929** studiert er Malerei, zuerst in Los Angeles und bis **1933** bei dem Landschaftsmaler T. H. Benton in New York. Dort lernt er auch die mexikanischen Wandmaler D. A. Siqueiros und J. C. Orozco kennen, die ihn stark beeinflussen. **1940** heiratet er Lee Krasner und beschäftigt sich ausgiebig mit den Werken Sigmund Freuds und C. G. Jungs.*

*Ab **1942** unterhält er Kontakt zu europäischen Surrealisten, die nach Amerika emigriert waren, und lernt auch Robert Motherwell und Willem de Kooning kennen. Bis zu dieser Zeit malt Pollock noch weitgehend gegenständlich, die Bilder werden aber zunehmend abstrakt, bis das Figürliche ganz aus seinen Bildern verschwindet. Von **1942** an hat er Kontakt zu der Galeristin Peggy Guggenheim, für die er **1943** »Mural« malt und in ihrer New Yorker Galerie seine erste Einzelausstellung macht.*

*Im Winter **1946/47** beginnt er mit »Drip-Paintings«, die Peggy Guggenheim **1948** zusammen mit Werken anderer Maler der »New York School« in Venedig, Mailand, Florenz, Amsterdam, Zürich und Brüssel zeigt. **1950** hat Pollock seine erste Einzelausstellung in Europa (Venedig, Mailand).*

*Pollock hat immer wieder psychische Probleme, beginnt eine Psychoanalyse und versucht **1951** eine Therapie zum Alkoholentzug. Am 11. August **1956** rast er betrunken mit seinem Auto auf Long Island in den Tod.*

123 | Jackson Pollock: *Mural*, 1943, 247 x 605 cm, Öl auf Leinwand, University of Iowa Museum of Art, Iowa City

Anfang noch Ende zu haben scheint; vielmehr zeigt es ein abstraktes Farben- und Liniengewebe. *Mural* war einer seiner ersten Erfolge, doch das genügte ihm noch nicht. Pollock experimentierte viel, bis er jenen radikalen Schritt wagte, der zugleich ein Bruch mit allen Traditionen darstellte. Mit *Fünf Faden tief (Abb. 122)* erreichte er, wonach er gesucht hatte. Er legte die Leinwand auf den Boden und den Pinsel zur Seite. Er machte Löcher in seine Farbdosen und ließ die Farbe direkt auf die Leinwand tropfen. Von dieser Technik stammt der Name »Drip-Painting«, also Tropf-Malerei, den Harold Rosenberg erfand.

Aber nicht nur das, Pollock schüttete die Farbe in rhythmischen Bewegungen über die Leinwand und bearbeitete sie mit Stöcken, Spachteln und allen möglichen anderen Werkzeugen. Das Bild entstand 1947 als direkte Eruption seiner Energie und als Ausdruck seiner Psyche. *Fünf Faden tief* gilt als erstes konsequentes »Drip-Painting«: ein Gewirr aus linienähnlichen Formen, Farbflächen und Flecken. Liest man sonst bei Gemälden die Beschreibung »Öl auf Leinwand« oder »Aquarell auf Papier«, steht hier: »Öl auf Leinwand, Nägel, Reißnägel, Knöpfe, Schlüssel, Münzen, Zigaretten, Zündhölzer.« Pollock wollte durch das Hinzufügen so alltäglicher Dinge die Einheit von Kunst und Leben betonen. Man sieht zunächst ein chaotisches Durch- und Übereinander von Flächen, Linien und Formen. Es entzieht sich eigentlich einer Beschreibung, da nichts mehr zu erkennen ist. Es gilt auch hier das Statement des abstrakten Expressionisten Frank Stella (geb. 1936): »Was man sieht, ist, was man sieht.«

Diese Art, ein Bild herzustellen, perfektioniert Pollock. Ab 1950 nimmt er größere Leinwände, um die er herumgehen und auf die er sogar treten muss, damit er seine »Drippings« darauf verteilen kann. Mit den sehr großen Leinwänden versucht er den Betrachter noch mehr in seine Bilder hineinzuziehen, er will ein Gefühl der Grenzenlosigkeit herstellen und ihn durch die Farb- und Linienmuster im Bild herumwandeln lassen. Der Fotograf Hans Namuth fotografierte Pollock, während er wie ein Derwisch um und in seinen Bildern herumtanzte und -sprang. *(Abb. 124)* Diese Fotografien wurden fast ebenso

berühmt wie Pollocks Bilder selbst und man versteht, warum Harold Rosenberg diese Art der Bildproduktion »Action-Painting« nannte. Keinen anderen Maler identifiziert man mehr mit dieser Malweise als Jackson Pollock. Namuths Fotos zeigen, wie wichtig der Akt des Malens selbst in Pollocks Kunst ist.

»Wenn ich in dem Bild drinstecke, bin ich mir nicht bewusst, was ich tue …«, so Pollock zu seiner Arbeitsweise. Der Kritiker Clemens Greenberg meinte dazu, Pollocks Kunst sei zwar hässlich, aber »alle durch und durch originelle Kunst sieht auf den ersten Blick scheußlich aus«. Was auf Pollocks Bildern chaotisch aussieht und auf den Fotografien und Filmen wie ein ziemlich willkürliches und zufälliges Kippen der Farbe auf die Leinwand wirkt, hat jedoch durchaus Methode. So sagte Pollock in Widerspruch zu seiner ersten Aussage: »Während ich male, habe ich eine generelle Vorstellung von dem, was ich tun will. Ich kann den Fluss der Farben kontrollieren. Da gibt es keinen Zufall … «

Das Neue an Pollocks Kunst war zum einen die Radikalität, mit der er sich von jeglicher Tradition löste. Für ihn hatte die Malerei keine thematische Aufgabenstellung mehr. Dadurch hatte er die innere Freiheit, sich im Akt der Malerei nur auf sich selbst zu beziehen und seine Gefühle auszudrücken. Zum anderen war die Medienaufmerksamkeit, die er durch sein »Dripping« (*Life Magazine* nannte ihn »Jack the Dripper«) und die Fotografien Namuths erlangte, ganz neu in der Kunstwelt. Durch seine Rebellion in der Malerei, die fotografische Dokumentation seiner Arbeitsweise und leider auch durch seine Alkoholexzesse wurde er zu einem richtigen Medienstar und zu einem Mythos hochstilisiert, zu einer Art James Dean der Kunst. Ebenso wie dieser starb auch Pollock bei einem Autounfall. Und ebenso wie Dean war er dabei betrunken.

Life Magazine fragte 1949: »Jackson Pollock. Ist er der größte lebende Maler in den Vereinigten Staaten?« Diese Frage lässt sich nicht beantworten. Pollock schuf ein völlig eigenständiges Werk, das keine Vorbilder hatte und in seiner Radikalität auch keine wirklichen Nachfolger. Aber er hat der Ausdruckskraft der Kunst eine neue Richtung gegeben, die sie in dieser Konsequenz zuvor nicht kannte.

124 | Hans Namuth: *Pollock beim Malen*, Fotografie

FÄLSCHUNGSSICHERE TROPFEN

Im Jahr 2003 wurden im Speicher des Hauses des mit Pollock befreundeten Ehepaares Matter 32 angeblich echte Bilder der amerikanischen Kunstlegende gefunden. Der Physiker Richard Taylor hatte sich schon 1999 mit fraktalen, also selbstähnlichen Mustern in Pollocks Bildern beschäftigt und erkannt, dass der Künstler eine ganz eigene »Handschrift« hatte, die in dem scheinbaren Chaos durchaus eine gewisse Ordnung erkennen ließ. Danach weisen noch kleine Stellen in den Bildern dieselben Muster wie das Gesamtbild auf. Taylor untersuchte sechs der gefundenen Bilder und kam zu dem Schluss, dass es sich um Fälschungen oder Nachahmungen handeln musste, da sie signifikante Unterschiede zu den originalen Werken Pollocks aufwiesen.

125 | Richard Hamilton: *Just what is it, that makes today's homes so different, so appealing?* 1956, 26 x 25 cm, Collage, Kunsthalle Tübingen

SCHÖNE BUNTE WARENWELT

Wenn man Menschen nach ihrer ersten Assoziation zum Thema Pop-Art befragt, nennen die meisten Andy Warhols Suppendosen-Bilder und die monumentalen Comics von Roy Lichtenstein. Vor allem die Werke Warhols stehen für alles, was man unter Pop-Art versteht: Vorlagen aus der Alltagskultur, Comic-Kunst, Kommerz, trivial, massentauglich, oberflächlich. Ihre Themen und Motive bezieht die Pop-Art aus sämtlichen Bereichen des modernen Lebens. Andy Warhol und Roy Lichtenstein wurden zu den bekanntesten Vertretern dieser neuen Kunstrichtung, die 1956 in England ihren Anfang nahm, sich auch in Amerika durchsetzte und vielleicht den letzten weltumspannenden Stil der Kunstgeschichte bildet.

> *Die Collage »Just what is it that makes today's homes so different, so appealing?« von Richard Hamilton wird 1956 zum ersten Bild der Pop-Art.*

Begonnen hat dieser populäre Stil mit einem kleinen Bild, das den Katalog der Ausstellung »This is Tomorrow« zierte. In dieser Ausstellung sollten die kulturellen Veränderungen, die im technologischen Zeitalter stattfanden, reflektiert werden. Hamiltons Collage mit dem langen Titel *Just what is it that makes today's homes so different, so appealing? (Abb. 125)* enthält bereits so ziemlich alles, worauf die Pop-Art in den nächsten Jahren aufbauen wird. Und obwohl es zur Kunst der Pop-Art kein einheitliches Konzept oder »offizielles« Programm gibt, kann man diese Collage also in gewissem Sinne als eine Art programmatisches Gründungswerk verstehen.

Ein Raum ist angefüllt mit den (damals) modernsten Konsumgütern und geschmückt mit den Errungenschaften der Trivialkultur. Man sieht Konfektionsmöbel, ein Tonbandgerät, einen Hoover-Staubsauger (mit extra langem Schlauch), eine Dose Schinken und dahinter einen Fernseher, in dem vielleicht gerade eine Seifenoper läuft. Links davon ist eine Lampe zu erkennen, die mit dem Firmenzeichen des Autokonzerns Ford geschmückt ist. Als Teppich fungiert eine Fotografie von Menschenmassen an einem Strand. Das Bild an der Wand ist ein überdimensioniertes Blatt aus einem Comic und im Hintergrund erkennt man draußen die Kinowerbung für den ersten Tonfilm, *The Jazz-Singer*. Die Dame des Hauses ist ein Pin-up-Girl, das – seltsamerweise – einen Lampenschirm als Kopfbedeckung trägt; und der Hausherr ist ein Bodybuilder, der einen Riesenlutscher mit der Aufschrift »POP« wie einen Tennisschläger in der Hand hält. Über alledem schwebt an der Decke ein Ausschnitt der Weltkugel (vielleicht ein Hinweis auf die weltumspannende Konsumindustrie oder gar die Vorahnung der Globalisierung?).

All diese Versatzstücke der modernen Warenwelt begegnen uns in der Pop-Art immer wieder. Auch die Technik ist richtungsweisend, denn es handelt sich nicht um ein gemaltes Bild, sondern um eine aus Illustriertenausschnitten und Werbeanzeigen zusammengesetzte

RICHARD HAMILTON

*Richard Hamilton wird am 24. Februar **1922** in London geboren und studiert ab **1938** Malerei an der Royal Academy School. Von **1941** bis **1945** unterbricht er das Studium, um als technischer Zeichner zu arbeiten. **1948–51** studiert er wieder und hat **1950** seine erste Einzelausstellung mit Radierungen. Ab **1952** arbeitet er als Dozent für Silberschmieden, Industriedesign und Typografie und gründet mit Eduardo Paolozzi die »Independent Group«.*

***1956** nimmt er an der Ausstellung »This is Tomorrow« teil, bei der seine Collage »Just what is it …?« als Plakat sowie als Katalogtitel dient.*

***1957–61** unterrichtet er wieder, diesmal Innenarchitektur am Royal College of Art in London. Er nimmt dreimal an der documenta in Kassel teil (**1968**, **1977** und **1997**).*

***1979** findet eine Retrospektive seiner Werke in der Londoner Tate Gallery und in der Kunsthalle Bern statt.*

*Seit **1980** beschäftigt er sich zunehmend mit Computerkunst.*

126 | Roy Lichtenstein: *M-Maybe,* 1965, 152 x 152 cm, Öl und Kunstharz auf Leinwand, Museum Ludwig, Köln

Collage. Das Bild, das in England entstand, fasst den »American way of life« auf treffende Weise zusammen. Der Mitgestalter der Ausstellung, Lawrence Alloway, nahm die Aufschrift des Lutschers und diese Illustration der neuen »Leitkultur« Amerikas insgesamt zum Anlass, dabei von Pop-Art zu sprechen, lange bevor Andy Warhol und Roy Lichtenstein ihren Siegeszug antraten.

Obwohl die Collage mit ihren Anspielungen auf die Alltags-, Werbe- und Medienkultur ironisch wirkt, versteht Hamilton sie nicht als Angriff, sondern möchte genau eine solche Kunst präsentieren. Er will »eine neue Kunst, die populär, vergänglich sein sollte, entbehrlich, billig, mit großer Auflage produziert, jung, geistreich, sexy, trickreich, verzaubernd und geschäftstüchtig«. Dieses »Programm« ist der komplette Gegenentwurf zur Kunst des abstrakten Expressionismus und besonders zum Action-Painting von Jackson Pollock. Natürlich ist es ein Zufall, aber doch auch sehr symbolträchtig, dass Pollock gerade in dem Jahr stirbt, als diese neue Kunst geboren wird.

Pollock ließ auf der Suche nach dem Ausdruck seiner Emotionen jedes Thema und jedes Motiv hinter sich. Er wandte sich nach innen und ließ seinen Gefühlen in seiner Malerei absolut freien Lauf. Die Pop-Art macht genau das Gegenteil. Sie geht nach außen und bedient sich bei allem, was die Welt des Konsums und des Alltags zu bieten hat. Die düstere, grüblerische Ernsthaftigkeit des abstrakten Expressionismus hat sie zugunsten neuer Lebensfreude abgelegt. Die Pop-Artisten drücken zunächst gar nichts aus, sondern zeigen mit größtmöglicher Objektivität das, was uns umgibt: Gebrauchsgegenstände.

127 | Roy Lichtenstein: *Kubistisches Stillleben mit Spielkarten,* 1974, 243,8 x 152,4 cm, Öl und Kunstharz auf Leinwand, Privatbesitz

Das ist allerdings, wenn man es genau nimmt, so neu auch wieder nicht. Denn die Stilllebenmalerei des 17. Jahrhunderts hatte eigentlich das gleiche Thema: Gegenstände des Alltags. Waren es früher Pokale, Früchte, Waffen oder tote Tiere, sind es jetzt eben Tomatensuppendosen, Geldscheine oder Colaflaschen.

Bereits 1913 nahm der Maler Marcel Duchamp (1887 bis 1968) eine Fahrradfelge, montierte sie auf einen Hocker, signierte sie und stellte sie aus: das erste Readymade, also ein banaler Gegenstand, der zur Kunst erhoben wurde. Das Publikum war geschockt über so viel Banalität. Duchamp aber meinte, schon die Auswahl eines Gegenstandes sei ein künstlerischer, kreativer Akt. Bisher sollte die Kunst einer sinnstiftenden, universalen Idee Ausdruck und Gestalt verleihen. Duchamp lehnt das ab. Der Gegenstand verweist nur auf sich selbst. Paradoxerweise wird die Sinnfrage eben gerade durch das Fehlen eines Sinnes präsent. Und das unterscheidet Duchamps Kunst und die Kunst der Pop-Art von den Stillleben früherer Zeiten. Sie wollten gerade durch die von ihnen ausgewählten Gegenstände auf das Vergängliche hinweisen. Sie sahen den Sinn »hinter« den Gegenständen oder durch die Gegenstände ausgedrückt.

1962 fand in New York eine Ausstellung mit dem Namen »Pop-Art« statt, in der sich die amerikanische Variante dieses neuen, jungen Stils erstmals präsentierte. Zwei Protagonisten dieser Ausstellung wurden zu den eigentlichen Ikonen der Pop-Art: Andy Warhol und Roy Lichtenstein. Im Prinzip machte Andy Warhol 1962 nichts

anderes als Duchamp. Er nimmt sich eine Dose mit Tomatensuppe, malt sie im Riesenformat ab – Kunst. Auch er erntet damit einiges Unverständnis und zunächst viel Kritik. Das hindert ihn aber nicht daran, diesen Weg weiterzuverfolgen. Nach Dollarscheinen und Colaflaschen nimmt er Fotos von Musik- oder Leinwandstars wie Elvis Presley und Marilyn Monroe, die selbst schon zum Mythos geworden sind, und vervielfältigt sie mit der relativ neuen Technik des Siebdrucks. Dabei schafft er auch Tableaus mit bis zu dreißig und mehr Bildern des gleichen Motivs, ganz nach dem Motto: »30 are better than one.« Als Künstler nimmt sich Warhol selbst völlig zurück. Er geht sogar so weit, dass er die Bilder von seinen Mitarbeitern anfertigen lässt, die mit ihm in seinem bezeichnenderweise »factory« genannten Atelier arbeiten.

Es wird häufig behauptet, mit seinen monumentalisierten Darstellungen von trivialen, banalen Gegenständen oder der massenhaften Vervielfältigung von Bildern berühmter Persönlichkeiten (Mao, Beckenbauer) kritisiere Warhol im Sinne Duchamps die Medien und die Konsumkultur. Aber kann man die Bilder wirklich auf diese Weise interpretieren? Oder sind sie nur die äußerst geschickte Vermarktung einer Idee, die nach kurzen Anfangsschwierigkeiten eingeschlagen hat wie die sprichwörtliche Bombe?

Roy Lichtenstein hatte eine andere Idee. Auch er hat eine Zeit lang mit den Methoden des abstrakten Expressionismus experimentiert, bis er davon die Nase voll hatte (»Heute hängen sich die Menschen sogar schon einen farbgetränkten Lappen auf«, beklagte er.). Auch Lichtenstein bediente sich der Trivialkultur, nämlich der Comics. Seine Idee war es, Ausschnitte von Comics im musealen Format herzustellen. *(Abb. 126)* Dabei griff er auf eine Punktrastertechnik zurück, die normalerweise im Druck zur Wiedergabe von Halbtönen verwendet wurde. Aber Lichtenstein imitierte diese Technik nur, indem er auf seinen großen Ölgemälden jeden dieser Rasterpunkte minutiös malte. Auch nahm er keine echten Comics als Vorlage, sondern malte einzelne fiktive Szenen, die sich nicht entschlüsseln lassen, weil sie ohnehin in keinem Zusammenhang stehen. In seinen Comics zitiert er die Klischees verträumter junger Frauen, deren Gedanken sich anscheinend hauptsächlich um ihre jeweiligen Liebhaber drehen. Aber nicht nur das. Als Maler und Kunsthistoriker, der Lichtenstein ebenfalls war, nahm er sich verschiedene Stile vor, darunter auch den Kubismus, und machte daraus »Museums-Comics«. *(Abb. 127)* Man erkennt die »kubistischen Zutaten« wie Teile einer Gitarre, Holzmaserung, Zeitungsausschnitte und Spielkarten. Das alles wird in klassisch kubistischer Manier zusammengeführt, allerdings im Stil von Comics: in bunten Farben und auf die reine Wiedererkennbarkeit reduziert. So malt sich Lichtenstein durch die Kunstgeschichte: Stillleben, Bilder von Franz Marc oder auch die zerfließenden Köpfe von Salvador Dalí. Und Lichtenstein hat großen Erfolg damit. Es gab aber auch kritische Stimmen. Das *Life Magazine,* das 1949 noch die Frage stellte, ob Jackson Pollock der größte Maler Amerikas sei, fragte 1964: »Ist Lichtenstein Amerikas schlechtester Maler?«

Vielleicht ist die Beantwortung der Frage, ob die Pop-Art die Medienkultur, aus der sie schöpft, mit ihren Darstellungen persifliert oder gar kritisiert, gar nicht so wichtig. Die Pop-Art bedient sich des Alltags. Ob daraus Kritik entsteht oder nicht, ist vielleicht sogar nebensächlich. Jedenfalls setzten Lichtenstein und Warhol mit ihrer Kunst die Idee des »Pop-Art-Vaters« Richard Hamilton in die Tat um, der die Kunst gerne »populär, in großer Auflage produziert und geschäftstüchtig« machen wollte.

WARUM MALTE WARHOL DOSEN?

1960 *begannen sowohl Andy Warhol als auch Roy Lichtenstein damit, Comics in einzelnen großen Formaten abzumalen. Dick Tracy, Micky Maus und Superman waren ihre Vorlagen. Der Galerist Leo Castelli bereitete* ***1962*** *eine Ausstellung in New York vor und ihm gefielen die Bilder beider Maler. Er wollte aber nicht zwei Comic-Künstler ausstellen. Als Warhol Lichtensteins Bilder sah, ärgerte er sich, dass er nicht zuerst auf diese Idee gekommen war, und hörte auf, im Comic-Stil zu malen. Er beschloss in einer anderen Richtung weiterzuarbeiten, bei der er der Erste war. Ihm ging es um einen unverwechselbaren Stil, um ein »Markenzeichen«. Er begann Campbell's Suppendosen zu malen …*

G.Baselitz

DIE KUNST STEHT KOPF

> *Georg Baselitz stellt 1969 die Malerei auf den Kopf.*

Die »ersten Male«, die bisher in diesem Buch vorgestellt wurden, waren technische oder stilistische Neuerungen, die die Entwicklung der Malerei voranbrachten. In diesem letzten Kapitel findet sich ein »erstes Mal«, das als Beispiel für viele andere steht, die in der zweiten Hälfte des 20. Jahrhunderts die Malerei prägten. Nachdem man der Malerei weder stilistisch noch technisch etwas wesentlich Neues hinzufügen konnte, waren die Maler darauf angewiesen, eigene, private Stile zu entwickeln, wenn sie sich und die Kunstgeschichte nicht wiederholen wollten.

Nach dem Zweiten Weltkrieg, spätestens aber seit dem abstrakten Expressionismus und der Pop-Art, schienen alle technischen und thematischen Entwicklungen erst einmal gemacht und ausprobiert. Die Maler konnten sich aus einem riesigen Fundus von Stilen und Techniken bedienen. Um aber nicht als einfallslos zu gelten, waren sie gezwungen, sich wieder Neues auszudenken, um so die Position und die Kraft der Malerei zu behaupten. Die Künstler genossen jetzt eine Freiheit, die es so vorher noch nie gegeben hatte. Sie waren weitgehend von den gesellschaftlichen, politischen und religiösen Zwängen früherer Gesellschaften entbunden. Dazu kam eine so noch nie da gewesene individuelle Freiheit, sowohl was die Maltechnik als auch den Ausdruck betraf. Mit einer solchen Freiheit umzugehen und sich in einer Zeit des »anything goes« zu behaupten, stellte die Maler allerdings vor neue Herausforderungen.

Es entstanden »Markenzeichen«, die einzelne Künstler für sich entwickelten und die ihre Werke kennzeichnen. Sie begründeten keinen Stil mehr und auch technisch gab es keine wirklichen Fortschritte. Ein gutes Beispiel eines

GEORG BASELITZ

Hans-Georg Kern wird am 23. Januar ***1938*** *in Deutschbaselitz in Sachsen geboren und nennt sich seit* ***1961*** *nach seinem Geburtsort Baselitz. Er malt seit Kindheit an und beginnt* ***1956*** *das Studium der Malerei an der Kunsthochschule in Ost-Berlin, von wo er* ***1957*** *wegen »gesellschaftspolitischer Unreife« verwiesen wird. Noch im gleichen Jahr wechselt er an die Hochschule für bildende Künste nach West-Berlin. Er beschäftigt sich ausführlich mit den Werken der Alten Meister, wie den Manieristen und Rembrandt.* ***1961*** *veröffentlicht Baselitz das »1. Pandämonische Manifest«, in dem sich bereits die Rebellion gegen das Glatte und Schöne zeigt, was für Baselitz' Malerei bestimmend wird.*

1963 *findet seine erste Einzelausstellung in Berlin statt und wird zu einem Skandal. Zwei seiner Bilder, »Die große Nacht im Eimer« (**1962/62,** Museum Ludwig, Köln) und »Nackter Mann« (**1962,** Sammlung Kleihues) werden von der Staatsanwaltschaft wegen des Vorwurfs der Verbreitung von Pornografie beschlagnahmt. Erst* ***1965*** *erfolgt die Rückgabe der Bilder.*

1969 *stellt er seine Bilder auf den Kopf (Motivumkehr) und zeigt sie erstmals* ***1970*** *in einer Galerie in Köln. Sie lösen Unverständnis und Gelächter aus, aber Baselitz hält daran fest. Seit* ***1972*** *nutzt er auch die Fingermalerei als Technik. Baselitz wird einer der bekanntesten modernen deutschen Künstler und hat Ausstellungen rund um die Welt. Er beginnt mit der Bildhauerei, wobei er oft Figuren mit der Kettensäge aus großen Holzblöcken fräst.*

2004 *wird er mit dem Praemium Impereale ausgezeichnet, dem »Nobelpreis der Künste«.*

Seit ***2005*** *beginnt Baselitz mit seinem »Remix«. Er malt seine bekanntesten Werke noch einmal.*

128 | Georg Baselitz: *Der Wald auf dem Kopf,* 1969, 250 x 190 cm, Öl auf Leinwand, Museum Ludwig, Köln

129 | Fernando Botero: *Die Musiker,* 1979, 217,8 x 190 cm, Öl auf Leinwand, Christie's, London

solchen Markenzeichens ist schon in der Pop-Art zu finden. Hier war die »Markenzeichen-Bildung« ja gerade auch ein Teil des künstlerischen Programms. Als Warhol sah, dass Lichtenstein ihm mit seinen Comic-Bildern zuvorgekommen war und damit eine Nische besetzt hatte, entschloss er sich, etwas anderes zu entwickeln, das zu seinem Markenzeichen werden konnte.

Jeder Künstler, der für sich ein solches Markenzeichen entwickelt, schafft sich damit einen privaten Stil, eine Nische, die er meist allein besetzt. Georg Baselitz beispielsweise stellt 1969 mit *Der Wald auf dem Kopf (Abb. 128)* das erste Mal ein Bild auf den Kopf; er dreht das Motiv einfach um. Tatsächlich malt Baselitz seine sehr großen Bilder nicht von vorneherein auf dem Kopf, sondern arbeitet auf am Boden liegenden Leinwänden, um die er herumgehen kann. Für den Betrachter ist dieser Unterschied zunächst nicht so wichtig, und Baselitz meint ohnehin: »Betrachter interessieren mich nicht.« Für den Maler ist der Unterschied dagegen sehr wohl entscheidend, denn so seltsam dieser Schritt auf den ersten Blick scheinen mag, so verfolgt Baselitz damit durchaus ein künstlerisches Ziel. Er fand mit den umgedrehten Bildern eine Möglichkeit, sich mit malerischen Problemen auseinanderzusetzen. Er wollte die »Darstellung vom Inhalt befreien«, da seiner Meinung nach der Gegenstand an sich nichts ausdrückt. Er stellt den Gegenstand auf den Kopf, damit das Thema an Bedeutung verliert. Die Aufmerksamkeit des Betrachters sollte auf die Malerei selbst gelenkt werden.

Baselitz bewegt sich mit seinen umgedrehten Bildern auf ganz eigene Art zwischen den beiden Polen der Malerei des 20. Jahrhunderts. Auf der einen Seite war die abstrakte Malerei, die auf Wassily Kandinsky zurückgeht. Aus ihr entwickelten sich unterschiedliche Strömungen, wie beispielsweise der abstrakte Expressionismus oder die Farbfeldmalerei. Auf der anderen Seite war die gegenständliche Malerei, mit der nicht nur die greifbare Welt immer wieder malerisch thematisiert wurde, wie in der Pop-Art, sondern auch das Unbewusste und die Träume, wie im Surrealismus. In einer Zeit, als die gegenständliche Malerei nicht in Mode war und man sich damit leicht dem Vorwurf von Konservatismus ausgesetzt sah, ebnet sich Baselitz auf seine Weise einen Weg, gegenständlich zu malen, ohne als konservativ zu gelten. Er benutzt die gegenständliche Malerei und gibt ihr durch die Umkehrung eine abstrakte Erscheinung.

In der ersten Ausstellung, in der Baselitz seine Bilder präsentierte, 1970 in Köln, standen nicht nur die Bilder, sondern auch die Kritiker Kopf. Er erntete Riesengelächter vom Publikum und die Ausstellung endete im Tumult. Doch Baselitz ließ sich nicht beirren. Die Konsequenz, mit der er seine Bilder seither »verkehrt herum« malt, führte schließlich dazu, dass dies zu seinem Markenzeichen wurden. Baselitz ist der mit den auf dem Kopf stehenden Bildern, und umgekehrt sind Bilder, die scheinbar auf dem Kopf stehen, mit allerhöchster Wahrscheinlichkeit Bilder von Georg Baselitz.

Kein anderer Maler ist ihm dabei gefolgt, denn wenn sich heute eine ganz individuelle Idee, wie Baselitz' umgedrehte Motive, durchgesetzt hat, wird sie kein Künstler mehr nachahmen, weil der Vorwurf der fehlenden eigenen Kreativität oder gar des Plagiats sofort im Raum stünde. Dabei ist zu bedenken, dass ein solches Markenzeichen an sich erst einmal nichts mit der Qualität der künstlerischen Arbeit zu tun hat. Die Grundlage eines Markenzeichens ist ja eine Idee, ein künstlerisches Bedürfnis, eine Form, sich auszudrücken oder eben das Wesen der Malerei zu hinterfragen. Dahinter stecken Gedanken, Kreativität und Können. Nur wenn all das zusammenkommt, wird das Markenzeichen eines Künstlers auch auf dem Kunstmarkt wirksam, wie einige Beispiele zeigen sollen.

Schon 1949 begann Lucio Fontana (1899–1968) seine monochrom bemalten Leinwände zu durchlöchern und ab 1958 mit einem Messer zu zerschneiden. Dahinter steckt die Idee, die traditionellen bildlichen Formen zu verlassen, die (Mal-)Oberfläche zu erweitern und in eine andere Dimension vorzustoßen. Sein »concetto spaziale« wendet er in all seinen Werken an und es wird zu seinem persönlichen Markenzeichen. Ein anderes Markenzeichen schuf sich der Kolumbianer Fernando Botero (geb. 1932): Sieht man klassisch gemalte Bilder, die von übermäßig dicklich proportionierten, geradezu aufgeblähten Figuren bevölkert werden, kann man davon ausgehen, dass es sich um seine Werke handelt. *(Abb. 129)* Der französische Künstler Yves Klein (1928–62) ging so weit, dass er eine eigene Farbe entwickelte und diese 1960 patentieren ließ, das »International Klein Blue«, mit dem er die meisten seiner Werke produzierte. *(Abb. 130)*

Die Malerei scheint, was ihre technische und stilistische Entwicklung anbelangt, an einem vorläufigen Endpunkt angelangt zu sein. Mit der Fotografie, der Video- und der Computerkunst sind neue Medien auf den Plan getreten, die sich in ihren Grenzen und ihren Möglichkeiten auch wieder neue »erste Male« geschaffen haben und immer weiter schaffen werden.

130 | Yves Klein: *Blaues Schwammrelief*, 1958, 200 x 165 cm, Pigment, Schwämme und Kunstharz auf Pressspanplatte, Museum Ludwig, Köln

MAL'S NOCH EINMAL, GEORG

Im Jahr ***2005*** *hat Georg Baselitz der Kunst doch noch ein »erstes Mal« geschenkt: Er kündigte an, seine bekanntesten und besten Bilder noch einmal zu malen. Er beginnt damit als erster Maler sein Werk wieder von vorne. In Anlehnung an die moderne musikalische Praxis nennt Baselitz das Wiederaufgreifen seiner alten »Hits« Remix.*

Es gibt in der Geschichte der Kunst einige Maler, die ein Motiv auf verschiedene Weise immer wieder gemalt haben. So gibt es etwa den »Schrei« von Edward Munch in über zwanzig Variationen. Georg Baselitz dürfte aber der Erste sein, der nicht einfach ein einzelnes Werk in verschiedenen Versionen wiederholt, sondern sein Gesamtwerk wieder von vorne beginnt. Es gibt also immer wieder ein »erstes Mal«, auch wenn es in diesem Fall in gewissen Sinne ein zweites Mal ist.

LITERATUR

ALLGEMEIN

Beckett, Wendy: Geschichte der Malerei, Köln 1995
Bell, Julian: Was ist Malerei?, Hamburg 2000
Busch, Werner: Kunst – Die Geschichte ihrer Funktionen, Weinheim, Berlin, 1987
Gombrich, Ernst H.: Die Geschichte der Kunst, 1996
Gombrich, Ernst H.: Kunst und Illusion, Stuttgart 1978
Haftmann, Werner: Malerei im 20. Jahrhundert, München 2000
Honour, Hugh, Fleming, John: Weltgeschichte der Kunst: Darmstadt 2000
Kemp, Martin (Hg.): Dumont Geschichte der Kunst, Köln 2003
Krauss, H.; Uthemann, E.: Was Bilder erzählen, München 1988
Lucie-Smith, E.: Bildende Kunst im 20. Jahrhundert, Köln 1999
Propyläen Kunstgeschichte Band 1–12, 1990
Reclam Kunst-Epochen Bd. 1–12, Stuttgart 2002
Walther, Ingo F. (Hg.), Ruhrberg, Karl: Kunst des 20. Jahrhunderts, Köln 2005
Wetzel, Christoph: Das Reclambuch der Kunst, Stuttgart 2001

1. EINLEITUNG – VON DER HÖHLENMALEREI BIS ZUM MITTELALTER

Belting, Hans: Die Erfindung der Malerei, München 1994
Walther, Ingo F.; Wolf, Norbert: Codices illustres – Meisterwerke der Buchmalerei, Köln 2001
Walther, Ingo F. (Hg.), Suckale, R., Weniger, M.: Malerei der Gotik, Köln 1999

2. DER ERSTE STAR DER KUNSTGESCHICHTE – GIOTTO UND SEINE KUNST

D'Arcais, Francesca Flores: Giotto, München 1995
Poeschke, Joachim: Wandmalerei der Giottozeit in Italien 1280–1400, München 2003

3. DIE MALEREI BEKOMMT EIN GESICHT

Schneider, Norbert: Portraitmalerei, Köln 1999
Beyer, Andreas: Das Portrait in der Malerei, München 2002

4. DIE MACHT DER FINSTERNIS

Borchardt-Birbaumer, Brigitte: Imago noctis; Die Nacht in der Kunst des Abendlandes, Wien 2003
Rosenthal, St. (Hg.): Die Nacht; Ausst.-Kat., München 1998

5. DER LÖWE IST LOS

Grassi, Giovanni de: Das Musterbuch des Giovanni de Grassi, Kommentar: Bravi, G.O.; Recanati, Maria Grazia, Luzern 1998
Hahnloser, Hans, R. Villard de Honnecourt, Graz 1972
Piel, F.: Dürer – Aquarelle und Zeichnungen, Augsburg 1996

6. ES WIRD KALT IN DER KUNST

Arano, L.C. (Hg.): Tacuinum Sanitatis in Medicina (Einf.: H. Schipperges, W. Schmidt, München 1976
Musée Condé, Chantilly (Hg.): Die »Trés Riches Heures des Jean Duc de Berry« im Musée Condé Chantilly, München, Stuttgart 1973
Rasmo, N.: Gli Affreschi di Torre Aquila a Trento, Rovereto 1962
Cazelles, Raymond: Das Stundenbuch des Duc de Berry Les Très Riches Heures, München 1988

7. DER BEGINN DER MASSENMEDIEN

Rebel, Ernst: Druckgrafik, Stuttgart 2003
Koschatzky, Walter: Die Kunst der Graphik, München 2003
Schoch, R.; Scherbaum, A., Mende, M. (Hg.): Albrecht Dürer. Das druckgraphische Werk 3 Bd., München 2001–2004

8. IM REICH DER SCHATTEN

Gombrich, Ernst H.: Schatten, Berlin 1996
Casati, Roberto: Die Entdeckung des Schattens, Berlin 2001
Baxandall, Michael: Löcher im Licht, München 1998

9. EIN RAUM WIRD WAHR

Hertlein, Edgar: Masaccios Trinität; Florenz 1979
Roettgen, Steffi: Wandmalerei der Frührenaissance in Italien 1400–1470, München 1996
Vegas, Liana Castelfranchi: Italien und Flandern, Die Geburt der Renaissance, Stuttgart 1994

10. NACKTE TATSACHEN

Bonnet, Anne-Marie: Akt bei Dürer, Köln 2001
Degenhardt, R.; Schmidt, A.: Pisanello, München 1995
Pächt, Otto: Van Eyck; Die Begründer der altniederländischen Malerei, München 1989/93
Schneider, N.: Jan van Eyck, Der Genter Altar, (Kunststücke)

11. DAS NEUE SELBSTBEWUSSTSEIN

Calabrese, O.: Die Geschichte des Selbstporträts, München 2006
Pächt, Otto: Van Eyck; Die Begründer der altniederländischen Malerei, München 1989/93
White, Christopher (Hg.): Rembrandts Selbstbildnisse, Ausst.-Kat. National Gallery, London 1999, Stuttgart 1999

12. BIBLISCHE GESCHICHTEN IN DER NACHBARSCHAFT

Clark, Kenneth: Landschaft wird Kunst, Köln 1962
Schmidt, Georg: Konrad Witz, Königstein im Taunus 1983
Schneider, Norbert: Geschichte der Landschaftsmalerei, Darmstadt 1999
Steingräber, Erich: 2000 Jahre europäische Landschaftsmalerei, München 1985

13. DER BLICK IN DEN HIMMEL

Camesasca, Ettore: Mantegna, Florenz 1992
Gemin, Massimo; Pedrocco, Filippo: Giambattista Tiepolo Leben und Werk, München 1995
Roettgen, Steffi: Wandmalerei der Frührenaissance in Italien 1470–1510, München 1997
Salmazo, Alberta da Nicolò: Andrea Mantegna, Köln 2004

14. VOM ALLTÄGLICHEN ZUM BESONDEREN

Ebert-Schifferer, S.: Die Geschichte des Stillebens, München 1998
König, Eberhard; Schön, Christiane (Hg.): Stilleben, Berlin 1996
Schneider, Norbert: Stilleben, Köln 2003

15. DAS GEWICHT DER FARBE

Hetzer, Theodor: Tizian, Mittenwald 1992
Vasari, Giorgio: Das Leben des Tizian, Berlin 2005

16. ZURÜCK ZUR NATUR siehe Kapitel 12

Seltis, S.: Giorgiones Gewitter, Berlin 1982
Zöllner, Frank: Leonardo da Vinci – Sämtliche Gemälde und Zeichnungen, Köln 2003

17. DER BLICK INS UNBEWUSSTE

Grote, L.: »Hier bin ich ein Herr«, Dürer in Venedig, München 1956
Schröder, Klaus Albrecht (Hg.): Dürer, Ausst.-Kat., Wien 2003, Ostfildern-Ruit 2003
Strieder, Peter: Dürer, Augsburg 1996

18. SINNENLUST UND PRACHT

Bousquet, Jacques: Malerei des Manierismus – Die Kunst Europas von 1520 bis 1620, München 1985

Brown, B. L. (Hg.): Die Geburt des Barock (Ausst.-Kat.), 2001
Hubala, Ernst: Kunst des Barock und Rokoko, Stuttgart 1991
Nerdinger, Winfried: Vom Manierismus zum Rokoko: eine Kunstgeschichte. in Einzelinterpretationen, München 1983
Panofsky, Erwin: Was ist Barock?, Hamburg 2005

19. DER WELTRAUM, UNENDLICHE WEITEN...
Baumstark, Reinhold (Hg.): Von neuen Sternen – Adam Elsheimers Flucht aus Ägypten, Ausst.-Kat. München 2005, München, Köln 2005

20. UND SIE BEWEGT SICH DOCH
Hagen, R. und R.: Meisterwerke im Detail, Köln 2000
López-Rey, José: Velázquez – Maler der Maler, 2Bde. Köln 2005

21. BILDER AUS STEIN
Grimm, Claus (Hg.): Von Senefelder zu Daumier; Die Anfänge der Lithographischen Kunst, München 1988
Langemeyer, Gerhard (Red.): Honoré Daumier 1808–1879, Bildwitz und Zeitkritik, Sammlung

22. DAS AUTOMATISCHE BILD
Brauchitsch, Boris von: Kleine Geschichte der Fotografie, 2002
Koschatzky, Walter: Die Kunst der Photographie, Wien 1989
Newhall, Beaumont: Geschichte der Fotografie, München 1989

23. FLIRRENDE FARBEN
Feist, Peter, H.: Malerei des Impressionismus 1860–1920, Der Impressionismus in Frankreich, Köln 2002
Sagner-Düchting, Karin: Monet, Köln 2004
Wildenstein, Daniel (Hg.): Monet, 4 Bde. Köln 1996

24. GEFÜHLE WERDEN ZU MALEREI
Friedel, Helmut: Das bunte Leben – Wassily Kandinsky im Lenbachhaus, München Köln 1995

25. REVOLUTION IN WÜRFELFORM
Rubin, William: Picasso und Braque – Die Geburt des Kubismus, München 1990
Warncke, Carsten-Peter: Pablo Picasso 1881–1973, Teil 1 Werke 1890–1936, Köln 2002
Zurcher, B.: Georges Braque, Leben und Werk, München 1998

26. DYNAMIK UM JEDEN PREIS
Appolonio, Umbro: Der Futurismus, Köln 1972
Calvesi, Maurizio: Futurismus, Köln 1987

27. GEWALT GEGEN KINDER
Schindler, Alfred: Apokryphen zum Alten und Neuen Testament, Zürich 1998
Spies, Werner (Hg.): Max Ernst – Die Retrospektive, Köln 1999

28. ... UND ACTION!
Emmerling, Leonhard: Pollock, Köln 2003
Prange: Jackson Pollock, Number 32, 1950, Frankfurt/Main, 1996

29. SCHÖNE BUNTE WARENWELT
Hamilton, Richard: retrospective – paintings and drawings 1937–2002, Ausst.-Kat. Museum Ludwig, Köln, Köln 2002
Bastian, Heiner (Hg.): Warhol, Andy: Retrospektive, Ausst.-Kat. Berlin 2001, Köln 2001

30. DIE KUNST STEHT KOPF
Baselitz, Georg: Bilder die den Kopf verdrehen, Ausst.-Kat. Bonn 2004, Leipzig 2004
Muthesius, Angelika: Georg Baselitz, Köln 1990

BILDNACHWEIS

Einbandfotos / Vorderseite: Jan van Eyck, *Mann mit rotem Turban,* Selbstporträt, 1433 (links oben); Eadward Muybridge, *Galoppierendes Pferd,* 1878 (oben); Albrecht Dürer, *Flügel der Blauracke,* 1512 (oben rechts); Wassily Kandinsky, *1. Abstraktes Aquarell* (Detail), 1910 (unten).

Einbandfotos / Rückseite: Eadward Muybridge, *Galoppierendes Pferd,* 1878 (oben); Manfred-Handschrift, Aus: *Über die Kunst, mit Vögeln zu jagen,* spätes 13. Jahrhundert (links); Caravaggio, *Die Berufung des Matthäus,* um 1598 (unten).

Innenteil: Adeva (Akademische Druck- und Verlagsanstalt), Graz / Biblioteca Vaticana, Rom: S. 29;
– Archiv für Kunst und Geschichte, akg-images, Berlin: S. 19 (Lessing), 21 o.r. (Forman), 21 l.u. 34 u.l., 45 (Lessing), 59 l. (Lessing), 59 r. (Lessing), 75, 94, 97, (Electa 102), 109 (Lessing), 112 o.r., 113 r.u., 138, 143, 145, 152, 154, 156(2), 161 (Lessing);
– Archiv des Bucher Verlags, München: S. 9, 38 l.o., 117;
– Artothek, Weilheim i. Obb.: S. 35 o., 47 o., 64 o. (The Photobusiness), 65 r. (Blauel), 66 (Hinz), 76 (Blauel), 85 (Blauel), 86 (Blauel/Gnamm), 99 (Artephoto), 104, 106 (Blauel/Gnamm), 110 u. (Willi), 111 (Willi), 120/121 (Blauel/Gnamm), 122 u. (Blauel), 124, 127 (Remmer), 128 (Blauel), 129 (Christie's), 131 (Christie's), 130 (Willi), 133 u. (Blauel), 139 (Blauel/Gnamm), 146, 147 (Tosi), 149 (Blauel/Gnamm), 160 (Christie's);
– Bay. Staatsbibl., München: S. 55, 114;
– Bibliotheque National de France, Paris: S. 39, 116 u.;
– Bildarchiv Preußischer Kulturbesitz, bpk, Berlin: S. 12 (Diller), 16 (Scala), 22 (Scala), 32, 40 (Santa Maria del Carmine, Florenz/Scala), 49 (Scala), 50 u.r. (Scala), 63 (Scala), 70 (Photo Scala, Florence/Mantua, Palazzo Ducale/Courtesy of the Ministero Beni e Att. Culturali), 72 r. (St. Michael, Hildesheim/Scala), 74 (Kathedrale, Parma/Scala), 78 (Scala), 88/89 (Scala), 93, 103 (Gemäldegalerie, SMB/Anders), 141;
– Brücke-Museum, Berlin: S. 38 r.u.;
– Cliché Bibliothèque Nationale de France, Paris S. 116 u.;
– Nach der Faksimile-Edition des Faksimile Verlags Luzern / www.faksimile.ch S. 28;
– Germanisches Nationalmuseum, Nürnberg S. 68/69;
– Florian Heine, München: S. 50 l. (4);
– Metropolitan Museum of Art, The Cloisters Collection, New York S. 43; Museum Boymans – van Beuningen, Rotterdam S. 56;
– Österreichische Nationalbibliothek, Wien S. 46;
– Privatsammlung: S. 5, 10, 11, 14, 15 (2), 17, 18, 20, 24, 26, 27, 30, 31, 33, 34(2), 35 u.r., 37, 47 u., 53, 51, 52 o.r., 58, 65 l.u., 71, 72 l., 73, 75, 80, 91, 92, 108, 112 l.u., 113 l.u., 116 o., 118, 125;
– Rheinisches Bildarchiv, Köln: S. 158;
– Photo SCALA, Florenz: S. 52 u.l. (2006), 54 l. und r. (2005), 83, 84, 96, 133 (Scala 2003/Courtesy of the Ministero Beni e Att. Culturali 101), 144 (Digital Image 2004, MoMA, New York), 150 (SCALA Digital Image 2004 (MoMa, New York);
– Thomas Schlück GmbH, Garbsen, S. 42;
– Städt. Galerie im Lenbachhaus, München: S. 122 o.;
– The National Gallery, London: S. 60;
– Albert Uderzo/Edition Albert Rene 113 o.r.;
– Universitätsbibliothek, Graz: S. 36.
– VG-Bildkunst, Bonn: S. 38 r.u., 81, 99 (Salvador Dalí, Gala-Salvador Dalí Foundation), 130, 132, 133, 134, 137, 138 (Succession Picasso); 145, 146, 150 (Pollock-Krasner Foundation), 152 (Pollock-Krasner Foundation), 153 (Pollock-Krasner Foundation), 154 (Richard Hamilton), 156 (2), 161.

PERSONEN- UND SACHREGISTER

Agnolo 23
Agostino (Bruder Raffaels) 102
Alberti, Leon Battista 48, 50, 55, 63
Alexander VI., Papst 82
Alighieri, Dante 17
Allan, David: *Der Ursprung der Malerei* .18
Allegri, Antonio (genannt Correggio)....75
Altdorfer, Albrecht 87, 91, 93
– *Donaulandschaft mit Schloss Wörth bei Regensburg* 87
André, Johann Anton 114, 115
Anjou, König Rene von 44
Anonym: Grotte Chauvet 9
Anonym: Hl. Leonhard 37
Anonym: Holzdecke 72
Anonym: Illustration zum Matthäus-Evangelium 69
Anonym: Jean de Bon 19
Anonym: Kaiser Otto II. 21
Anonym: Sappho 20
Anonym: Schnee und Eis 34
Anonym: Sündenfall aus Gebetbuch der Hildegard von Bingen 55
Antike 5
Antike Malerei 8
Aquin, Thomas von 10, 11
Aretino, Pietro 59
Arp, Hans 148
Assisi, Franz von 10, 11, 14, 15, 41
Avignon 21
Balla, Giacomo 141, 145
Barbari, Jacopo de' 38, 77, 79, 80, 87
– *Ansicht von Venedig* 37
– *Stillleben mit Rebhuhn und Eisenhandschuh* 77
Barbizon, Schule von 126
Barcelona 115
Baroncelli-Kapelle 23
Basel 67, 68
Baselitz, Georg 159, 160, 161
– *Der Wald auf dem Kopf* 159
Bayard, Hippolyte 120
Bellini, Gentile und Giovanni 70, 82
Bellini, Giovanni 77, 84, 95
– *Pala di Pesaro* 84
Bellini, Jacopo 53, 70, 71
Bellini, Nicosia 70
Berlin 117, 159
Berlinghieri 13
Bernini, Gianlorenzo 116
Berry, Jean de, Herzog 26, 35, 62
Blauer Reiter 130
Boccaccio 17
Boccioni, Umberto 141, 142, 145
– *Dynamik eines Fußballers* 144
– *Schlägerei in der Galerie* 141
Bologna 55, 102
Bondone, Giotto di 11
Bonventura, Berlinghieri 10, 11
Book of Kells: *Gefangennahme Christi* .15
Botero, Fernando 161
– *Die Musiker* 160
Botticelli, Sandro 88
Brandt, Sebastian 94, 117
Braque, Georges 81, 132, 135, 136, 138, 139, 144, 145,
– *Häuser und Baum* 135
– *Stillleben mit Krug und Violine* 137
Breton, André 148
Brüder Limburg 25, 26
Brueghel, Pieter 69
Brügge 61, 62
Brühl 148
Brunelleschi, Filippo ...5, 48, 50, 51, 84, 135
Buchdruck mit beweglichen Lettern 38
Buñuel, Luis 138
Callot 112
Camera Obscura 48, 119
Campin, Robert (Meister von Flémalle) 43, 44, 46, 62
– *Geburt Christi* 44
– *Mérode-Altar* 43
Canaletto 50, 119
Capella degli Scrovegni 15
Caravaggio (Michelangelo Merisi) 46, 69, 81, 100, 102, 103, 105, 107, 110
– *Die Berufung des Matthäus* 47, 105
– *Hl. Matthäus* 103
Carrá, Carlo 141
Carracci, Annibale100, 102, 103, 105, 107
– *Pietà* 100
Carracci, Brüder 117
Castagno, Andrea 53
– *Nicolo da Tolentino* 53
Castello, Leo 157
Cennini, Cennino 29
Cesari, Giuseppe 105
Cézanne, Paul 81, 135
Chéret, Jules 117
Cimabue 13, 17
– *Maestà* 147
Clemens VII., Papst 65
Collagen, erste 138
Constable, John 124
Contarelli, Matteo 103
Correggio 20, 74
– *Kuppel* 76
Courbet, Gustave 126
Cranach d.Ä., Lukas 93
Daguerre, Louis Jacques Mandé 118, 120, 122
Dalí, Salvador 98, 148, 157
– *Traum, ausgelöst durch den Flug einer Biene um einen Granatapfel, eine Sekunde vor dem Aufwachen* 98
Dante 13, 17
Daumier, Honoré 117
– *Die Ausstellung von 1859 – Das haben sie mir abgelehnt ... diese Ignoranten* ...116
de' Grassi, Giovanni: *Löwe* 28
Degas, Edgar 123, 126
Delacroix, Eugène 116, 123, 125
Delft 50
Dominikus 10, 11
Donatello 44, 48, 71
Donauschule 87, 93
Doppelporträt 39
Duchamp, Marcel 156, 157
Dürer, Albrecht ....31, 37, 38, 39, 58, 61, 62, 63, ...70, 77, 79, 82, 90, 94, 95, ...97, 98, 112, 117
– *Adam und Eva* 59
– *Flügel einer Blauracke* 31
– *Die vier apokalyptischen Reiter* 38
– *Selbstportrait* 64
– *Traumgesicht* 94
– *Welsches Gebirge* 92
Elsheimer, Adam 39, 106, 107, 108, 109
– *Die Flucht nach Ägypten* 106
Eluard, Paul 148
Engelmann, Godefroy 117
Ernst, Max 98, 147, 148
– *Maria züchtigt das Jesuskind* 146
Escher, M.C. 51
– *Oben und Unten* 51
Eugen IV., Papst 68
Eyck, Hubert und Jan van 57, 58
Eyck, Jan van 43, 55, 61, 62, 79
– *Adam und Eva* 54
– *Mann mit rotem Turban* 61
Fabriano, Gentile da 37, 56
Fauves 132
Ferrara 56
Florenz 17, 23, 24, 34, 41, 48, 50, 53, 57, 61, 67, 69, 84, 90
Fontana, Lucio 161
Francesca, Piero della
– *Traum des Konstantin* 96
Frankfurt am Main 106, 107
Franziskus 11, 14
Frari-Kirche 82
Freud, Sigmund 98, 151, 152
Friedrich II., Kaiser 29, 37
Friedrich, Caspar David 109, 126
– *Mondnacht am Strand* 109
Gaddi, Taddeo 23, 24, 25, 79
– *Nische* 78

– *Verkündigung an die Hirten* 23
Galilei, Galileo 106
Galopp, der echte 113
Gauguin, Paul......................................131
Gebrüder Limburg 35
– *Februar* 34
– *Gefangennahme Jesu* 26
Genf 67, 68
Gent 58
Genter Altar...57
Gernhardt, Robert.................................42
– *Die Schattenwerfer* 42
Géricault, Théodore:
– Pferderennen in Epsom 113
Gérôme, Jean-Leon...............................47
– *Golgatha, Consummatum est!* 47
Ghirlandaio...67
Gijsbrecht, Cornelius Nobertus: *Rückseite eines Gemäldes*..80
Giorgione...............................82, 90, 91
– *La Tempesta (Das Gewitter)* 90
– *La Tempesta* 92
Giotto ....4, 13, 14, 15, 16, 17, 21, 23, 24, ...25, 41, 48, 61, 103, 138
– *Anbetung der Könige*..........................17
– *Fides* 16
– *Franziskus gibt seine Habe zurück* 13
– *Gefangennahme Jesu* 15, 24
– *Scrovegni-Kapelle* 72
Giverny..124
Gogh, Vincent van 65
Golgatha: *Consummatum est*..............47
Gonzaga, Ludovico...................70, 71, 72
Goudt, Hendrick 107, 109
Goya, Francisco de 35, 97, 65, 98, 116, 126
– *Caprichos (Launen)*..............................97
– *Los Disparates Nr. 4, Bobalicón* 97
– *Schneesturm* 35
– *Sueños (Träume)*....................................97
Goyen, Jan van: *Bauerngehöfte am Fluß* 108, 109
Gozzoli, Benozzo.....................................63
– *Der Zug der Hl. Drei Könige*.................63
Grassi, Giovanni de' 28, 29, 30, 31, 34, 56, 57
Gris, Juan: *Die Bordeauxflasche* 139
Grotte Chauvet...8
Guardi, Francesco 119
– *Regatta auf dem Canale della Giudecca* 120, 121
Guggenheim, Peggy 151, 152
Gutenberg, Johannes...........................38
Hamilton, Richard 155, 156, 157
– *Just what it is, that makes todays homes so different, so appealing?*..................154
Herschel, Sir John 122
Hildesheim...75
Hofmann, Hans 151
Honnecourt, Villard de 30
Huber, Wolf 93
Ingres, Dominique 125
Innozenz X., Papst..............................110
International Yves Klein Blue 161
Isley, Alfred 124
Johannes der Gute (Jean le Bon)....18, 21
Jung, C.G.....................................151, 152
Jüngstes Gericht 59
Kahnweiler, Daniel-Henry 135, 136
Kandinsky, Wassily ....124, 130, 131, ...132, 133, 151, 160
– *Einige Kreise*.......................................133
– *Murnau mit Kirche I* 133
Karl der Große 10
Karl V., Kaiser 82
Klein, Yves 161
– *Blaues Schwammrelief* 161
Köln 159, 161
Konstantin, Kaiser 95
Kooning, Willem de...................151, 152
Kubismus 135
Le Havre..124
Lenbach, Franz von.............................123
– *Familienporträt*...................................122
Leonardo da Vinci:
Arnotal bei Florenz 90
Leroy, Louis...............................126, 129
Lichtenstein, Roy........155, 156, 157, 160
– *Kubistisches Stillleben mit Spielkarten* 156
Lichtquelle, einzige 44
Limburg, Gebrüder.............................106
Limburg, Herman 25, 26
Limburg, Jan..................................25, 26
Limburg, Paul 25, 26
Lipperhey, Hans 106
Lippi, Filippo 48
Litfaß, Ernst 117
London.......................115, 116, 117, 155
Lorenzetti, Ambrogio.....................33, 89
– *Allegorie der guten Regierung*............88
– *Winter* 33
Lorrain, Claude....................................109
Louis Philippe, König 117
Ludovico (Cousin von Raffael)............102
Luther, Martin..98
Madrid................................10, 110, 115
Magnus, Albertus 10
Magritte, René 98
Mailand........................56, 115, 145, 152
Malouel, Jean 26
Malta...05
Manierismus 100, 102
Mantegna, Andrea 39, 70, 71, 73, 75, 87, 137
– *Rotunde, Camera degli Sposi*...............71
Mantua 56, 70, 71
Marc, Franz 130, 145, 157
Marinetti, Filippo Tommaso 141, 142, 145
Marinetti, Umberto Boccioni 141
Mariotto di Nardo: *Gnadenstuhl* 52
Masaccio 5, 41, 42, 44, 48, 50, 51, 52, 53, 57, 69, 80, 84, 135, 137, 138
– *Die Schattenheilung* 41
– *Hl. Dreifaltigkeit* 48
– *Vertreibung aus dem Paradies* 58
Masolino 41, 48
Matisse, Henri............................132, 135
– *Stillleben mit Geranien* 132
Maximilian, Kaiser.............77, 79, 87, 95
Mazzola, Francesco (genannt Parmigianino) 64
Mechelen 77
Meckenem, Israhel van 39
Meister der Spielkarten 39
– *Wilde Dame* ....
Meister ES 39
Meister von Flémalle...........................43
Meister Wenzlaus: *Winter* 32
Merisi, Michelangelo (genannt Caravaggio) ....46, 69, 81, 100, 102, ...103, 105, 107, 110
Messina, Antonello da 77, 105
Metzinger, Jean: *Radrennbahn*...........145
Michelangelo.....59, 73, 75, 82, 102, 105
Millet, Jean François...........................123
– *Bauer beim Pfropfen* 128
Minerva-Tempel 15
Mittelalter...8, 16
Monet, Claude 124, 125, 126, 128, 129, 131, 142
– *Impression soleil levant*......................125
– *Weiden am Seerosenteich* 129
Morandi, Giorgio...................................81
– *Stillleben* 81
Moskau 130, 131, 132
Motherwell, Robert....................151, 152
Mozart 115
München...................114, 130, 131, 132
Münter, Gabriele 130, 132
Mural..... 151
Murnau 130, 132
Muybride, Eadward...........................113
– *Galoppierendes Pferd*........................113
Nadar 125
Namuth, Hans 152, 153
Napoleon III. 125
Neapel...56, 105
New York 151, 156

PERSONEN- UND SACHREGISTER

Niepce, Joseph Nicéphore ... 118, 119, 120, 122
– *Blick aus dem Fenster in Le Gras* ... 118
Nürnberg ... 61, 77, 79, 94, 95
Padua ... 13, 16, 70, 71
Padua, Arena-Kapelle ... 15, 71
Palazzo Publico, Siena ... 89
Palermo ... 105
Pantheon, Rom ... 71, 72
Papier ... 37
Papiermühlen ... 37
Paris ... 114, 115, 117, 130, 132, 136, 141, 145, 148
Parma ... 64
Parma, Dom zu ... 75
Parmigianino (Mazzo, Francesco) ... 64
– *Selbstporträt im Konvexspiegel* ... 64
Parrhasio ... 77, 80
Paul III., Papst ... 82
Paul IV., Papst ... 59
Pesaro, Jacopo ... 82
Petrarca ... 87
Philipon, Charles ... 117
Philipp IV., König ... 110
Picasso, Pablo ... 81, 136, 135, 138, 139, 144, 145, 151
– *Stillleben mit Rohrstuhl* ... 138
Piloty, Ferdinand ... 116
Pisa ... 56
Pisanello, Antonio ... 55, 56
– *Aktstudien* ... 56
Pisano, Giovanni ... 13
Pisano, Puccio (Pisanello) ... 56, 57
Pissarro, Camille ... 124, 126
Plinius d. Ä. ... 18
Pollock, Jackson ... 151, 152, 153, 156, 157
– *Full Fathom Five (Fünffaden tief)* ... 151
Pontormo: *Joseph in Ägypten* ... 102
Porta, Giovanni Battista della ... 119
Pozzo, Andrea ... 75
– *Der Triumph des Hl. Ignatius* ... 73
Prag ... 115
Raffael ... 82, 102, 147
– *Madonna Tempi* ... 148
Raimondi, Marcantonio ... 39
Regensburg ... 87
Rembrandt, Hermansz van Rijn ... 65
– *Letztes Selbstportrait* ... 65
– *Selbstportrait* ... 65
René-Meister ... 44, 46
– *Ritter Cuer* ... 46
Renoir, Auguste ... 124, 126, 129
Renoir, Edmond (Bruder des berühmten Auguste Renoir) ... 129
Rom ... 11, 48, 56, 64, 70, 71, 102, 103, 105, 106, 107, 115
Rosenberg, Harold ... 151, 152
Rubens, Peter Paul ... 100, 105, 107, 109, 110
Russolo, Luigi ... 143
S. Croce ... 23, 24
S. Ignazio, Rom ... 75
S. Luigi dei Francesi ... 103
S. Maria del Carmine ... 41
S. Maria del Carmine, Brancacci-Kapelle ... 44, 44, 48, 57
S. Maria Gloriosa dei Frari ... 82
S. Maria Maggiore, Rom ... 48
S. Maria Novella ... 50
S. Maria Novella, Florenz ... 67
S. Michael, Hildesheim ... 71
S. Zeno ... 70
S. Francesco ... 14
Schadow, Gottfried von ... 115, 116
Schlägerei in der Galerie ... 142
Schlagschatten ... 41, 42
Schmidt-Rottluff, Karl:
Frau mit aufgelöstem Haar ... 38
Schneeball ... 33
Schneeballschlacht, erste ... 34
Schongauer, Martin ... 39, 94
Schulze, Johann Heinrich ... 119
Scrovegni-Kapelle ... 13, 16
Senefelder, Alois ... 114, 115, 116
– *Der Brand in Neuötting* ... 114
Seurat, Georges ... 143, 145
Severini, Gino ... 141, 145
Sevilla ... 110
Siena ... 33, 89
Signac, Paul ... 143
Siracusa ... 105
Sixtinische Kapelle, Rom ... 59, 73, 102
Soleil levant (Impression: Sonnenaufgang) ... 125
Sonne ... 44
Stella, Frank ... 152
Stieglitz, Alfred ... 151
Strixner, Johann Nepomuk ... 116
Stromer, Ulman ... 37
Stuck, Franz von ... 131
Surrealisten ... 98
Tacuinum dei Disegni ... 28
Tacuinum Sanitatis in Medicina ... 34
Talbot, William Fox ... 120
Tiepolo, Giovanni Battista ... 75, 85
– *Kaisersaal* ... 75
– *Verehrung der Dreifaltigkeit* ... 85
Tierzeichnungen ... 8
Tizian ... 5, 82, 84, 85, 105, 110
– *Madonna di Pesaro* ... 83
Topographische Landschaft, erste richtig gezeichnete ... 90
Toulouse-Lautrec, Henri ... 117
– *Ambassadeurs Aristide Bruant dans sans cabaret* ... 117
Tournai ... 43
Traxler, Hans ... 117
Trés Riches Heures de Duc de Berry ... 34
Trient ... 32
Turner, William ... 124
Uccello, Paolo ... 53, 68, 71
– *John Hawkwood (Giovanni Acuto)* ... 52
Uderzo ... 113
– *Obelix verhaut Römer* ... 113
van de Velde, Esaias:
– *Eisbelustigung auf dem Wallgraben* ... 35
Vasari, Giorgio ... 5, 13, 17, 39
Vauxcelles, Louis ... 132, 135
Vecellio, Tizian ... 82
Velázquez, Silva, Diego Rodriguez y ... 5, 59, 110, 111, 112, 126, 143
– *Die Infantin Margarethe von Österreich* ... 127
– *Las Hilanderas (Die Spinnerinnen)* ... 111, 112
Venedig ... 38, 39, 50, 56, 61, 77, 79, 82, 84, 90, 95, 107, 152
Vermeer, Jan ... 50
Verona ... 70
Villard de Honnecourt: ... 31
– *Löwe, aus: Bauhüttenbuch* ... 30
Vinci, Leonardo da ... 26, 46, 84, 88, 90
Vivarini, Antonio ... 77
Volterra, Daniele da ... 59
Wagner, Richard ... 131
Warhol, Andy ... 155, 156, 157, 160
Weimar ... 130
Wenzlaus, Meister ... 32, 33, 34, 35
Weyden, Rogier van der ... 43
Wien ... 115
Winckelmann, Johann Joachim ... 100
Witz, Konrad ... 9, 67, 68, 69, 90, 103
– *Der wunderbare Fischzug* ... 66
Wolgemut, Michael ... 94
Würzburg ... 71
Würzburger Residenz, *Kaisersaal* ... 75
Zentralperspektive ... 48
Zeuxis ... 77, 80

CHRONOLOGIE DER ERSTEN MALE

ca. 30 000 v. Chr.	Höhlenmalerei 9
ca. 5. Jhd. v. Chr.	Die Porträtmalerei unterscheidet Mann und Frau (Eumares) 18
ca. 400 v. Chr.	Porträt mit Zähnen (Polygnostos) 20
105 n. Chr.	Papier 37
um 1000 n. Chr.	Camera Obscura (Arabien) und 1558 (G.B. della Porta) 49, 119
um 1304	Komet (Giotto) 17
1304	Grisaille-Malerei (Giotto) 16
1306	Öffentliche Leichensektionen (Bologna) 55
1306	Anatomielehrbuch 55
1328	Nacht (Taddeo Gaddi) 22
1336	Bergsteiger (Francesco Petrarca) 87
1337	Staatsbegräbnis für einen Künstler (Giotto) 17
1337–39	Schneeball (Ambrogio Lorenzetti) 33
um 1350	Erstes autonomes Porträt (Anonym) 18
1352	Darstellung einer Brille (Tommaso di Modena) 11
um 1380	Realistische Tierzeichnungen (Giovanni de' Grassi) 28
um 1400	Holzschnitt 36
1407–09	Schneeballschlacht (Meister Wenzlaus) 34
1407–09	Winterlandschaft (Meister Wenzlaus) 32
um 1420	Sonne (Robert Campin) 40
1425/27	Zentralperspektive (Masaccio) 48
1425/27	Anatomisch korrektes Skelett (Masaccio) 50
1432	Akt (Jan van Eyck) 54
1433	Selbstporträt (Jan van Eyck) 60
um 1440	Kupferstich (Meister der Spielkarten) 36
1444	Landschaft, porträthaft als Hintergrund (Konrad Witz) 66
um 1460	Signatur (Meister ES) 39
1461–74	Illusionistisches Deckengemälde (Andrea Mantegna) 70
1473	Landschaft, Zeichnung (Leonardo da Vinci) 90
um 1490	Porträt eines Kupferstechers mit seiner Frau (Israhel van Meckenem) 39
1498	Künstlerbuch im Eigenverlag (Dürer) 38
1504	Stillleben (Jacopo de' Barbari) 76
1507	Akt, lebensgroß, Deutschland (Albrecht Dürer) 58
1508	Blitz (Giorgione) 90
1519–26	Maria steht nicht mehr im Mittelpunkt (Tizian) 82
um 1520	Landschaft, menschenleer (Albrecht Altdorfer) 86
1525	Traum (Albrecht Dürer) 94
1. Drittel 16. Jhd.	Phantombild (Correggio) 20
1. Drittel 16. Jhd.	Urheberrechtsprozeß (A. Dürer) 39
1609	Milchstrasse (Adam Elsheimer) 106
1650	Akt, Spanien (Diego Velázquez) 59
1657	Geschwindigkeit (Diego Velázquez) 110
1797	Lithografie (Alois Senefelder) 114
1827	Fotografie (Nicéphore Niepce) 118
1841	Cartoon 116
1854	Litfaßsäule (Ernst Litfaß) 117
1872	Impressionismus (Claude Monet) 124
1878	Korrekte Abbildung des Galopp (E. Muybridge) 113
1889	Kunstplakat (Jules Chéret) 117
1908	Kubismus (Georges Braque) 134
1910	Abstraktes Bild (Wassily Kandinsky) 130
1910	Futuristisches Bild (Umberto Boccioni) 140
1912	Collage (George Braque, Pablo Picasso) 138
1913	Ready-Made (Marcel Duchamp) 156
1926	Maria haut das Jesuskind (Max Ernst) 146
1927	*The Jazz Singer,* Abendfüllender Tonfilm (Regie: Alan Crosland) 155
1947	Drip-Painting (Jackson Pollock) 150
1956	Pop-Art (Richard Hamilton) 154
1956/57	Eigene Farbe eines Künstlers (Yves Klein) 161
1969	Umgedrehtes Bild (Georg Baselitz) 158
1975	Digitale Fotografie 122

IMPRESSUM

Alle Angaben dieses Werkes wurden vom Autor sorgfältig recherchiert und auf den aktuellen Stand gebracht sowie vom Verlag geprüft. Für die Richtigkeit der Angaben kann jedoch keine Haftung übernommen werden.

Für Hinweise und Anregungen sind wir jederzeit dankbar. Bitte richten Sie diese an:

Bucher Verlag
Produktmanagement
Postfach 80 02 40
D-81602 München
E-Mail: lektorat@bucher-verlag.de

Produktmanagement: Joachim Hellmuth
Textlektorat: Claudia Hellmann, Birgit Kneip
Graphische Gestaltung: www.vor-zeichen.de, München
Herstellung: Bettina Schippel
Technische Produktion: Repro Ludwig, Zell am See
Printed in Italy by Printer Trento s.r.l.

Die Deutsche Bibliothek –
CIP Einheitsaufnahme
Ein Titeldatensatz für diese Publikation ist bei Der Deutschen Bibliothek erhältlich.

© 2007 C.J. Bucher Verlag GmbH, München
Alle Rechte vorbehalten
ISBN 978-3-7658-1511-9

DER AUTOR

Florian Heine, geboren 1965, hat in München Kunstgeschichte, Kommunikationswissenschaft und Psychologie studiert.
Er ist freier Fotograf in den Bereichen Kunst, Theater, Werbung und Industrie und hat bereits mehrere Ausstellungen gemacht. Er lebt mit seiner Frau in München.

DANKE

Der erste Dank geht an Sybille und Frank Mutert für ein folgenreiches Abendessen.
Bei Gerhard Grubbe möchte ich mich dafür bedanken, dass ihm meine Idee gefiel und er mir vertraut hat.
Vielen Dank an Anja Brug in Berlin, die mir einige Tipps und Hinweise gegeben hat.
Besonderer Dank gilt meinem Bruder Wolfgang B. Heine und Michael Kraft für das Auffinden der »echten Heines« und natürlich meiner Frau Katja für die »Justierung des Satzbaumoduls«.

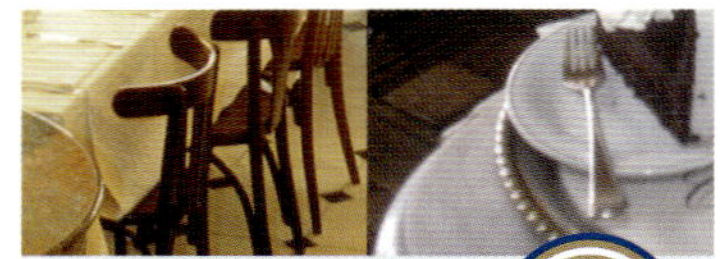

www.bucher-verlag.de

Fotografie und Kunst bei Bucher

Sie kennen Deutschland wie Ihre Westentasche? Lassen Sie sich durch die ungewöhnlichen Perspektiven dieses Bildbands vom Gegenteil überzeugen!

Germany now · Augenblick Deutschland
38 Fotografen und ein unbekanntes Land
256 Seiten, ca. 370 Abb., zweisprachig
28,5 x 28,5 cm,
ISBN 978-3-7658-1601-7
Bestell-Nr. 81601

Willkommen im Wiener Central, im Deux Magots in Paris, im Einstein und im Luitpold! Willkommen in den legendären literarischen Cafés in Europa!

Andrew Midgley, Noel Riley Fitch
Künstlercafés in Europa
Wo Kafka schrieb, Matisse malte und Freud Schach spielte
160 Seiten, ca. 150 Abb., 30,0 x 26,5 cm,
ISBN 978-3-7658-1591-1
Bestell-Nr. 81591

Im Buchhandel oder unter www.bucher-verlag.de

BUCHER